餐馆服务员培训手册

把餐饮做大做强的经典礼仪读本

-07-
唯高餐饮经典书库

张敏杰 蓝 山◎著

廣東旅游出版社
GUANGDONG TRAVEL & TOURISM PRESS

图书在版编目（CIP）数据

把餐饮做大做强的经典礼仪读本/张敏杰，蓝山著.
—广州：广东旅游出版社，2014.9
ISBN 978-7-80766-910-4

Ⅰ.①把… Ⅱ.①张… ②蓝… Ⅲ.①饮食—礼仪
Ⅳ.①K891.25

中国版本图书馆 CIP 数据核字（2014）第 164624 号

责任编辑：官　顺
封面设计：小辉设计

广东旅游出版社出版发行
（广州市天河区五山路 483 号华南农业大学（公共管理学院）14 号楼 3 楼　邮编：510642）
邮购电话：020-87348243
广东旅游出版社图书网
www.tourpress.cn
北京墨阁印刷厂有限公司印刷
（地址：北京市丰台区黄土岗化家大坑（白盘窑站 353 路东 500 米））
710×1000 毫米　16 开　15.25 印张　305 千字
2014 年 9 月第 1 版第 1 次印刷
定价：29.80 元

《唯高餐饮经典书库》丛书编委会

总　序

乘改革开放的快车，经历了风风雨雨，现今的中国餐饮业已成为市场化程度最高、竞争最充分、发展速度最快的行业之一。它曾经吸引了成千上万投资者的目光，并给了其中许多人以丰厚的回报。只有经营过餐饮业的人才明白，日进万金其实不是神话，而是完全能够实现的事实。但是，面对新开的餐馆越来越多，赔钱的餐馆也日见增多的残酷现实时，不少业内人士既感到惶恐不安，又感到困惑不已。为什么昨天还客似云来的海鲜城，今天却无人问津？为什么仅一墙之隔的两家火锅店，一家烟雾腾腾，一家却锅冷人稀？为什么麦当劳、肯德基等洋餐馆能春夏秋冬都没有淡季，而不少中餐馆却时冷时热，有时甚至该旺不旺。为什么有些昨天还几乎是“两袖清风”的下岗职工，今天已经变成了腰缠万贯的餐馆老板；而有些昨天还是指指点点吆喝着的老板，今天却又重新回到了打工仔的行列……

据我们调查得知，从投资者、老板到各级从业人员，都很想探究这些问题的奥秘，很想在餐饮业这一宝山中挖到“金矿”。但是，一个实际困难却摆在他们的面前，那就是在茫茫书海中，介绍健康食品、家庭菜式的不少，但有关开办、经营餐馆的书籍却不多，有也是零零碎碎，且不够通俗易懂，缺乏实操性。现在，我们可以满怀信心地告诉读者，这个问题可以解决了。我们在经过长期准备和酝酿之后，与广州唯高餐饮管理公司联合策划出版《唯高餐饮经典书库》系列丛书，以填补这方面的缺陷。希望能借此推动中国餐饮业的发展，帮助众多餐饮业老板和从业人员圆其创业梦与发财梦。

《唯高餐饮经典书库》的作者们，既有资深的餐饮业老板、总经理、高层主管、培训人员，也有专家、教授、作家、记者、编辑，他们都以强烈的责任心，深入餐饮业基层，对老板、员工反复采访，搜集了大量的第一手资料，并认真研究了许多餐饮业的理论知识。这些书是他们为餐饮业创造的宝贵财富。

本系列丛书已列入计划的选题达数十种，涵盖的范围广，涉及餐馆运作的方方面面，包括经营技巧、经营理念、管理方法、服务技能、员工培训等许多细节，内容极其丰富，知识面极其广阔，既全面又实用。本丛书力求在创作理念上与时代同步，并有一定的超前性，对餐馆的投资者、经营管理人员、从业人员均有一定的指导意义。

我们深信，《唯高餐饮经典书库》系列丛书一定会成为广大读者的良师益友，一定会为从业人员带来美好的“钱景”。

广东旅游出版社

2014 年 1 月

前　言

中国是文明古国、礼仪之邦，中国人最讲礼数，上到皇宫内苑严格的“规矩”，下到百姓见面的作揖、叩头，礼是我们日常生活中很重要的一部分。那么究竟什么是礼，什么又是礼节、礼貌和礼仪呢？

礼是表示敬意的通称，是人们在长期的生活实践中约定俗成的一种行为规范。

礼节是指人们在日常生活中相互表示问候、敬意、祝愿、慰问，以及给以服务和必要的协助的惯用形式。礼节是礼貌在语言、行为和仪态等方面的体现。

礼节往往是本国或本组织、本人对自己所交往、接待和服务的对象由衷地表示尊敬、善意和友好的行为。如过春节时，带着礼物走亲访友去拜年就是一种礼节。

礼貌就是人们在相互交往中表示敬重和友好的行为，它的本意是体贴别人。说一个人有礼貌，除了指他（她）适度修饰的仪表仪容、端庄得体的举止、气度、气质外，还反映在具体的甚至是细枝末节的行为举止上。

礼仪即礼宾，本意是以宾客之礼相待，简单地说，礼节和仪式就叫做礼仪。

在社会生活中，讲究礼节、礼貌是一个国家文明程度的重要标志。对个人而言，礼节、礼貌也是衡量道德水准高低、有无教养的尺度。对服务业，尤其是餐饮业而言，礼仪更是代表了饭店的档次、服务水准，是一家饭店能否赢利的重要因素。

礼仪在餐饮行业中的范围广泛、内涵丰富，不仅仅是服务员对顾客的态度，装潢高雅、漂亮的餐厅环境，大方得体的服务人员，娴熟的服务技能等，都属礼仪的范畴。简单地说，好的服务本身就是礼仪的表现。

俗话说，“民以食为天”。吃在中国人的生活中占据着最为重要的地位，人们到饭店去吃饭，不仅仅为满足口欲，饭店也是一个人们进行社会交往的场所：红白喜事在饭店办，谈恋爱、做生意在饭店，朋友聚会在饭店，同事沟通在饭店，甚至国家、城市间的合作也少不了餐桌上的交往。

人们不仅可以在饭店里放松紧张的身心，舒解疲惫，更为重要的是，人们在饭店里享受到了服务，也就是说，享受到了被人尊敬的感觉。而这种被尊敬的感觉正是礼仪所起的作用。

多数饭店的经营靠的是“回头客”。而除了食物的味道和价钱以外，客人更在乎他们在饭店中受到的对待。一句问候、一个微笑、一个体贴的举止，都会让客人感到如沐春风，细致到位的服务会让客人有“宾至如归”的感觉……正是这些礼仪拢住了客人的心，让他们成为常常光顾的“回头客”。

随着市场经济的成熟，餐饮业的竞争也越来越激烈，想在竞争中立于不败之地，单靠饭店的规模、优秀的厨师等硬件是不行的，只有服务水准等软件上去了，饭店的利润才能高涨。本书正是从礼仪这一角度入手，向您介绍一条提高服务水准的必由之路。

愿本书成为您经营的良师益友。

著　者

2014 年 2 月

目录

CONTENTS

目录 CONTENTS

目录 CONTENTS

第八章 餐厅环境：独特的“餐饮产品”和“礼仪商品”

餐厅礼仪：
提高服务质量的突破口

竞争日趋激烈，谁先领悟了服务的本质，谁就抓到了致富的钥匙，而“餐厅礼仪”就是一个提高服务质量的突破口。

第一节　餐厅礼仪的八项原则

讲到餐厅礼仪，首先要搞明白，到底什么是礼仪。礼仪即礼宾，本意是以宾客之礼相待。简单地说礼仪就是礼节、礼貌外加仪式。

中国素以“礼仪之邦”著称于世，讲“礼”重“仪”是我们民族世代相传的优秀传统，源远流长的礼仪文化，是祖先留给我们的一笔丰厚遗产。礼仪在社会生活中的作用是不言而喻的，它是一个人、一个组织乃至一个国家和民族内在精神文化素养的体现，也是社会人际关系的约定俗成的行为规范。知礼懂礼、守礼行礼，是个人或组织树立自身形象、赢得他人和社会尊重的前提，同时也是事业获得成功的重要条件，现代人之所以对礼仪倍加关注和讲究，其因概出于此。

中国是一个历史悠久的文明古国，“礼仪”一词，很早就被人用作典章制度和道德教化来使用了，它不仅仅指表面的形式，更主要的是指道德的内涵。礼仪是道德的重要内容，又是道德的重要表现形式。如“君臣之礼”便是奴隶社会和封建社会等级制度的表现。

西方国家的“礼仪”一词始于法语，原意为“法庭上的通行证”。古代法国的法庭把法庭规则写在进入法庭的通行证上，发给进入法庭的每个人，让他们了解并在进入法庭后严格遵守。后来“礼仪”一词进入英语，演变成“人际交往的通行证”。它有三层含义：一是指谦恭有礼的言辞和举动，二是指教养、规矩和礼节，三是指仪式、典礼、习俗等。

综观古今中外对于“礼仪”含义的理解，我们可以看出“礼仪”一词包含了以下几个方面的基本意思：第一，礼仪是一种行为模式或行为规范。这种行为规范可能表现在人们的习俗之中，也可能表示在典章制度中，成为典章制度的重要内容。第二，礼仪是带有“共性”的行为规范，是人们共同的、至少是一部分人共同的行为准则。它是在社会实践中形成的，并得到了多数人的认可，个别人与众不同的行为方式不能成为礼仪。第三，礼仪的意义在于实现人际关系的和谐。无论是等级制度下的礼仪，还是平等基础上的礼仪，都是实现社会稳定、融洽人际关系的重要手段和途径。

站在不同的角度上，往往还可以对“礼仪”这一概念做出种种殊途同归的解释：从个人修养的角度来看，礼仪是一个人的内在修养和素质的外在表现，也就是说，礼仪即教养；从道德的角度来看，礼仪是为人处世的行为规范、标准做法、行为准则；从交际的角度来看，礼仪是人际交往中适用的一种艺术，也可以是一种交际方式或交际方法；从民俗的角度来看，礼仪既是在人际交往中必须遵行的律己敬人的习惯形式，也是在人际交往中约定俗成的示人以尊重、友好的习惯做法；从传播的角度来看，礼仪是一种在人际交往中进行相互沟通的技巧；从审美的角度来看，礼仪是一种形式美，它是人的心灵美的必然的外化。总而言之，礼仪所表现的是待人的尊敬、友好。

了解了礼仪的上述特点之后，就必须在日常生活中学习、应用礼仪，尤其对于在服务行业工作的人员，更有必要在宏观上掌握一些具有普遍性、共同性、指导性的礼仪规律。这些礼仪规律，即是礼仪的原则。一般来讲，礼仪的原则有以下几条，它们同等重要，不可缺少。掌握这些原则，将有助于服务人员更好地学习礼仪、运用礼仪。

第一，遵守的原则。在交际应酬之中，每一位服务人员都必须自觉、自愿地遵守礼仪，以礼仪去规范自己在交际活动中的一言一行、一举一动。对于礼仪，不仅要学习了解，更重要的是学了就要用，要将其付诸个人社交实践中去。任何人，不论身份高低、职位大小、财富多寡，都有自觉遵守、应用礼仪的义务，否则，就会受到公众的指责，交际就难以成功，这就是遵守的原则，没有这一条，就谈不上礼仪的应用、推广。

第二，自律的原则。从总体上来看，礼仪规范由对待个人的要求与对待他人的做法这两大部分所构成。对待个人的要求是礼仪的基础和出发点。学习、应用礼仪，最重要的就是要自我要求、自我约束、自我控制、自我对照、自我反省、自我检点，这就是所谓自律的原则。古语云“己所不欲，勿施于人”，若是没有对自己的自我要求，人前人后不一样，只求之于人，不求之于己，遵守礼仪就无从谈起。

第三，敬人的原则。敬人原则就是要求人们在交际活动中，与交往对象既要互谦互让，互尊互敬，友好相待，和睦共处，更要将对交往对象的重视、恭敬、友好放在第一位。在礼仪的两大构成部分中，有关对待他人的做法这一部分，比对待个人的要求更为重要，这一部分实际上是礼仪的重点与核心。而对待他人的诸多做法之中最要紧的一条，就是要敬人之心常存，处处不可失敬于人，不可伤害他人的个人尊严，更不能侮辱对方的人格。掌握了这一点，就等于掌握了礼仪的灵魂。

第四，宽容的原则。宽容的原则的基本含义，是要求人们在交际活动中运用礼仪时，既要严于律己，更要宽以待人。要多容忍他人，多体谅他人，多理解他人，而千万不要求全责备，斤斤计较，过分苛求，咄咄逼人。在人际交往中，要容许他人有个人行动和独立进行自我判断的自由。对不同于己、不同于众的行为要耐心容忍，不必要求其他人处处效法自身，与自己完全保持一致，这实际上也是尊重对方的一个主要表现。

第五，平等的原则。在具体运用礼仪时，允许因人而异，根据不同的交往对象，采取不同的具体方法。但是，在尊重交往对象、以礼相待这一点上，对任何交往对象都必须一视同仁，给予同等程度的礼遇。不允许因为交往对象彼此之间在年龄、性别、种族、文化、职业、身份、地位、财富以及与自己的关系亲疏远近等方面有所不同，就厚此薄彼，区别对待。

第六，从俗的原则。由于国情、民族、文化背景的不同，在人际交往中，实际上存在着“十里不同风，百里不同俗”的局面。对这一客观现实要有正确的认识，不要自高自大，唯我独尊，以我划线，简单否定其他人不同于己的做法。必要之时，必须坚持入乡随俗，与绝大多数人的习惯做法保持一致；切勿目中无人，自以为是，指手画脚，随意批评，否定其他人的习惯做法。遵守从俗的原则的这些规定，会使对礼仪的应用更加得心应手，更加有助于人际交往。

第七，真诚的原则。礼仪上历讲的真诚的原则，就是要求在运用礼仪时，务必待人以诚，诚心诚意，诚实无欺，言行一致，表里如一。只有如此，自己在运用礼仪时所表达的对交往对象的尊敬与友好，才会更好地被对方所理解和接受。与此相反，倘若仅把运用礼仪作为一种道具和伪装，在具体操作礼仪规范时口是心非，言行不一，弄虚作假，投机取巧，或是当时一个样，事后一个样，有求于人时一个样，被人所求时另外一个样，则是违背礼仪基本宗旨的。将礼仪等同于“厚黑学”是行不通的。

第八，适度的原则。适度的原则的含义，是要求应用礼仪时，为了保证取得成效，必须注意技巧，合乎规范，特别要注意做到把握分寸，认真得体。这是因为凡事过犹不及，运用礼仪时，假如做得过了头，或者做得不到位，都不能正确地表达自己的自律、敬人之意。当然，要想运用礼仪真正做到恰到好处、恰如其分，只有勤学多练，积极实践，此外别无他途。

第二节　餐厅礼仪的“软”“硬”件

在很早以前，英国战舰上有21门炮，海军司令登舰时就鸣放21响，以后各国沿用此法，作为迎送国家元首和首脑的礼节。礼仪是表示敬意、友好和善意的各种礼节、礼貌和仪式。在社会生活中，讲究礼节、礼貌是一个国家文明程度的重要标志；而对个人而言，礼节、礼貌也是衡量其道德水准高低、有无教养的尺度。例如：人们在见面时要彼此问一声“您好”；在别人帮助你时，你要真诚地说一声“谢谢”；在公共汽车上你不小心踩到别人的脚，应立即说一声“对不起”；到了深夜，你要把收音机、电视机的音量调小一些。这些都是做人的基本礼仪，礼仪的基本内容就是尊敬他人、关心他人。

那么，到底什么才是餐厅礼仪呢？其实，餐厅礼仪是一种文化，属于职业礼仪的一种，它是指在餐厅服务工作中形成的，并得到共同认可的一种礼节和仪式。它的主要目的是使客人有宾至如归的感觉，从而更好地树立餐厅的外部形象。餐厅礼仪的内涵很广泛，并不只限于礼貌周到的服务，几乎所有关乎客人的感受、关乎餐厅的形象的方面都和礼仪有关系。下面我们就从餐厅的“硬件”和“软件”两个方面来讲讲餐厅礼仪的内容。

什么是餐厅的“硬件”呢？除了对客人的服务之外，其他的方面都可算是餐厅的“硬件”，餐厅的装潢、餐厅的格调和氛围、餐厅的卫生情况、餐厅的家具及器具，甚至餐厅的菜式，都属于餐厅的“硬件”。人对于美的追求是一种固执的天性，客人到餐厅来就餐，不仅仅要满足口腹之欲，还要在赏心悦目的环境下通过视觉、听觉、味觉享受或轻松、或温馨、或优雅的感受，好的就餐环境带给客人从物质到精神的满足。所以，餐厅的硬件在餐厅的礼仪中也有着不可或缺的重要地位。

餐厅的装修、装饰是给客人的第一印象，它就像是人的脸，客人从餐厅的装修风格中获得对餐厅的第一信息，它决定了客人与餐厅是否能进行进一步的接触。比如，明快、宽敞的装修让人觉得适合与朋友相聚，昏暗、狭小的空间让人觉得是个与朋友约会的好场合；温馨、实用的装修引起客人们与亲人团聚的愿望，豪华的装修可能更为谈生意的客人所喜爱。不管是何种风格的装修，精致、符合餐厅定位的装修无疑会带给客人好感及对餐厅的信心，与女性化妆代表着对他人的尊敬一样，好的餐厅装潢一样表达着对客人的尊敬。

如果说餐厅的装修像是人的脸，那它的氛围和格调就像一个人的气质。俗话说"物以类聚、人以群分"，人们总是在寻求与自己相近、相配的人与事物，在符合自己要求、感觉与自己相衬的环境中，人们会觉得更自在；人们还喜欢追求较高的欣赏层次，好的就餐环境会使客人觉得自己的欣赏水平得到肯定。烛光和小提琴营造出浪漫的气氛；墙上悬挂抽象派画可营造出现代艺术的氛围……餐厅里的每一处细节几乎都可反映出经营者"以人为本"的经营思想，让客人感到被重视。

餐厅的家具和器具是环境中更为细节的构成部分，直接体现着一家餐厅的档次和主营特色。经营中国菜的餐厅常常会采用中国明清风格的八仙桌、国画屏风等，经营地方风味的餐厅常常会使用当地传统的家具摆设；高档的餐厅使用精致的名瓷会大大提升餐厅的档次，让客人感到自己身份的尊贵。精明的客人常常会从餐厅的细枝末节中体察餐厅的品味和档次。

餐厅的卫生更是客人考察的重中之重，茶杯上未洗净的茶渍会直接让人倒胃口，一只苍蝇就足以败坏众多食客的食欲。除桌面的卫生之外，洗手间的卫生同样会让客人对餐厅留有深刻的印象。有些精明的经营者采用了开放式的厨房，让客人对厨房内的卫生情况一目了然，大大打消了客人在卫生方面的戒心，使客人络绎不绝，生意越来越红火。

当然，餐厅的"硬件"还有许多，在这里就不一一赘述，总之，大家应该有一个概念，餐厅不仅是卖食物和服务，也卖环境、氛围和文化，餐厅经营的功夫不仅在"菜"内，更在"菜"外，让客人舒心，"礼"也就到了，这就是餐厅经营的最高境界。

什么是餐厅的软件呢？概括地说就是服务。服务的内涵也很广泛，从客人进门那一刻起，餐厅人员与客人发生的关系都是服务。从跟客人打第一声招呼起到送客人离去，餐厅人员的所有言行都关乎礼仪。餐厅人员，上至餐厅经理，下到清洁工，各有各的岗位职责，也各有各的礼仪规范。

迎宾员是客人接触的餐厅第一人，她的态度直接影响客人对餐厅的印象，如果一位客人在第二次来到餐厅时，迎宾员就能叫出他的姓名，相信他对餐厅的亲切感会油然而生。服务员的礼仪更是名目繁多，着装要整洁端庄，言行举止要礼貌适度，对客人的态度既要亲切体贴，又要讲究个性化的服务，针对每位客人的特点给予不同的照顾。

餐厅经理和领班要负责整家餐厅的工作，也是整家餐厅的代表人物，当顾客有抱怨与投诉时，他们应以适当的方式、礼貌婉转的态度处理。他们以经理和领班的身份解决问题、迎来送往，会使客人觉得被重视、受尊重。即使是工作在厨房里的大厨，也要讲究礼仪，在客人就餐之后，大厨前来问问客人对自己所烹制的菜肴有什么意见，既是提高烹调手艺的一个途径，也会使客人感到个人受到重视，即使这一餐有不合口味的地方，也会抱着期待的心情再来尝试。

礼仪不仅仅是表面的恭敬，而且是发自内心的尊敬和热心。不少餐厅的服务人员也会在迎来送往时说些礼貌用语，但多数都是面无表情或笑容僵硬，像木偶一样，根本不能打动顾客的心，这样的所谓礼仪只是形式的礼仪，有与没有区别不大，只有抱着真心为顾客服务的心态，真正把客人当作衣食父母，才会有发自内心的表现，礼仪才是到位的礼仪。

礼仪不是孤立的，它和传统、文化、习俗、宗教是密不可分的。所以，要讲礼仪就要掌握客人的文化、宗教等背景。比如，我们常以竖起大拇指表示赞赏，但在有的地方，这个动作却表示轻蔑；对印度教教徒来说，用左手递食物意味着污辱，因为他们用右手吃饭，如厕时才用左手。所以如果不了解客人的背景，很可能好心办坏事。

当然，讲礼仪首先要树立“顾客就是上帝”的观念，但有心不等于就能把事情做好，怎样把事情做好也不只与技巧有关，更重要的是与工作人员的文化素质有关，所以在对工作人员进行培训时，必须强调加强文化素质的培养。

服务贯穿于餐厅经营中，餐厅礼仪又是与客人打交道的具体表现。中国有句老话，叫“和气生财”。这个“和气”就是讲礼仪，只有讲礼仪、重礼仪，才能让顾客真正称心如意。试想，如果一间餐厅装修很漂亮，菜肴也精致，唯独服务员态度粗暴，客人还会再去吗？当然不会，谁也不会花钱买气受。所以，在餐饮业竞争激烈的今天，拼“软件”越来越成为众多经营者的法宝。

第三节　餐厅礼仪关系经营成败

随着我国市场经济的确立和发展，市场竞争越来越激烈，餐饮行业的竞争也越发白热化。同时，人们生活水平的提高，对餐饮业的要求也越来越高，人们越来越不仅仅满足于食物的质量和价格，更加看重服务的品质，强调自身的综合感受，所以加紧修炼餐厅的内功，提高餐厅的经营、服务水平成为众多餐厅的当务之急。特别是中国加入 WTO 后，对餐饮业直接的影响是，国外大的餐饮公司登陆中国大陆，它们携品牌、服务水平的优势，对中国的餐饮行业带来不小的冲击。

随着中国人生活水平的提高，未来的中国餐饮业必然面临着消费的多元化及餐厅层次的多元化，高水平、高素质的餐厅将会出现，也将为我们这个有着悠久历史和丰富饮食文化的国家带来新的服务理念。“抢占商机”一向是高明的经营者制胜的要诀，在餐饮业中，谁先领悟了服务的本质，谁就抓到了致富的钥匙。"礼仪"就是一个提高服务的突破口，它对于争取顾客的信任、树立企业形象、创立企业品牌及增强企业凝聚力有着决定性的作用。

"礼多人不怪"，讲礼仪赢得"回头客"

每个人的内心都渴望得到别人的尊敬和认同，多数人对别人的看法都比较敏感。俗话说，"礼多人不怪"，"抬手不打笑脸人"。人们对于有礼的言行都是比较能够接受的，对于面子、自尊的冒犯都是不可忍受的。所以，是否获得对方的尊敬是与对方打交道的先决条件。对服务行业来说尤其如此，一次小小的不敬可能导致客人永远不再上门，而且，每个客人都是义务宣传员，不论好的、坏的，都可由一人之嘴传播开去，对餐厅造成影响。

讲礼仪可以获得顾客的信任，因为人们对于尊敬自己的人自然会产生好感和信赖，从而相信他所讲所为的事情，对于他的错误也更容易谅解，这就是我们常讲的"人心换人心"，"人敬我一尺，我敬人一丈"。

经营餐厅的人都希望赢得"回头客"，因为"回头客"意味着较固定的客源和收益。但"回头客"一定是有所图的，要么是环境，要么是食物，要么是服务，这其中礼仪是最重要的成分；因为只要顾客对餐厅有信任感，即使餐厅有些方面做得不够好，顾客亦会给机会改进。中国一向是个最重情义的国家，一个"情"字具有非同寻常的力量，而礼仪就是顾客与餐厅的情感纽带，是"回头客"回头的关键。

礼仪是树立企业形象、创立企业品牌的关键

随着中国的市场化及中国与世界的日渐接轨，中国的企业家们越来越意识到企业形象、品牌的重要性。如果一个企业有良好的外部形象，也就意味着这个企业具有较好的商业信誉，而商业信誉直接关系着企业的生死存亡。餐厅也是企业，也有外在形象和信誉的问题。

具体到餐厅与顾客的关系上，一家餐厅的名声往往是顾客做选择时考虑的重要因素。对我们中国人来说，餐厅绝不只是一个用餐的地方，婚丧嫁娶、团聚、庆祝、谈生意……餐厅还是各种社会交往的场所，所以许多时候餐厅的名气意味着餐厅的可信度、顾客的社会地位与层次、所从事的活动的重要性和对它的重视程度。

在餐厅与其他商业伙伴的关系上，名气就是餐厅的商业信誉，无论是原材料的提供商还是金融服务商，基于餐厅的信誉都会给予充分的合作和方便。而良好的社会形象和名气是以良好的礼仪为基础的，周到、诚信是讲礼仪的结果，只有"礼"到了，才能树立起诚信的形象。

近几年来餐饮业有一个现象，就是连锁店、分店越开越多。开分店、连锁店离不开一块餐厅的牌子——品牌。创品牌是很多企业家所追求的目标，因为品牌就是无

形资产，与有形资产有着密不可分的关系，品牌创造高利润是企业家的共识。

创品牌需要具备多方条件，赏心悦目的环境、精美可口的食物、合理的价格等，但其中最重要的还是礼仪，如我们前面所说的，因为讲礼仪能赢得顾客的信任，能吸引“回头客”，而每一个“回头客”都是餐厅的义务宣传员，一传十、十传百，品牌就因此而建立起来。

所以说，“礼仪”二字既大又小。说它小，它小到餐厅的边边角角、琐碎细节；说它大，它直接关系着餐厅的经营成败。任何有志于从事餐饮行业的人都不应该忽略“礼仪”所起的作用，不仅要在言谈举止中表现礼仪，更要把它融入到经营思想中去。

讲礼仪可提高餐厅工作人员的素质，创造企业文化，增强企业凝聚力

讲礼仪不仅对顾客有益，对餐厅的工作人员也是有益的。讲礼仪其实是对一个人从外到内的培养。可能刚开始时工作人员是出于工作的需要、纪律的要求而被迫地讲礼仪，但久而久之，习惯成自然，他们会自然地拥有谦和的态度、彬彬有礼的举止，学会怎样恰当而又真诚地待人接物。拥有这样的员工队伍，餐厅的素质也就得到了提升。

在以人为本的时代里，健康、团结、积极向上的团队精神是现代企业所追求的，当一个人学会了怎样待人接物，他也就学会了怎样与人相处，学会了怎样融入集体中，这样的人组成的团队才会是和谐的、合作的团队。

一个合作的团队能提高工作效率，减少事故的发生率；一个健康、团结的团队会在餐厅中自然地营造出和谐的气氛，这种气氛能被顾客所感受到，能够成为吸引顾客的一个因素。

相反，如果一家餐厅没有一个团结的团队，内部的纠纷难免会暴露在顾客的面前。试想，如果出了问题员工相互推诿，甚至相互指责，顾客会有什么样的感觉？如果员工在客人的面前发生争吵，客人又会有什么样的感觉？不管环境再怎么美、食物再怎么好，所有的美好印象可能就此土崩瓦解，不可弥补。

再者，融洽的同事关系是防止人员流动所必要的，也是增强企业凝聚力所必要的。一个团结一致的团体总比一盘散沙容易管理和引导，对一个团结的团体中的成员来说，只要是他们理解的、能够达成共识的事情，他们会在一种良性竞争的环境下尽力去达到目标；当企业追求的目标成为他们所共同追求的目标时，他们会把个人的力量汇集为集体的力量，这就是企业凝聚力。不管是积极的团队精神也好，企业凝聚力也好，无疑都与员工的礼仪培训和教育是分不开的。

所以，礼仪对员工所起的作用是微妙的、潜移默化的，它能成就一个团结的集体，能成就一家富有竞争力的餐厅。

由此可见，礼仪与餐厅经营的成败是大有关系的，具体该怎样讲礼仪可是大有学问的，我们将在以后的章节中一一介绍给大家。

餐厅礼仪的常用礼节

餐厅服务员是否注意礼貌礼节，关乎餐厅经营的成败。服务的高水平、高质量是餐厅的生命。

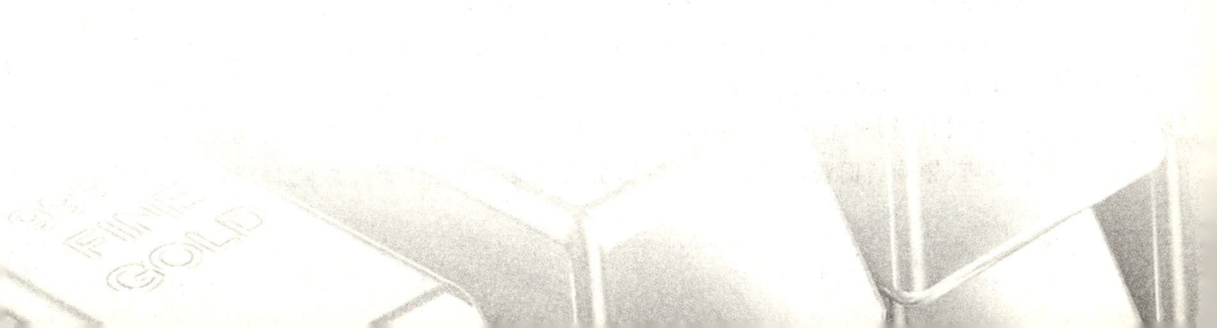

第一节　国际通用称呼礼

国际上对男性和女性的称呼

国际上通用的称呼一般对男子可统称“先生”，而对女子就要根据她们的婚姻状况来称呼她们为“夫人”、“小姐”、“女士”或“太太”。

一般来说，对身份高贵的已婚女子，要称她们为“夫人”，对已婚女子都要称为“太太”，对未婚女子统称为“小姐”，对职业女性可称“女士”。这里要特别注意的是，如果你不知道对方是否已经结婚，不管她年纪多大，你都要称呼她“小姐”，千万不要称呼她“太太”。西方女子的心态，即便已婚，你仍称之为“小姐”，被认为是一种可愉快接受的过错；而未结婚被称为“太太”，就是不可接受的错误，是一个很大很大的错误。

有这么一个故事，有一位先生为一位外国朋友定做生日蛋糕，他来到一家酒店的餐厅，对服务员小姐说：“小姐，您好，我要为我的一位外国朋友订一份生日蛋糕，同时打一份贺卡，你看可以吗？”小姐接过订单一看，忙说：“对不起，请问先生您的朋友是小姐还是太太？”这位先生也不清楚这位外国朋友结婚没有，从来没有打听过，他为难地抓了抓后脑勺想想说：“小姐？太太？一大把岁数了，太太。”

生日蛋糕做好后，服务员小姐按地址到酒店客房送生日蛋糕。敲门，一女子开门。服务员小姐有礼貌地说：“请问，您是怀特太太吗？”女子愣了愣，不高兴地说：“咦，错了！”服务员小姐丈二和尚摸不着头脑，抬头看看门牌号，再回去打个电话问那位先生，没错，房间号码没错，再敲一遍，开门：“没错，怀特太太，这是您的蛋糕。”那女子大声说：“告诉你错了，这里只有怀特小姐，没有怀特太太。”“啪！”的一声，门被重重关上，蛋糕掉在地上。

这个故事，就是因为错误的称呼所造成的。在西方，特别是女子，很重视称呼的正确，如果搞错了，引起对方的不快，往往好事就变成坏事。

在西方，年老就是无用的代名词。因此，西方女性十分忌讳别人认为她老。在国内，女性这方面也似乎也越来越“向西方女子看齐”了，中国女子也越来越忌讳称她“老”。例如，已经40岁左右的演员刘某，十年前人们称她为“老刘”时，她还很高兴，但今天你再称她为“老刘”，那就会深深刺痛她的心，甚至很气愤，“我才40多岁就老啦？”

《兰州日报》曾经介绍了这样一个故事：大冬天，电影院常有女观众戴着帽子看电影，影响后面观众的视线。放影员为此多次打出“影片放映时请观众勿戴帽子”的字幕，但一直无人理睬。有一次，他们把字幕换成了这样：“本院为了照顾衰老高龄的女观众，她们可以照常戴帽，不必摘下。”通告一出，所有的女观众都摘下了帽子，显然，她们不愿意被别人看成“衰老高龄的女观众”。

如今，在国内还有一个值得注意的现象，那就是，最好不要单独称女性为妇女，尤其在北方。在黑龙江省哈尔滨市，有这样一则社会新闻：一位老大爷去百货大楼购物，营业员小姐对其略显不敬，这位老人说：“你这妇女啊……”话还没讲完，营业员小姐大怒，她怒不可遏地还嘴道：“你才是妇女！”

“妇女”一词竟激起如此轩然大波，实乃为这位老大爷始料不及的。一方面是女营业员缺乏起码的礼仪修养和职业道德，但另一方面问题是，中国女性越来越忌讳自己被称呼为“妇女”。“妇女”一词在口头语上往往被理解为贬义词，容易使人联想到“农村妇女”、“家庭妇女”、“泼妇”等等，这些女性通常给人的印象是干苦活的，没知识、没文化、没教养。想必那位女营业员就是这样理解的，因此，称她为“妇女”怎不火冒三丈！

对地位高的官方人士的称呼

对地位高的官方人士，一般称为“阁下”，或职衔加先生，如“部长阁下”、“总理先生阁下”等等。但对没有称“阁下”习惯的美国、墨西哥、德国等贵宾，一般在逻辑上男士可称“先生”、女性称“夫人”或“小姐”。对有高级官衔的女性也可称阁下。

对来自君主制国家贵宾的称呼

对来自君主国家的贵宾，按其习惯，称国王、皇后为“陛下”，称王子、公主、亲王等为“殿下”，对有公、侯、伯、子、男等爵位的人士，既可称其爵位，也可称“阁下”，一般也称“先生”。

对有职业、职务和学位者的称呼

知道其职业的，可称服务员小姐、护士小姐、秘书小姐等等，对医生、教授、法官、律师、博士等，均可单独称其职务或学位，也可加上姓氏和先生，如：李老师、李教授、李医生、孙主任、卡特教授、法官先生、马丁博士先生、市长先生等等。德国人较注重形式，因此，当你与有博士头衔的德国客人交往时，就要不厌其烦地使用这个称呼，这样就会显得尊敬与亲热。

对军人的称呼

一般来讲，国际通用的称谓是，称其军衔或军衔加先生，如果知其姓名，可冠以姓与名，有些国家对将军元帅等高级将领也称“阁下”，如上校先生、莫利少校、威尔逊将军阁下、戴维斯元帅先生、朱可夫元帅阁下等等。

对神职人员的称呼

对教会中的神职人员，可称其教会内的职称。例如：伊斯兰教——阿訇、毛拉；基督教——主教、神甫、牧师；天主教——教皇（天主教最高领袖是罗马教皇，教廷在梵蒂冈）、主教（红衣主教、宗主教、都主教、大主教、主教）、神甫、修士、修女；道教——道士、道姑；佛教——和尚、尼姑（尊称师姑）、居士（在家佛教徒）；藏族中的喇嘛教——活佛、喇嘛；对教会中的神职人员，除了可称其教会内的职称外，还可称姓名加职称，或职称加先生，对主教以上的神职人员，有时也可称阁下，如牧师先生、主教阁下。

关于中国少数民族的称呼

中国是个多民族的国家，全国有55个少数民族，餐厅服务员在接待少数民族客人时，应注意礼节、礼貌，要严格禁止使用侮辱性的称谓。

对与我国以同志相称的国家

对与我国以同志相称的国家，可称同志；有职衔的可加职衔，如主席同志、大使同志、司机同志、议长同志；也可姓名加同志，如：爱德华同志、白求恩同志等等。

餐厅酒店员工要注意的是，在接待工作中，一般不能直呼其名，即使是认识的和熟悉的顾客，也不要直呼其名。对外国人，就更不能当面称呼“鬼佬”。如果要称呼第三者时，不能称“他”，应称“那位先生”，或者“那位小姐”。

部分国家的称呼礼节须知

（1）泰国：泰国人不是按姓来称呼对方，如陈先生、李先生、张女士，而是按名来称呼，例如建国先生、章达先生、秀兰女士等等。

（2）美国：欧美许多民族喜欢用先生、夫人、小姐一类称呼，但多数美国人不喜欢这样的称呼，觉得过于正规，他们喜欢别人直接叫自己的名字，最好称呼他们的教名。美国人的姓名排列一般是名在前姓在后，如John Wilson（约翰·威尔逊），John是名，Wilson是姓。又如Edward Adam Davis（爱德华·亚当·戴尔斯），Edward（爱德华）是教名，Adam（亚当）是本人名，Davis（戴维斯）是姓。那么你称呼他们约翰或爱德华，他们就很高兴了。当你遇到某个美国人时，她可能会对你这样说：“不要叫我史密斯夫人，就叫我玛丽好啦。”在美国，女性结婚前都有自己的姓名，婚后一般是自己的名加丈夫的姓，如玛丽一际特（Marie White）小姐与约翰·戴维斯（John Davis）结婚，婚后女方姓名为玛丽·戴维斯

(Marie Davis)。

(3)德国:对美国人可以称呼其姓名,但对德国人则千万不要直呼其名,德国是个特别讲究礼仪的民族,除非他本人允许,称呼最好前面加头衔。

(4)英国:当你与英国人交往时,千万不要把英国人通称为英国人,而应该称"大不列颠"人,因为英国人主要由英格兰人、威尔士人、苏格兰人组成。

(5)俄罗斯:俄罗斯人见面时要称呼对方的名字和父名,光称姓是极不礼貌的。

总之,餐厅服务员在接待外宾时,既要注意世界通用的习惯称呼,也要考虑客人所在国的具体情况使用合适的称呼,这是至关重要的。

第二节　国内习惯称呼礼

我们中国人历来重视社会交往中的称呼,一般来讲,如果恰当使用"敬称"、"美称"、"谦称"、"昵称"、"爱称"等称呼,往往体现一个人谦和、诚挚、高尚、优雅的礼仪修养。

对称呼敬辞的运用

中国古代的称呼敬辞,常常以"尊"、"贵"、"大"、"台"、"玉"、"宝"等构成,名目繁多。如"恭候尊驾光临","尊驾"就是对对方称呼的敬辞,也可用"大驾"、"台驾",其义相同。

再如,称对方意见为"尊见",称对方乡里为"贵乡"、"贵土",称对方身体为"玉体"、"贵体",称对方家眷为"宝眷"、"玉眷",称来访者为"贵客"、"嘉宾"等等,这都能够表达对对方的敬意,还有"贵姓"、"贵府"、"贵公司"等。

现在,在现代社会的社交中,常见并普遍使用的"称呼敬辞"有:

"您":"您"与你古时通用,现在,"您"渐被用作"你"的敬词。

"同志":新中国成立以来,"同志"这一敬辞已经逐渐成为内地公民相互间的普通称呼;在使用上并无年龄长少、地位尊卑的局限,男的、女的、年老的、年轻的,都可称同志。即使年纪比自己小很多的,也可称之为"小同志"。"同志"这一称呼现在仍然在中国内地通用。但在我国东南沿海地区,现在"同志"一词的词义已经有了新的变化。这些地方由于受国外及台、港、澳文化的影响,"同志"一词通常被用来指那些男女"同性恋"者,这一点需要特别注意。

"先生、小姐":随着中国的改革开放,"先生、小姐"这类词也越来越通用。但是,由于在我国的少部分城市和地区,"小姐"一词又被"发展"成为专指从事"三陪",甚至从事"皮肉生意"的卖淫女子,因此,"小姐"一词也不能乱用。

"师傅":师傅一词,一般指徒弟对自己学艺的传授人的敬称。但在北方,尤其在北京及其周边的华北地区，“师傅”已经成了一种通用的称呼，就像“同志”的称呼一样，无性别、年龄、职业的区分，都可以称“师傅”。售货员可称“师傅”，汽车售票员可称“师傅”，的士司机可以称“师傅”，甚至对陌生人也可称“师傅”。

“大姐”、“大哥”：“大姐”、“大哥”的称呼，在东北地区比较普遍，在广东人中，也比较普遍使用，甚至对年纪不大的女性或男性，都可称“大姐”、“大哥”或“姐姐”、“哥哥”。如在粤语中，常称司机为“司机姐姐”、“司机哥哥”等。

“您老”：在中国传统文化中，常常称资历深、年长者为“您老”，表示敬意。在中国口语中，通俗大众化的称呼，也可称“大伯”、“大爷”、“老大爷”、“老大娘”、“大婶”、“大叔”、“大姨”，这样，显得亲切自然。

谦称辞的运用

如“愚”、“敝”、“鄙”、“陋见”，称自己为“愚”、“鄙人”等，称自己见解为“愚见”、“陋见”，称自己的身体为“贱躯”，称自己著作为“拙著”、“拙文”，称自己的居所为“寒舍”、“斗室”、“陋室”、“敝斋”等等。

美称敬辞的运用

美称敬辞，主要是指尊长对年幼者表示亲爱和看重的称呼。在书面语中，用得较多的是以“贤”构成的一系列美称，如：“贤弟”、“贤侄”、“贤婿”等；美称对方的子女为“公子”、“千金”等。

婉称敬辞的运用

如以人的容貌称“尊容”、“尊颜”等等，这常被用做婉称敬辞，如“冒犯尊颜”即“冒犯了您”的意思。

昵称敬辞的运用

如称小孩为“宝宝”、“宝贝”、“乖乖”等，在粤语中，称小女孩为“妹妹头”、“靓妹妹”，叫小男孩为“鬼仔头”、“靓仔头”、“醒目仔”等。

第三节　外交活动称呼礼

在外交活动中，称呼礼仪有其特殊功能与特点。在人际交往中，称呼只表明了个人与对方的个人关系，因而随意性很大。但在对外交往中，一个国家的代表称呼另一个国家的代表，就是代表了这个国家对另一个国家的态度，就反映了这个国家的形象。因此，这种称呼既要规范，又要得体，既符合双方的身份地位，又能表现出双方国家关系的友好程度以及不同的外交礼仪规格。

一般来讲，在外交礼仪的称呼上，主要有四点值得注意：

要特别重视规范性问题

绝对不允许运用昵称，也不得用小名和绰号来称呼对方，必须连名带姓、连头衔与敬语一起称呼。例如“某某总统阁下”、“尊敬的某某总理阁下”，而不能省略其中的任何一部分。

在这方面，失礼的例子可谓比比皆是。例如，在中东危机中，前苏联急欲解决中东危机，于是便施谋略对美国施加压力。勃列日涅夫致信给美国总统尼克松，提出苏美共同派兵，以确保停火的实施，确保苏美两国达成某种谅解。此信的语言虽然甜美，但措辞却极为强硬、蛮横与无礼，美国尼克松总统时期的国务卿基辛格回忆并评论说：“这实际上是勃列日涅夫给我们发出的最后通牒。”在这封信中，勃列日涅夫除了使用赤裸裸的威胁语言并在结尾要求“立即给予明确答复”外，在信的开头也不礼貌，直呼“总统先生”。基辛格说：“这是一位苏联领导人对美国总统严重的挑战。”

与双方国家关系的密切程度相适宜

1968 年 8 月 23 日，周恩来总理在罗马尼亚驻华大使馆举行的国家招待会上讲话时，这样说道：

“尊敬的杜马大使、同志们、朋友们，我国与罗马尼亚（罗马尼亚当时是社会主义国家，1989 年和平演变为资本主义国家）是社会主义国家，关系十分友好。”

周总理在这里主要突出了“同志”的关系，既有礼貌，又非常亲切、友好、自然。形成比较的是 1972 年 9 月 25 日，周恩来总埋在欢迎日本内阁总理大臣田中角荣时，却这样说道：

“尊敬的田中角荣首相阁下、各位日本贵宾、朋友们、同志们……”这次，田中角荣访华是为了“谈判解决中日邦交正常化”——这个两国人民长期期待解决的问题，而且抱着“必须达成协议”的信心和决心来的。对此，中国人民与政府是热烈欢迎的，从周总理对对方的称呼中，就可以看出是很热情、友好的。但与前例又有所区别。

周到并照顾到不同国家的文化习惯

在外交称呼上，一旦被称呼的人不止一个时，就要注意周到而不能有遗漏。更为重要的是，在先称呼谁，后称呼谁时，要照顾到不同国家的文化习惯。

例如，周恩来总理在欢迎尼克松总统的宴会上致祝酒词时，就运用如下称呼：

“总统先生、尼克松夫人、女士们、先生们、同志们、朋友们……”在这里，由于尼克松总统是主宾，理应最先称呼，而第二层则是“女士们”在前，如果“先生们”在前，就是失礼的，西方人讲究女士优先。而当你向一群朝鲜人讲话时，应是“先生们、女士们”，而不是像西方人把“女士们”放在前。

因此，在国际外交上，称呼的顺序要注意的是：

(1)先强调个人再强调整体；

(2)先强调女士，再强调男士；

(3)先强调职位高的，后强调职位低的。

其他需要注意的礼节问题

除此之外，在外交礼仪上还需注意的是：一是要学会不失时机地提出问题。这是鼓励对方把话继续说下去的方法之一，表明你是很仔细地在听对方说话。比如，“还有其他的吗?”、“这事你觉得怎么样?”二是多给对方肯定的回答。用“是的”、“我理解”、“我同意”等词语来表示对对方的赞成。称赞对方，或者明确地肯定对方的意见，能表明双方有共同的语言。尽量避免使用否定别人意见或评论式的回答，如，“不”、“我可不这么想”、“我不能同意”、“我认为不该这样”等等。三是不要轻易打断别人的发言。和别人交谈，要让别人把话讲完。别人讲话时，不要随意插话，更不要打断别人的话，即使人家的话不合乎你的“口味”，也应该耐心地听完，以示尊重对方，如有插话，应用商量、请求的口吻先说明。

第四节　圆满答客的礼节

问答客人语气要婉转

在我国，多数人对直言不讳都不大喜欢，而爱听委婉的话，委婉隐含着尊重别人，尊重自己的意思，使用商量口气，使对方容易接受。虽然说“良药苦口利于病”，但人们还是爱吃包有糖衣的药片。因为它更容易咽下，因此，餐厅酒店员工在与客人打交道时，要学会用符合礼貌要求的语气说话。

例如问客人时千万不要说：“你来有什么事吗?”既然来了就有事，这种问话不利于客人说出自己的要求和打算，而应当说：“今天您光临，想必有事商量。”或者说：“有需要我们帮忙的地方，请别客气。”对客人的要求，能办到的一定要办，不能办的也要解释清楚。

当客人要离开时，要等客人先站起来自己再起来，主人先站起来就等于下逐客令。把客人送到门外，寒暄几句比较客气的话，切忌客人刚走几步，就“砰”地把门关上或关灯离去，这样会使客人误认为自己是不受欢迎的人。

打扰客人也要讲究礼仪

如果客人正在谈话。有事要打扰客人应说“对不起，打扰一下”或“如果不麻烦您的话”。如有急事要离开，应表示歉意并说明理由。如果需要，千万不要凑到旁边听客人之间的谈话，也不要插话，不要议论，不要指指点点。当客人对你表示赞扬，要谦虚地说：“您过奖了！”或“谢谢！”当客人表示感谢，要说：“别客气”、“不用谢”、“这是我的工作”、“为您服务很高兴”。不要毫无反应，一声不吭。当客人有事呼叫服务员时，服务员要立刻应答，可说“来啦，先生（夫人），”接着应说道：“我能帮您的忙吗？”、“听候吩咐。”如不能马上为这位客人服务，应面带笑容地说：“我一会儿就来，先生（夫人）。”“我马上就过来。”当客人对你表示歉意时你可说“这没关系”、“您不用客气”！

与客交谈话题要讲礼仪

在交谈的话题方面，在和客人谈话时，可以介绍餐厅的设备、设施和服务项目等等，为你的餐厅做公关宣传。

与印尼人谈论的话题，可以涉及印尼的美丽、文化、娱乐、兴趣、价格、家庭及小孩。避免谈论政治、同外国政府的关系和宗教等等。

与马来西亚人谈论的最好话题是，对方的商务、社会成就、足球、马来西亚的文明史、马来西亚各地的烹饪方法等。禁忌谈论马来西亚的种族纷争、国内及世界的政治生活和宗教信仰。另外，马来西亚人不喜欢听人们把他们的生活水平加以比较。

在新加坡参加社交活动，最好的话题是当地的烹饪、餐厅、令人特别喜欢的旅游胜地和对方的业务兴隆等。切忌谈论个人的性格、当地的政治、种族重大摩擦、配偶情况和宗教信仰等。

与西方人交往的“八不问”

（1）不问年龄。西方人大都希望自己在对方眼中显得年轻，对自己的实际年龄讳莫如深，女性更是如此，她们过了24岁以后就不再告诉别人年龄了。因此，不要当面询问年龄，也不要绕弯想从别处打听别人的年龄。

（2）不问婚姻。西方人认为婚姻纯属个人隐私，向他询问是不礼貌的。若是向异性打听婚否，则令对方有“关心过甚”之嫌。同时，千万不能询问别人的性生活。

（3）不问收入。西方人将收入视为个人脸面，因为它与个人能力和地位有关。不仅收入不宜谈论，住宅、财产、服饰等体现个人收入状况的问题也应回避。

(4)不问住址。西方人认为留给他人自己的地址，就该邀请其上门做客，而他们通常是不喜欢随便请人去家里做客的。

(5)不问经历。西方人视个人经历为自己的底牌，是不会轻易让别人摸去的。

(6)不问工作。中国人爱问别人："您正忙着什么呢？"、"到哪儿去？"、"干什么工作？"其实这只是一种问候。回答与否并非重要，而在外国人看来，问这类问题不是闲得无聊，就是有意窃探他人隐私。

(7)不问信仰。宗教信仰和政治见解，在西方人看来非常严肃，不能信口开河。

(8)不问身体。对有体重问题的人，不要问他的体重，不能随便说他比别人胖，不能问别人是否做过整容手术，是否戴假发或假牙。

与西方人交谈不能随便问以上问题，因为这些都属于个人的隐私，不容侵犯。西方人尤其是美国人，自我观念是相当强烈的。他们强调自我的独立性，如果你好心地这样关怀他："天气转冷了，多穿点衣服，别感冒了。"他不但不感激你，反而会感到不高兴，认为你把他当做不懂事的孩子。

圆满答客的其他礼节

除此之外，作为餐厅服务员，还要注意的事项有：

(1)如想知道对方姓什么可以这样问："我可以知道您的名字吗？"、"请问您的尊姓大名？"、"让我怎么称呼您呢？"、"您叫什么名字？"前两句令人听了心里舒服，感到对方谦逊，是在尊重自己。而后两句是例行公事，口气较生硬。

(2)不要谈不愉快的内容。与客人交谈，千万不要跟人家谈一些不愉快的和别人忌讳的内容，特别是对女性，还有就是，如果我们谈话中无意识地涉及对方一些不幸的事情，或者是不愉快的事情，我们知道了以后应该马上表示道歉，遇到这样的情况，除了表示道歉以外，应该马上转移话题，这样免得人家难堪。

(3)不要评头论足。和女性谈话的时候，不要随便议论人家长得胖呀、身体长得壮呀、保养得好等等。总而言之，不要评头论足。另外，不要随便议论长辈和身份高的人，互相之间谈话的时候可以互相介绍对方的国家、相互之间的情况，但不要对人家的内政、宗教加以评论。

(4)不要寻根问底。谈话的时候，遇到对方不愿意谈的话，或者若你问到人家什么东西，人家不愿意谈，就不要拼命地追问下去，更不要打破砂锅问到底。

(5)不要大声争论。在交谈中，不要过分热情，不要主动与客人展开对话，在谈论中，不要为一点小事争得不亦乐乎，不要高声跟人家争论，更不要跟人家红脸，还有，不要用不好的话去挖苦人家。

(6)尊重对方的习惯。跟外宾谈话的时候，还要注意适应对方的习惯，这样才能使对方更好地了解我们,不要说一些词不达意的话。

(7)交谈时要讲礼貌。不可随便打断对方的讲话或随便插话,如耐方表达能力差,可以用简单的话来提示启发。对对方的过失、生理缺陷,包括对方亲属或家庭中一些不易启齿的事情,都应该尽量避免提及。

(8)谈话的语言,要大家都听得懂。注意交谈语言简练、清楚、声音适中,不能使用对方听不懂的语言。

想要更好地从事餐厅服务工作,在应答客人时,还要讲究技巧。也许有人会认为,应答需要什么技巧呀?我们人人在说话,天天在说话,谁不会说话呀?但在现实生活中,确实并不是人人都会说话。不会说话又不讲究说话技巧的人实在太多了。

从前有个故事,说的是主人有一天请客,已经准备好了一桌饭菜,一会儿来了三位客人,还有一个左等右等也没到。主人说:"该来的还不来。"这三个客人心里想:"我们不该来的倒来了。"于是,有个客人告辞说:"对不起,我有点事,失陪了!"他刚走,主人又说:"不该走的走了!"剩下那两个客人听了,以为主人是说他们该走的却赖着不走,于是其中一人说声:"我有事,也该走了!"就拂袖而去。主人见又走了一位,更着急了,说:"他们俩真多心,我说的又不是他俩。"最后那位客人一听,心想:"原来说的是我呀!"这位客人也生气地走了。结果一顿宴席不欢而散。

这个故事说明,说话确实有"会不会说"的问题。讲究说话艺术的人能准确恰当地表达自己的意思,能使对方欣然接受其观点,能提高工作效益。总之,餐厅员工要注意应答技巧,讲话艺术是每个餐厅员工不可缺少的法宝。

努力培养机敏的反应和独到的见解

那么,作为餐厅服务人员,该怎么培养自己的"讲话技巧"呢?

首先要培养机敏的反应和独到的见解。应答,要求你在事先并无周全准备的情况下,不容过多思考,立即回答对方的问题。在这种情况下,你能对答如流,说话准确得体,生动有趣,表明你思维敏捷、思路开阔、思想灵活、口头表达能力强。

记得十年前在香港竞选"香港小姐"的一次决赛中,为了测试参赛小姐谈吐应答的技巧。司仪问参赛的杨小姐:"杨小姐请听着,假如要你在下面两个人中必须选择一个作为你的终生伴侣,你会选谁呢?这两个人一个是肖邦,一个是希特勒。"

很显然,回答肖邦会落入俗套,回答希特勒人家会说她精神有毛病,怎么可以选择一个杀人魔王为终生伴侣,并且与之同流合污呢?可是,这两个人当中必须选择一个,这就把杨小姐逼入困境。

只见杨小姐从从容容地说:“我会选择希特勒。”台下的观众顿时骚动起来。主持人问她:“你为什么选择希特勒?”她回答得很巧妙:“我希望自己能感化希特勒。如果我嫁给希特勒,第二次世界大战肯定不会发生,也不会死那么多人了。”这番对答不仅使自己摆脱了困境,而且表明自己不同凡响。

努力积累丰富的知识和智慧

有时,餐厅员工面对别人的追问,不打算回答,于是就干脆地说:“无可奉告!”但这种回答显得不够礼貌,机敏的回答当然可以是“无法回答”,虽然彬彬有礼地回答对方,但实际上并没有使对方知道什么消息,这就要有智慧了。

美国总统罗斯福就任总统前在海军任职,一次,他的朋友问他关于在加勒比海小岛建立潜艇基地计划的事。罗斯福在回答问题之前,小声地问他的朋友:“你能保密吗?”朋友脱口而出:“能!”于是,罗斯福毫不含糊地回答说:“你能保密,我也能。”

努力训练,使头脑机敏

有一天,一位外交官偶然看见身为美国总统的林肯在擦自己的鞋子。便问道:“总统先生,你经常擦自己的鞋子吗?”外交官的问话显然带有讽刺的意思。林肯不动声色、不失身份地回答:“是啊,那么你经常擦谁的鞋子呢?”(在这里,“擦鞋”是双关语,含有“拍马屁、阿谀奉承”之意。)林肯的回答,不仅表明自己的人格尊严,而且反戈一击,使对方陷于被动。因此,面对别人的讽刺、挖苦、攻击,我们要善于听出话语的弦外之音,用得体、含蓄的回答反击对方,却又不失礼貌,使对方有口难言。

不要轻易对客人说“不知道”

当一位客人问你:“你知道去机场的班车几点钟开吗?”假如你知道去机场的班车几点开,可以热情地肯定地回答:“12 点 55 分开!”如果你不清楚,你可以介绍客人到别处询问,或者客气地对客人说:“时间都列在那边的告示栏上,您只需查看一下就行了。”千万不要生硬、直截了当地回答:“我不知道!”这会使客人感到你不热情,同时认为你业务不熟练,有损餐厅的形象。

千万不要贬低客人

作为餐厅服务员,在与客人的交往中,千万不要贬低客人,因为贬低客人会很伤害客人的自尊心,指出别人的不足和强调自己的优势而对他进行贬低,是一种无聊的游戏。我们应当发现和喜欢客人的长处,而不应吹毛求疵地强调客人的不足,这是在餐厅礼仪中尤其要加以注意的。

第五节　使用名片的礼节

在社会交往中，宾主双方相互介绍完之后，人们常常接着是互相交换名片。名片，人们称它为“交际的使者”。近些年来，在人际交往和公关活动中，名片的使用越来越普遍，名片的使用有五大好处。

使用名片介绍方便

通常来说，人们在口头自我介绍时，对自己的职务总是不好启齿，觉得一介绍，就有自我吹嘘之嫌，当身兼数职时更是如此，别人以为你王婆卖瓜，自卖自夸。比如你这样介绍说：“我是王强，某厂厂长，某协会理事，某研究会理事，某开发公司总经理，某大学博士……”这样介绍，别说对方烦，一长串的头衔，自己说起来也不是滋味，但这些情况又是属实的，而且应该介绍给对方的，特别是在公关活动中。那么，怎样对付这种矛盾呢？最好的方法当然是使用名片。

使用名片印象深刻

名片上的白纸黑字保留时间长，对方接过自己的名片，保存下去，经常看看，只要名片在，就不怕因工作忙、事务多而忘了对方，有了它，你与对方就随时可以进行通信联系，加深情谊和延续交际。所以说，名片还能起到不断介绍、推销自己的作用。口头介绍的，常常会过一两天就忘了对方，使双方都很尴尬。

在日本，名片的日语称“名刺”。日本人较重视名片，见面就先递名片，与日本人交往中，可逐渐建立名片档案。如果交换名片以后又忘了对方的名字，那会被视为不尊重对方的表现。

使用名片具有广告作用

人们在进行商业及业务往来时，名片还具有类似广告的作用。它可以使他人对自己所从事的业务有新了解。

使用名片可以提高效率

名片是一种长久性的信息载体。交际各方互赠名片，减少了双方在了解对方时常有的见面寒暄、问询与客套，更减少了查电话簿、翻邮政号码簿等不必要之苦。它的形式多样、式样新颖、内容简明。使交际各方在了解双方情况时更方便、快速，从而提高了工作和生活效率。

使用名片可以传递特殊信息

名片除供自我介绍之作用外，也可在交际过程中附带传递特殊信息。如简单地表示祝贺、感谢、介绍、辞行、慰问、吊唁、备忘等等。有的国家还在名片左下角写上几个小写字母来表达他的用意。如法国人在祝贺对方国庆或其他节日时，就在自己的名片上加注“p. f.（敬贺）”字样。

递送与接收名片的礼节

那么，使用名片应该注意哪些问题呢？至少要注意两方面问题：一般来讲，名片通常由本人当面递交给对方，也有由汽车司机代送或邮局寄送。当面递交时，注意递名片和接名片两方面的问题：

1. **递名片**

准备好名片：事先将名片准备好，放在上衣口袋里，一到时机，就双手递上。应避免事先没有准备好，要递名片时，就要上上下下各个口袋里乱翻乱摸，找了几分钟，结果一看，还是别人给自己的名片，于是又寻找。这种情况会给对方造成极坏的印象。递名片时，应用诚挚的语调说道，“这是我的名片。以后多联系”或“这是我的名片，以后请多关照”。

倘若一次同许多人交换名片，并且都是初交，那么最好依照座次来交换、并记好对方的姓名，以防搞错了。向他人索要名片时注意不要直截了当地向他人要，最好是含蓄地向对方仔细地询问姓名、单位、地址、电话等等，这样，如果他愿意的话，一定会送一张名片给你。

2. **接名片**

许多人不太重视接名片。对方递名片时，他却忙着拿烟倒水，一个劲地招呼对方“请坐、请坐”。对方递上名片来，他却单手接过，匆匆看一眼后，就把它往桌子上一扔，或随手往口袋里一塞，然后又忙着接待对方。尽管他很热情，但对方看到这样对待自己的名片，心里肯定不是滋味。

正确的做法是：当对方递名片来时，立即放下手中的事，双手接过来，仔细地阅读一遍，并感叹地说道：“哦，环球实业公司的董事长就是您呀！”在这里，需要提醒一下的是，千万不要把人家的姓名和职务读错了。接过名片后，应该立即把自己的名片送给对方，如果自己没有带名片，那么要向人家作解释：“对不起，我没带名片。”然后再招呼对方，并把名片慎重地放入上衣口袋。作为餐厅服务人员，在与客人的交谈结束后，还可把你对对方的了解，譬如他的爱好、擅长等记在名片上。等到下次与这人见面时，不但能一下子说出他的名字，还能随口以他的爱好和擅长为话题，进一步拉近与客人的关系。这样，对方必然会感到意外，感到高兴。

在日本人的生活中，交换名片时，一般是右手送自己的名片，左手接对方的名片。如果已经接受了对方名片，然后到处寻找自己的名片，这被认为是非常失礼的。还有，错把别人的名片送给对方，则是严重失礼的。另外，日本人交换名片时，忌讳从屁股后兜里掏出或者装入，这是对客人的最大不敬和严重的失礼之举。

关于名片印制的礼仪规范

关于名片的印制问题。名片一般长 9 厘米左右，宽 5.5 厘米左右。国外人士的习惯，是将姓名印在中间，职务要用较小的字体印在姓名下面。我国的习惯是将职务用较小的字体印在名片左上角，姓名印在中间。如同时印中文、外文，则应该是一面为中文，另一面为外文。外文应该按照国际习惯排印，一般在名片的下方，印有办公地点、电话号码、寓所地址等等。

第六节　接听电话的礼节

"三响之内"必接听

所有来电，务必在三响之内接听。只有这样才能充分体现餐厅及酒店的工作效率。如果故意延误，提起听筒以后还照常和周围的人闲聊，把发话人搁在一边，这是十分失礼的。

问好之后再问候

问好之后、再报单位、再用问候语。这样可以避免搞不清身份和拨错电话的麻烦。例如北京长城饭店的电话接听问候语为："您好，长城！"这里要求用普通话或者英语。例如"Good morning，Changcheng Hello!"

接电话问好、报单位后讲问候语，例如，"请问我能帮你什么忙吗？"切忌自己什么都不说，只是一味地询问对方："你叫什么名字？"、"你是哪个单位的？"、"你找他是公事还是私事？"这种做法极不礼貌。另外注意的是，问好、报单位、问候语这三个开头语的顺序不能颠倒弄错。这样显得彬彬有礼，给人一种亲切感。

避免用过于随便的语言

热情和修辞恰当的语句，是电话回答成功的重要因素，因而，接听电话不要用非正规的、非专业化的以及不礼貌的词语。

我们可以将心比心，假如你去打电话，如果碰上对方说话生硬、很不礼貌地问:“哎,你找谁?”、“不在!”咔嚓! 把电话挂了。如果你再打过去询问:“他到哪里去啦?”对方便不耐烦地回答说:“不知道,你真啰唆!”或者说:“不是告诉你他不在吗? 怎么又打来呢? 真讨厌!”此时,你的心情如何? 一定是顿时感到不愉快,倒不是因为没找到你要找的人,而是由于接电话的人不礼貌而伤了你的自尊心。因此,接电话要遵循“己所不欲,勿施于人”的原则,礼貌待客。

电话接线要迅速准确

一般来讲,下榻在酒店的客人所接到的大多数电话都是长途电话,都很重要,因而,电话接线要迅速准确。另外,不许误传客人的信件或电话留言,一定要做到认真、耐心、细心,通话时,听筒一头应放在耳朵上,话筒一头置于嘴唇下约 5 厘米处,中途若需与他人交谈,应用另一只手捂住话筒。

要学会注意聆听

在客人讲完之前,千万不要打断他的电话,也不可妄下结论,如果听不清楚对方的话语,要复述客人的话,仔细核实一下,以免搞错了对方的意思。

听电话要注意礼貌,仔细聆听对方的讲话,对重要的话进行重复和核对,应不时地用“嗯”、“对”、“是”等词语来给对方积极的反馈。

如果对方发出邀请或会议通知,应该向对方致谢。如果对方反映问题,或客人投诉,接听要耐心;回复对方的话,要十分注意语气和措辞,要显得热情、诚恳、友善、亲切,让对方能体会到你对他的关注。

要培养做好记录的习惯

若是重要的事,应做记录。记录时要重复对方的话。以检验正确无误。然后等待对方自己来结束谈话,如果在电话上定不下来。可告知对方,待请示后再回电话答复。通话结束时,应说“谢谢您!”,通电话以对方挂断电话方为通话完毕。注意,任何时候不得用力摔打听话筒。

说话语气要平和

餐厅员工在打电话时,要直对着话筒说话,嘴唇与话筒相距 5 厘米为宜,要使用正常的语调,说话直截了当,开门见山。此外,还要做好准备工作。电话簿、常用电话号码、日历、记录本以及笔全部应放在便于拿到的位置。拨电话之前,餐厅员工应做好各项准备,如各种表格、数据、图表和有关内容。

唯高博士欢迎您！

唯高博士语录：

书中自有黄金屋，《唯高餐饮·经典图书》给你带来了启发及经验，定会转化成你的财富。

唯高博士欢迎您！

唯高博士语录：

开餐馆是一项系统工程，相辅相助相关联的专业很多。如：餐馆专业、管理专业、设计专业、厨师专业、营销专业、服务专业、采购专业等。如何能使其五花八门的各种不同的专业为餐馆所用，这就是开餐馆的能力和本事。

要礼貌地接听电话

打电话的人通常只能根据自己听到的声音判断对方的态度。因此,热情友好和及时招呼对方应该是最基本要求,餐厅员工应该明确自己的岗位,如果对方所找的人不在,接电话的员工应提供帮助,解释要找的人不在,说明大约何时回来,或把电话转给某一个可以代替的人,或留下电话记录。一个完整的电话记录应包括下列内容:①受话人姓名;②发话人姓名及公司;③发话人电话号码及分机号码;④发话人所在的城市;⑤电话留言;⑥要求的和允许的活动;⑦通话的日期和时间;⑧记录人姓名。

礼貌地中断或转接电话

如果员工在通话过程中务必离开一下,应该请发话人等待一下,或请对方稍后再打电话过来,如果对方愿意等候,应告知对方他的电话没有挂断,并轻轻放下话筒。礼貌地转接电话是指,餐厅员工只有在确信电话所转对象能向发话者提供帮助时,才能将电话转过去,应告诉发话人要将电话转接并解释为什么要转接。餐厅员工在结束电话时,应使用恰当的结束语,对发话人表示感谢,或对自己未能提供帮助表示歉意,应让发话者先挂电话,以免对方有什么误解。

答话声音要亲切

餐厅酒店电话员的声调、语言、热情、快捷以及个人的知识等,都是促进客人决定是否在该餐厅就餐的重要因素。因此,餐厅员工在接听电话时的声音也很有“学问”。首先要注意声音。接电话时应提倡运用富有人情味的声音,运用带笑声音与对方通话。

人们都不会忘记电视连续剧《公关小姐》中曾多次出现公关部经理周颖打电话的镜头,她拿起话筒后总是以十分亲切的声音说:“您好! 我是公关部周颖。”这种亲切、明快的声音使对方感到舒服,感到满意。又如广州五星级酒店花园酒店电话小姐那亲切的声音曾感动过无数中外客人。电话铃刚响第二下,耳边即传来接线生亲切的声音:“您好。花园酒店,Garden Hello!”、“请等等”、“对不起,电话正在用,请等会儿再打来!”电话小姐使用的是标准礼貌用语,加上亲切甜美的声音,往往会使对方对花园酒店备生好感。难怪有许多东南亚客人,仅仅是因为在来中国旅行前与花园酒店的一个电话,就决定要下榻花园酒店呢!

有人称花园酒店这些电话小姐是“微笑大使”,她们通过自己的声音在公众和酒店之间架起了友好的桥梁。可见,通话时充分调动一切语言修辞手段,是树立组织良好形象、与公众建立良好联系的有效手段。

餐厅员工在接电话时还要注意语气的自然，注意言辞的恰当使用。例如，电话总机接线员出现的三种情况："喂！喂！喂！你是谁?"、"接哪个部门？找谁啊?"、"您好，先生！中国大酒店，请问，您需要帮助吗?"

以上第一种情况，乍看起来工作不可谓不卖力，一连几个"喂!"一连几个问句，但是却没有满足打电话者首先要解决的问题。因为这样的回答使得打电话者最关心的是——电话号码可能记错了。其次，首先问"你找谁"，也是失礼之言。第三种情况可使发话者迅速判断电话有无拨错，并且可迅速回答自己要求助的事情，而且由于加上了礼貌用语，使发话者感受到中国大酒店对自己的尊重，进而判断出中国大酒店的员工是训练有素的。

第三种语气措辞无疑是正确的。俗话说，语言可以传情，尽管人们看不到对方的面容表情，但从接线员的语言上可以感受出对方谦虚礼貌的神情。

美国纽约的电话公司，开了一门课，这门课程的训练内容说起来你可能不信，主要就是训练电话接线员说话，其中有一句话训练的时间最长——"请问，您接几号房?"说这句话的时候，要求接线员要显出"您好，我很高兴为你服务"的口气。其实，这也是每一位餐厅及酒店员工，乃至每一个公民接电话时都应具有的态度与技巧。谦虚、礼貌、亲切的声音，会显示出其文明的风范。如果像第一种那样，拿起电话来就讲"你是谁?"语气生硬，对方听了会不高兴，不愿告诉你，如果说："您好，请问您是哪一位？您需要帮助吗?"语气委婉中听，别人非常乐意接受。

关于音量与声调问题

餐厅员工接听电话时，音量要适中，不要过高，亦不能过低，以免客人听不清。要采用愉快、自然的声音，速度以适应对方速度为宜。声调要自然、清晰、柔和、亲切，给人一种愉悦的感受，不要装腔作势，也不要声嘶力竭。发音要清楚、易懂，不夹杂地方乡土口音，如潮汕口音、客家方言等等。语调要优美热情、富于表达力，而不是单调令人厌烦。不能有喘息声。

如何婉转地结束电话

一般来讲，既已通话，还是由发话人先结束谈话为佳。如果对方话还没有讲完，自己便挂断电话，就会显得失礼和不文明。如果对方电话来得不是时候，自己正忙着办理其他更要紧的事，而对方谈兴正浓，一时还不想结束通话，擅自打断对方，或要求停止交谈都是极不礼貌的。这时，你可用十分委婉的方式告诉对方："对不起，我真想和你多谈谈，可真不巧，现在有件急事要处理，请您稍后再打电话过来，好吗?"或者说："对不起，如果您还有事的话，希望以后再聊，好吗?”这样就显得有礼貌。

如果自己不是受话人,那么,这时你应讲:“请稍等,我去叫。”但要注意,绝不能话筒尚未放下就大喊大叫:“某某,你的电话!”这样会显得你缺乏教养。如果对方要找的人正忙着,那么你应该郑重地拿起电话告诉对方,并请对方再稍等片刻;或记下对方的姓名、电话号码,交给受话人。

如果自己既非受话人而受话人又不在,那么千万不能简单讲“不在!”,随即把电话一挂了之。而是要征求对方意见,是否需要转告,如果需要,可将对方姓名和电话号码记录下来。但是,你千万不能问“你是她的什么人呀?你找她是私事还是公事?”等等,如果你像审问犯人一样对待对方,并且打听别人的私事,那是十分无礼和缺少教养的行为。

第七节 餐厅卫生的礼节

毫无疑问,卫生工作的好坏,直接关系到餐厅的信誉和经营,又关系到社会精神文明建设,更关系到广大消费者的身体健康乃至生命安全。因此,养成良好的卫生意识和习惯,不但是每个服务人员工作的优良表现,也是一个人良好礼仪修养的表现。

关于个人卫生问题

做到四勤:勤洗手,剪指甲;勤洗澡,常理发;勤洗衣服和被褥;勤换工作服。上班前和大小便后要洗手。要有健康意识,定期作体格检查,预防疾病,当发现有感冒、咽喉炎、肝炎、皮肤病时,应呈报上司,休假疗养好再上班。管理人员应十分重视服务人员的个人卫生与健康,要为他们创造一些必要的条件,并经常进行检查督促,使个人卫生形成制度。

关于工作卫生问题

餐厅服务员当班时,应避免触摸头发或面孔,不能对着顾客或食品咳嗽、打喷嚏;不准随地吐痰;不准吸烟。服务员的手指不可接触到食物,亦不可碰触杯口、刀尖、筷子前端及汤匙盛汤部分。

服务员使用的抹布、垫布等,每天要清洗干净,用开水浸烫,以减少或消灭细菌,托盘等工具必须保持清洁。凡腐烂变质和不符合卫生要求的食品坚决不出售。从碟上掉落下来的食物不可给客人食用。不可使用掉落地上的餐具。对不干净的餐具和桌布要及时送到洗洁处清洗,不可摆用。

此外,还要严禁随地丢弃废纸,倒水,乱放水杯。不同的食物不要随便混淆,以免有损味道。在服务过程中要留心就餐者,发现病态者及带菌者,对其所用餐具要单独收拾，重点消毒。

收拾打扫时要注意卫生，牙签、纸巾等杂料当尽量避免掉在地上，以免不雅和增加清洁困难，正确的方法是：先拿开碗碟等餐具，用桌布包住杂料或用扫把清扫。

在适当情况下，要经常使用托盘，训练自己成为一名出色的服务员。

关于环境卫生问题

餐厅里的环境卫生主要包括餐厅、通道、厕所、休息室、工作间（厨房）、绿化带、停车场等场所的卫生。要搞好环境卫生，必须做到“四定”，即：定人、定时间、定物、定质量。划片分工，包干负责，落实处处有人清洁；要勤检查，保证时时清洁；要做到市前整理，市后清理，平日小扫，每周大扫，以保证卫生工作经常化、制度化。

环境卫生包括的工作很多，经常性的工作是：

（1）店堂要天天打扫，桌椅要随时抹净，门窗玻璃要经常擦洗。做到四壁无尘，窗明几净，地板清洁，桌椅整洁。

（2）随时清除垃圾、杂物，要提醒客人不要将残渣吐在地上。对餐厅周围的垃圾、污水要经常清扫，餐厅内不准堆放杂物；私人用品和扫帚、拖布、垃圾簸箕等要放在保管室，切忌堆放在客人洗手的池边或厕所过道中，空酒瓶、盒等物品不要堆放在餐厅里。

（3）厕所要勤冲洗、勤打扫，做到无积尘、无异味。

（4）要采取有效措施，消灭苍蝇、老鼠和蟑螂等害虫。

（5）公共场所、大门口、停车场、绿化带等的清洁亦不可忽视，这往往是留给客人的“第一印象”。

（6）服务人员也是环境清洁的风景线，仪表、仪容、举止都应符合卫生规范。

在进行上述的清洁工作时，要选择合适的方法和时机。如擦玻璃要注意选择天时，阴天或早晨、黄昏阳光仍照射时，窗面污渍容易看清，是擦窗的最佳时间。如果在强烈的阳光下擦窗，污渍发干结块，导致不易擦净，操作人员也容易眼睛发花，影响工作效率和质量。正确简单的擦窗方法是选择合适的天时，用一块干净吸水不脱毛的抹布，在清水中浸湿绞干后，先将玻璃窗擦一遍，待其干后，再用清洁的干布揩清、擦亮，如有严重污渍的可用玻璃清洁剂或去污粉擦，擦布严禁有油；或用专门的玻璃擦擦洗也是好办法。

关于餐具卫生问题

餐具的卫生要求是“四过关”：一洗，二刷，三冲，四消毒。保证餐具无油腻、无污渍、无水迹、无细菌。

刮:餐具洗涤前,先刮去盘、碗中的剩菜,并将大件餐具与小件餐具分开,分别清洗,以免损坏。

洗:因食具一般都有油腻,要用热水清洗或在水中放适量洗洁精去油腻,洗涤后要用清水冲干净。

消毒:常用的消毒法:蒸汽消毒、开水消毒、药物消毒、电子消毒等。

随着时代科技的发展,一些餐厅则配备有机械自动洗碗机或超声波洗餐具机,那清洁就更为科学和简单了。

关于食品卫生问题

食物的存放实行"四隔离":生与熟隔离,成品与半成品隔离,食品与杂物、药物隔离,食品与天然冰隔离。厨房人员在出品过程中,要注意清洗、存放、拿取的卫生,尽量戴工作帽,避免头发掉落在食物上。

从原料到成品实行"四不制度":采购员不买腐烂变质的原料;加工人员(厨师)不用腐烂变质的原料;营业员(服务员)不卖腐烂变质的食品;零售单位不收购腐烂变质的食品,不出售腐烂变质食品,不用手拿食品,不用废纸、污纸包装食品。

第八节　客我关系的礼节

研究顾客在用餐过程中的心理活动和要求,这将是餐厅经营者的一项重要工作,也是将之升华为"知己知彼"的洞察力,研究好顾客在用餐过程中的心理活动和要求,有助于餐厅作出最佳的服务。

关于顾客的九大心理要求

一般说来,顾客有九大心理要求:

(1)求尊重;

(2)求清洁卫生;

(3)求价格合理;

(4)求食物质量好;

(5)求安全;

(6)求服务周到适宜;

(7)求享受;

(8)求方便;

(9)求气氛,这里包含显示气派、面子和氛围。

以上顾客九大心理要求是每一家餐厅都应该慎重考虑的,只有让顾客的心理要求得到满足，才能争取到顾客。

关于顾客就餐的五大动机

那么，作为顾客就餐的动机在哪里呢？通常来讲，顾客就餐有五大动机：

(1)饥饿动机；

(2)调节日常生活动机；

(3)社交需要动机；

(4)习惯动机；

(5)减少不协调(如：摆脱烦恼、寻找心理平衡、显示“财富”等)动机。

以上是顾客就餐的五大动机，作为餐厅经营者，只有充分了解顾客就餐的这五大动机，才能作出最佳、最符合顾客心理的恰当服务。

关于顾客就餐通常的三大生理需求

顾客就餐通常有三大生理需求：

(1)能源(指食品营养、解除饥饿、提供体力及水等)需求；

(2)感觉(味觉、嗅觉、触觉、口感、温度)需求；

(3)生活环境需求。

以上是顾客就餐的三大生理需求，作为餐厅经营者，只有充分了解顾客就餐的这三大生理需求，才能提供最符合顾客需求的服务。

必须摆正客我之间的十种关系

作为餐厅，在客我关系问题上，有十种关系必须摆正：

(1)顾客是餐厅业务的主要人物，顾客与餐厅是一种“特殊工作伙伴”关系。

(2)作为餐厅，并不是顾客依靠服务员，而是服务员依靠顾客，无论何时何地，都要坚持顾客至上的原则。

(3)餐厅营业，并不是顾客来打扰服务员，而是顾客来享受服务员的工作与服务，更确切地说，是顾客花钱来买服务员的服务。

(4)经营餐厅，并非是因为服务员拥护顾客才去服务他们，而是顾客拥护餐厅才来光临。

(5)顾客对于餐厅而言并不是一个对抗者，因为没有人能因为对抗客人胜利而获得成功。

(6)顾客所带来的，是他们的要求，而服务员的工作，则是想方设法满足他们的要求，这才是客人之所以光临餐厅的原因。

(7)顾客不是一些枯燥无味的统计数字，而是有血有肉、有感情、有感觉的人。

(8)每一个餐厅员工都要时时提醒自己：顾客并不是餐厅服务员争辩或斗智的对象。

(9)每一名餐厅员工都要牢记：顾客应该得到我们所能提供的最礼貌和最关切的对待。

(10)光顾餐厅的顾客，有权利期望和要求为他们服务的人员有整齐、清洁的仪容、仪表。

第九节　培养良好的餐厅服务员素质

素质——词典里的基本含义是指事物本来的性质。例如“人才素质”则可解释为人们从事或胜任某项工作所应具备的基本方面，包括德、智、体、美、劳五大条件。素质培养成功的秘诀在于人的行为礼貌要合乎情理，对餐厅服务人员而言，就是要对所有顾客保持友好、谦恭、诚恳而不虚伪。无论对顾客还是同事都要乐于助人、诚实、谦逊。

成功的餐厅服务员的素质

一个成功的餐厅服务员的素质包括：

(1)健康正常：合理安排饮食起居，保持健康而良好的身体。

(2)礼貌和微笑：让礼貌和微笑发自内心，使客人舒畅满意，上司鼓舞，同事相处融洽。记住，如果礼貌是你的“宝剑”的话，那么微笑则是你的“盾牌”。

(3)谦恭：谦恭是一种美德。

(4)清洁：着装整洁，善于修饰，讲卫生。

(5)守时：有时间观念，提前 5 分钟上班。

(6)兴趣：帮助发展自己的工作潜力。

(7)自我设计：用合理、有序、有计划的方式处理问题。

(8)助人：乐于助人，乐于服务他人，关心同事。

(9)合作精神：具有团体精神，在工作中，同事之间互相照应，为达到共同目标，最大限度地发挥自己的作用。

(10)服从上司：乐于听从和执行上级的决定和命令，即使遇到误会也会“先服从，后上诉”，给予上司应有的尊重。

(11)自律：学会在各种情况下的自我控制。

(12)责任心和可靠性：具有强烈的责任感，视餐厅如家，不需监督可独立完成工作，这样终会得到大家的信任。

(13)适应性与灵活性：能解决新的、不可预见的事件，遇事镇定，熟练地运用既定的原则和程序。

(14)领导潜力:能正确理解形势和同事,能够激励和主动帮助同事完成任务,达成工作目标。

(15)良好的知识与技艺:了解餐厅,掌握适当行业知识、技艺。

(16)自信心:敢于坚持己见,在挑战中不怕遭受挫折。

良好的素质如何培养

俗话说,千尺之台,起于垒土;千里之行,始于足下。作为餐厅服务人员而言,良好素质的培养,也是从一点一滴开始的。

首先要遵守餐厅服务规则。国有国法,家有家规,而餐厅服务也有服务的规则。服务规则包括服务工作中的礼仪、组织、纪律、操作等,下面只是一些举例,餐厅在对服务员进行培训时,可挑选其中一部分进行,可视餐厅的不同情况加入适当规则。其实,这些"规则"也是餐厅礼仪的一个重要组成部分。

(1)服务员在餐厅的任何活动场所及厨房都应禁止抽烟。

(2)服务员不准嚼口香糖,必要时还要漱口。

(3)服务员只能在自己家里喝酒,上班前或工作时不允许喝酒。

(4)服务员除了在职工餐厅外,其他任何地方都不许吃东西。

(5)服务员喝水时要在客人看不到的地方,从职工餐厅走出来不要边走边嚼食物。

(6)服务员应始终保持站立姿势,要站直,服务员不能倚墙,倚家具而立,在客人活动区域,任何时候服务员都不得坐在客椅上。

(7)服务员在行走时注意不要撞客人的椅背,以免打扰客人。

(8)服务员工作时绝对不容许三三两两交头接耳、闲谈聊天,一个好的服务员一定不会闲着无事可做。

(9)服务员任何时候都不可以将托盘放在客人的桌面上,而应拿在手上或放在服务桌面上。

(10)服务员不要伏在桌上开订单,而是拿着在手上写。

(11)服务员无论服务或撤盘时,都不要将杯子和盘子混杂叠放。

(12)服务员即使收杯子时,也不要手指伸入杯中,任何时候杯子上的店徽或图文都应正对着客人,拿带把的杯和高脚杯时,不要抓杯身,否则不但失礼,而且手温也会改变酒的温度。

(13)服务员的服务餐巾应搭在前臂上,不要夹在腋下,或塞在口袋里,更不要搭在肩上,如碍事则暂放在服务桌上。

(14)服务员必须保持烟缸清洁,换烟缸时,先用一只干净的烟缸盖在用过的烟缸上,轻轻一齐撤下,将用过的放入托盘,以免使烟灰飘落,然后将干净的烟缸放回桌上。

(15)服务员在清理桌面时,应该充分利用托盘,不能玩杂耍一般。

(16)服务员工作时,不要用手触器皿中心,要学会经常使用托盘。

(17)服务员用托盘盛装器皿时,不要堆得太满,宁可多走几次,注意要安全第一。

(18)服务员收放器皿时,勿过分发出声响而使人注目。

(19)服务员遇到打碎的器皿和撒落下的食物时,一定要及时清除,以免发生意外,清理时用扫把,以免割伤手。

(20)服务员上热菜端热盘子时,要先试一下,以免烫伤自己。

(21)服务员应将清洁剂、化学品等置于远离食品的区域。

(22)服务员在客前烧制点火时,应将烹制车拉离客人的餐桌。

(23)服务员在擦火柴时,应朝着自己划火柴,不要对着客人划。

(24)服务员在餐厅内,不得跑步,应用轻快的步伐,坚持“三轻”:说话轻、行走轻、操作轻。

(25)服务员任何时候在餐厅内不得有下列行为:挖鼻孔、梳头发、吐痰、修埋指甲、吸烟、吵架、吹口哨、手插口袋、叉腰、聊天、坐客椅等。

(26)服务员值勤时,手应放在背后,或手搭服务餐巾置于腹前,眼睛环顾客人,以便随时为客人提供服务。

(27)服务员工作要做到四勤:①眼勤,眼观六路,留意客人的需要;②嘴勤,招呼宾客,热情答问;③手勤,见事做事,多动手;④腿勤,经常在自己负责的餐桌周围巡走,及时提供客人所需服务。

(28)服务员脸上要保持发自内心真诚、自然的笑。

(29)服务员要保持工作服的整洁、大方的仪表,保持灵活清醒的头脑。

(30)服务员的态度要温和有礼,做事有始有终。

(31)服务员接听电话时,要报出餐厅和你自己的名字,语气要柔和友好。

(32)如果对方的电话打错了,服务员要告诉对方“请你打……”,而不是“你该打……”。

(33)服务员和客人开玩笑是很危险的,虽然有人喜欢风趣的服务员,但绝大多数人不喜欢。应酬客人的玩笑应友好,但是要注意把握分寸。

(34)当经理出于某种目的替客人付账(免费)时,服务员应在客人准备付账时微笑地告诉对方:“我们经理希望你今天是他的客人。”

(35)服务员不要让客人有被催赶的感觉,通常晚餐节奏慢,午餐节奏稍快,要善于观察客人的需求。

(36)当客人提出额外的要求和服务时,服务员不要一口拒绝,应设法帮助,尽量满足。

(37)当客人对某个菜提出疑问或认为上错时,服务员不要与之争辩,应拿回厨房请厨师重装，如有困难，请餐厅经理解决，千万不可好胜争辩。

(38)服务员上菜一定要轻，将碗碟重重地放在客人的面前是不尊重客人的，如不小心发生类似情况，要向客人道歉。

(39)服务员应往桌上的杯子斟咖啡饮料，不要拿起杯子，这也是良好服务的一个方面。

(40)服务员在与客人谈话或面对客人点菜时，必须站立，而且要直腰挺胸。

(41)服务员不要心不在焉地一边操作一边和客人说话。

(42)服务员不要旁听客人的谈话，不要随便加入客人的谈话，当客人或上级经过自己面前时，应点头致意。

(43)服务员凡在通道中遇着客人，应站在旁边让路，不要与客人抢道。

(44)不论客人落座或离位，服务员必须帮助拉椅，客人光临或离店，应礼貌招呼“早上好”、“再见”、“晚安”等。

(45)服务员应尽量记住客人的姓名，日后再见时可以热情地称呼，这会令客人得到受尊重和受重视的感觉。

(46)服务员要遵守公司规定，爱护公物。

培养良好素质需要注意的问题

除此之外，餐厅服务员在工作上，应有这样的态度：

(1)顾客至上，求财不求气；

(2)结账时要检查单据，以免发生错误；

(3)当班时站立姿势要正确，不要时常倾谈；

(4)在工作中不要有不规则的小动作；

(5)不要围观意外或其他特别的事；

(6)做清洁时，要注意客人的存在，不要影响客人及忽略了自己的服务；

(7)留意顾客对服务或食物的批评，谦虚听取客人意见；

(8)本着崇尚节俭、不浪费公物之心做事，同事之间应互相勉励，切勿互相排挤；

(9)要无贪无妒、敬业乐业、守时守礼。

第十节　餐厅服务的气质美训练

一个人的气质美是外在美和内在美的结合。气质美既代表着外形的美观，又代表着内部具有的美和修养。作为服务人员，在礼节方面的训练上，要格外重视培养良好的气质训练。下面的方法或有助于您气质的提高。

关于气质美的培养

(1)气质美是道德的象征,想要自己有良好的气质,首要的任务就是要培养自己成为有道德的人。

(2)礼貌是一个人的镜子,应培养自己有礼貌、诚恳待人的优良品德。

(3)要善于控制自己的情绪,培养自己具有高雅的仪态和娴雅的谈吐。

(4)要培养优雅的微笑和善于容忍的性格,培养自己有广阔的胸怀和过人的胆略。

(5)要培养自己热情地待人接物的本领,培养自己谦和易近的作风。

(6)不要随便喋喋不休地说个没完,不要忌妒别人,不要搬弄是非。

(7)要精心地打扮自己,因为这是礼貌待人和使自己充满信心的标志。

(8)要锻炼自己具有美的坐姿和自然的笑容。

(9)女服务员要懂得用恰当的化妆增加自身的美态。

(10)不要随便向人借钱,那有损自己“美”的形象。

(11)生活要有规律,不睡懒觉,要保持充沛的精力和工作热情。

(12)女服务员说话要用低声,创造温柔可爱的形象。

(13)服务员要切忌粗鲁、俗气、浅薄,要培养自己温文尔雅的生活作风和工作作风。

(14)俗话说,智者不惑,勇者无惧,仁者无畏。只有博学广闻,增加自己的知识与智慧,才能遇事镇定,对生活、对工作充满信心。

要培养自己有良好的习惯和作风

(1)今日能做的事绝不拖至明日,自己能做的事绝不麻烦别人。

(2)不花费不曾到手的钱,不要因贪图便宜而购买你并不需要的东西。

(3)不要骄傲,骄傲比饥饿、干渴和寒冷更有害,但也不该过分谦虚,过分谦虚让人产生虚伪的感觉。

(4)不要贪食,不要去做勉强的事情,只有心甘情愿才能精益求精、不厌其烦。

(5)凡事要讲究方式和方法,当你生气时,先数到 10 再说话,假如怒火中烧,那你就数到 100。

气质美是一门艺术,要学会运用它

气质美是一门艺术,表现独特气质的方法有很多,要善于利用自身的条件多加发挥,给人良好的印象。例如:害羞能给人好感,能增加你的气质美(这里多指女性,但不绝对否定男性)。美国一位心理学家曾指出:有 40%以上的人存在不同程度的害羞，害羞给人的印象不见得不好，反而往往能产生以下几点好处：

(1)害羞的人表现更智慧，更有思想，由于他们说话少，能给人良好印象；

(2)害羞者多被人信任，因为他们不会搬弄是非；

(3)害羞的女性更迷人，她们表现得文雅，有一股神秘的美的力量；

(4)害羞者受教育更多，据统计，害羞者多受良好教育，阅读能力及自学能力比较好；

(5)害羞者更明白事理，更爱听别人说话；

(6)害羞者大多是忠诚的朋友，因此也更容易相处。

气质美和个人修养密不可分

有修养的人能受委屈，懂得道歉的艺术。以下有几种表示道歉的方法，会显示你的气质美：

(1)如果你觉得道歉的话说不出口，可用别的方式代替：一束鲜花能令人冰释前嫌；一件小礼物放在餐桌旁，可表明悔意；大家不交谈，触摸也可传情达意，千万勿低估“尽在不言中”之妙；有时握一握手，老友拍一下肩，相对一笑便能尽悉心意。

(2)切记道歉并非耻辱，而是真诚的表现。要堂堂正正，不必奴颜婢膝。因为想纠正错误，是值得尊敬的事，应道歉的时候，就马上道歉，越耽搁就越难启齿，有时甚至追悔莫及。

(3)如果你有对不起他人的地方，就应设法道歉。写一封信，打一个电话，送一本书、一盒糖果，或用其他任何足以表达心意的东西代你表示：“我对彼此间的隔阂深感难过，极望冰释前嫌，甘愿承担责任，希望你能接纳这点微笑。”如果觉得自己不方便直接道歉，可托人代为示歉。

气质美也是语言、声调、微笑和眼神的综合表现

眼神，代表着一个人所具有的气质，但按不同民族的习惯，不同的眼神代表着不同的意思。例如：中国人交谈时，可以礼貌、自然地看着对方；瑞典人交谈时，喜欢你看着我，我看着你；英国人交谈时，很少互相对视；美国西南有一个少数民族的人一般不打量对方，认为向对话人投射目光是不文明的举动；南美印第安人互相攀谈时，眼睛务必东张西望；日本人在闲谈时，喜欢看着对方的脖子，认为直截了当地盯着对方的脸，是不礼貌的举动；非洲肯尼亚卢奥部族，女婿与岳母不得面对面地交谈；地中海诸国的人们，认为呆滞的目光是不吉祥的，会给人们带来灾祸；希腊人交谈时，不能久久凝视对方；非洲尼日利亚人认为，久久直视对方是对其不尊重。

一般来讲，良好的眼神常表现为善意、柔和而有神、自信等，总之，要使自己具有高雅的、职业的气质，必须在平时注意勤学苦练。

第十一节　餐厅服务常用礼貌用语

所谓礼貌，即是指人与人之间和谐相处的意念和行为，是语言动作谦恭的表现，是从人们言谈举止中体现出来的对别人的尊重。

讲究礼貌服务的重要意义

讲究礼貌、礼节是一种社会公德。我国历史悠久，文化发达，自古是“道德之国，礼仪之邦”。礼仪礼节是我国古代文化的一部分。今天，我们所讲的礼貌，是社会公德的一部分。平等互助、讲究礼貌，是为了充分体现人们之间互相尊重、友爱、团结的新型关系，以推动社会的发展。如尊敬老师、爱护学生就有利于文化、科学、技术的传授和发展。同志间互敬互爱，有利于互相支援、充分发挥集体的力量。在社会各个方面讲文明礼貌，对于发扬民主、维护法制、增强团结都有十分重要的作用。

餐厅服务是社会精神文明的“窗户”，人与人之间接触频繁。注意礼貌、礼节，不仅对搞好接待工作十分重要，而且对整个社会公德水平的提高有十分重大的影响。

讲究礼貌能够提高餐厅服务质量

讲究礼貌是提高餐厅服务质量的一个重要方面。餐厅服务，除了提供可口的饭菜，优良、洁净的就餐环境外，还必须提供优质服务。从来宾一进餐厅就餐开始，全过程都应得到讲究礼貌的文明服务。所以，餐厅服务员是否注意礼貌、礼节同提高服务质量有着密切的关系。它是提高餐厅服务质量不可忽视的一个重要方面。要使客人感受到如沐春风的温暖。一个服务高水平、高质量的餐厅，一定要待客有礼、服务热情。

讲究礼貌也是对外开放的需要，随着我国旅游事业的发展，到我国来的各国来宾越来越多，如果我们不注意礼貌、礼节、不注意外宾的风俗习惯，就会引起外宾的不满和反感，这样，不仅会削弱我国的国际威望和声誉，还直接影响我国对外开放和各国人民的交往。

另外，讲究礼貌、礼节，还要做到微笑服务。微笑服务不仅体现服务员的责任感，而且体现餐饮服务的质量。因为有了微笑服务，有了礼貌礼节，才能使客人愿意光临你的餐厅。

餐厅服务工作的语言美

语言是人们交流思想、达到相互了解的工具，也可以说是思想的外壳。通过人的语言还可以看到一个人的精神境界、道德情操、志向、爱好等。所以，优美、文雅的语言是搞好餐厅服务的一项重要内容。餐厅服务员工作在第一线，用礼貌语言接待宾客，介绍饭菜，解答询问，不仅有助于提高服务质量，而且有助于扩大语言的交际功能。所以，服务员必须讲究礼貌语言，做到态度从容，言辞委婉、语气柔和。服务员要达到语言美，必须注意从以下几个方面做起：

(1)说话要有尊称，声调要平衡。凡对就餐来宾说话，都应用"您"等尊称，言辞上要加"请"字，如"您请坐"、"请等一下"。对来宾的要求无法满足，应加"对不起"等抱歉话，这样使人感到热情。

(2)说话要文雅、简练、明确，不要含糊、重复。文雅就是彬彬有礼；简练，就是要简洁，明了，一句话能说清楚不用两句话；明确是要交代清楚，使人能一听就懂。

(3)说话要委婉、热情，不要生硬、冰冷，尤其是解释话，态度更要热情。讲究语言艺术，说话力求语意完整。有时，服务员本出于好意，但因为讲话意思不完整、不合乎语法，反而会使宾客误解。如服务员看到宾客的米饭吃完了，想给宾客添点饭，便这样说道："您还要饭吗？"这样的话容易引起客人反感。如果这样说："我再给您添点米饭吧！"客人听了会觉得舒服。

(4)与宾客讲话要注意举止表情。服务员的良好修养，不仅体现于优美的语言之中，而且寓于举止和神态中，如宾客到餐厅用餐，服务员虽然说了"您好！请坐！"，可是脸上不带微笑而且漫不经心，这样就会引起宾客的不满。由此可见，不仅要用语言还要用表情、动作来配合服务。

餐厅服务工作中的常用礼貌用语

餐厅服务中的礼貌用语归纳起来，主要有以下三种：一是常用礼貌用语；二是称呼用语；三是问候用语。了解这些礼貌用语，对搞好餐厅服务工作有着重要意义。

餐厅服务常用礼貌用语有：

"欢迎"或"欢迎您！"，"您早！"，"谢谢！"或"谢谢您！"，"明白了"或"听清楚了！"，"请您稍候"或"请您等一下！"，"对不起"或"实在对不起！"，"抱歉"或"实在抱歉！"，"再见"或"欢迎再次光临！"

餐厅服务常用的称呼用语有：

对男外宾可称"先生"最好称为"某某先生"。对已婚女外宾可称"夫人"。对未婚女外宾可称"小姐"，如不知道女宾已婚未婚，可称"女士"，或宁称"小姐"，切勿称为"夫人"。对有学位的可称"博士先生"或"某某博士"。对有军衔的可称“某某先生”，如“上校先生”。对已婚的女宾亦可称“太太”，切勿称“老太太”或“老大娘”。

餐厅服务中常用的问候用语有：

见到客人都要分别主动问候：“您好！”、“早安！”、“晚安！”或“多日未见，身体好吗？”切忌问人家“到什么地方去了”，“吃过饭没有”。客人过生日应说：“祝您生日快乐！”圣诞节那天见到客人时应说：“祝您圣诞快乐！”第一次见到文艺团体客人时应说：“祝你们演出成功！”第一次见到体育代表团时应说：“祝你们在比赛中获胜！”第一次见到新婚旅游的客人应说：“祝你们新婚愉快，白头到老！”见到客人生病时应说：“请多加保重，早日康复！”如天气发生变化，见到客人时，应提醒客人“请多加些衣服，当心感冒”或“请带好雨具”。见客人离开餐厅时应说：“欢迎您再来，谢谢您了！”或“再见！”

常用间接称谓语：

“一位男客人”，“一位女客人”，“您的先生”，“您的太太”等。

征询问候语：

“我能为您做些什么？”、“我没听清您的话，您再说一遍好吗？”、“如果您不介意，我可以……吗？”、“您还有别的事吗？”。

婉转推托语：

“对不起，我不能离开，我用电话为您联系一下可以吗？”、“承您好意，但是……”。

餐厅专业礼貌用语：

“请问您喜欢用点什么饮料？”、“请用茶！”、“请您用酒！”、“请问喜欢吃点什么？这是菜单，请您挑选。”、“您的菜上齐了，请品尝！”、“现在可以为您结账吗？”、“请您付款或在这里签字”、“请您对我们的服务和菜肴多提宝贵意见！”。

使用礼貌用语的注意事项

服务人员与宾客讲话时，具体要注意以下几点：注意面向宾客，笑容可掬，眼光停留在宾客眼鼻三角区，不得左顾右盼，心不在焉；要垂手恭立，距离适当（一般以一米左右为宜），不要倚靠他物；要举止温文，态度和蔼，能用语言讲清的，尽量不加手势；要进退有序，事毕要先后退一步，然后再转身离开，以示对宾客的尊重，不要扭头就走；服务员讲话要吐字清楚，嗓音悦耳，这样不但有助于表达，而且可以给人以亲切感。

在人际交往中常用的礼仪用语

（1）初次见面：“久仰！”
（2）好久未见：“久违！”
（3）请客人来：“光临！”

(4)表示祝贺："恭贺！"

(5)表示等候："恭候！"

(6)要先离去："失陪！"

(7)让人勿送："留步！"

(8)送客："请慢走！"

(9)让人费心了："打扰！""有劳！"

(10)请人帮助："劳驾！""费心！"

(11)请人让路："借光！"

(12)请求批示："请教！"

(13)请出主意："赐教！"

(14)请求原谅："包涵！"

(15)请修改文章："斧正！"

(16)赞美别人主意："高见！"

(17)还物："奉还！"

(18)问年龄："高寿(对老人)"、"贵庚(一般人)"。

(19)问姓名："贵姓"、"宝号"。

服务员在电话中如何使用礼貌用语

电话是现代语言沟通和人际交往的最普通方式之一，值得注意的是，在餐厅服务中，客人正是首先从你的电话礼貌中来判断你的专业水准和态度，所以，服务员一定要记住"礼貌"二字。只有"乐于助人"，才会带来丰厚利润。那么，电话礼貌用语要注意些什么呢？

(1)请在电话铃响 3 次内拿起电话，心情保持愉快；

(2)接听电话时请记住统一使用标准语言；

(3)接听电话时，先打招呼接着报出餐厅(或和你的名字)，语气柔和友好。例如："早上好！"、"午安！"、"晚上好！""某某餐厅"，或者"你好！某某餐厅"，接着说"需要帮忙吗？"最后说"谢谢！"；

(4)代客查询时，注意尽量不要让客人久等，如果客人在查问某种特别的信息，必须代为打听，如寻找用餐的另一客人时应说："早上好！"、"午安！"、"晚上好，某某餐厅"，然后说"我就帮您查一下，可以稍等一下吗？……谢谢！"，然后说："很抱歉，让您久等了。"再告诉其需要的信息。

注意：要常用"等一下"而不用"别挂！"；宜常征求客人意见并等其反应；常乐于提供帮助而不是拒绝；回答时首先致谢或致歉；不说"不知道"，应先帮客人查寻，然后回话或请别人回话；不说"这不是我们的错"或"那是某某部门的问题"，这样说永远不能解决问题，应首先致歉，然后提供你的帮助；不能说

“你得……”，“你必须……”，这像是命令而不是提供帮助；不说“某某先生在开会”，而应该告诉对方某某先生现在不在，能否帮助他留个条子；如果对方找错了，告诉他“请你打……”而不是“你该打……”；挂电话时，要轻轻挂上，避免大声，若对方尚未放下电话，听到你挂电话太重，易误会你无礼。

第十二节　餐厅服务礼节

关于服务员礼节的学习

礼节，即是向他人表示敬意之类的各种习惯和仪式。如晚辈见到长辈要鞠躬；军人下级见到上级要行军礼；重要宾客来就餐，则要迎接，就餐完后要欢送等等。

在餐厅服务工作中，除了要讲究礼貌用语外，还要十分注意各种礼节，因为能否掌握好餐厅服务中各种礼节，是衡量餐厅服务质量高低的一项重要内容，常用的礼节有服务礼节、握手礼节、谈话礼节、次序礼节、迎送礼节等。

关于服务员的服务礼节

作为餐厅服务员，最重要的是掌握服务中的礼节，因为它是牵涉到服务质量好坏的重要一环。服务礼节的内容，根据场合不同，又可分为酒会、宴会服务礼节和日常服务礼节两种。宴会、酒会礼节要求在宴会、酒会服务过程中，应注意掌握好以下环节：

(1)服务态度要热情、周到、细致、一视同仁、敏捷、机灵；

(2)要熟悉各种食物、酒类的特点。如外宾问及，应实事求是地给以简明扼要的回答；

(3)宴会前，服务员要自我进行卫生检查，不要吃葱、蒜之类食品；

(4)宾主落座后，即可倒酒、饮料，要从第一号主人右侧给主宾先倒，然后给主人倒，如有女宾亦应先倒。第二主人右侧的外宾也要注意先倒，依次向左转，斟酒、倒水八分满即可；

(5)上下菜要从第二主人的左面进行，不可在第二主人和主宾位置上菜，如外宾较多时，可从陪客和译员旁上菜；

(6)凡是花式冷盘，如凤凰、蝴蝶、孔雀等拼盘，以及鸡、鱼等头部都要朝向主位，如果是椭圆形盘，要纵向对着主宾和主人；

(7)当主人、主宾祝酒讲话时，服务人员应停止一切活动，要精神饱满地站在适当位置上，在讲话即将结束时，要迅速把主人的酒送上，把所有来宾的酒斟满，供主人和主宾祝酒；

(8)当来宾餐毕起身离厅时，目送或随送至餐厅门口，友好话别，而餐厅的结束工作都应在来宾离去后进行；

(9)当收款结账时，应站在客人的左边，将计算好的账单放在客人面前，要用收银盘，不可直接交到客人手里，要说“这是您的账单，若干元”，找回零钱应说“这是找回您的若干元”，并说：“谢谢！”“欢迎您下次光临！”

关于服务的操作礼节

所谓操作礼节，主要是指餐厅服务员在日常服务中的礼节。服务员的操作礼节有以下几点：当来宾进入餐厅时，餐厅门口迎候客人的领台员要主动招呼问好，说“欢迎”，帮助接挂衣帽，引领入座；当来宾走近座位时，应按先女宾后男宾、先主宾后一般来宾的顺序，拉椅让座，餐厅内的领台服务员见客人走近自己负责的餐桌时，也要说“欢迎”；当宴会快要开席时，应将主宾、主人的餐巾从水杯内取出，递给来宾。如服务员接受客人点菜时，服务员应站在客人的左边，站立要端正，与客人保持一定距离，不要太近，也不要太远，一般要在一步半的距离为妥。神情要专注，有问必答，百问不厌；给来宾倒酒、派菜、分汤时，须按男主宾、女主宾、主人、一般来宾的顺序进行。如果有两个服务员值桌时，一个从主宾开始，向左绕桌进行，另一个可以从副主人开始，向右绕桌进行；当席间上菜时，须将上一道剩菜移向副主人一边，新上的菜放在主宾面前，以示对来宾的尊重。

关于服务的握手礼节

握手礼节是餐厅服务工作中最常碰到的礼节之一，因此，对掌握好握手礼节的分寸，绝不能掉以轻心。握手礼节，除东南亚的一些佛教国家有的不习惯握手外，多数国家均习惯握手礼。行握手礼时，距离受礼者约一步，上身稍前倾，两足立正，伸出右手，四指并拢，拇指张开向受礼者握手，并轻轻上下微摇两三下，礼毕即松开。行握手礼时应注意：

(1)遇到主人、妇女、年长者、身份高者，不应主动伸出手来，可先行问候，待对方伸手时再握，如对方不伸手，点头微笑示意即可；

(2)对男子握手可适当重些，以示友情深厚，但又不宜握得太重，以不产生痛感为宜；

(3)对妇女握手可适当轻些，但又不宜太轻，否则不够热情；

(4)男子握手时，应把帽子、手套脱掉，妇女可不必脱；

(5)如有疾病或不便行握手礼时，可向对方声明，请对方原谅；

(6)如遇多人同时握手，就等别人握完后再握，切忌抢着握和交叉握。

关于服务的介绍礼节

宾主初步见面，需要介绍，其顺序是：先把宾客向我方人员介绍之后，随即将我方人员再介绍给宾客；在一般情况下，先把男子介绍给妇女，先把身份低者介绍给身份高者，先把年幼者介绍给年长者，先把未婚者介绍给已婚者；同级、同身份、同年龄时，应将先者介绍给后者；介绍时，要把被介绍者的姓名、职衔（学位）说清楚；向双方做介绍时，应有礼貌地以手示意，手向外示意时手心向外，手向里示意时，手心向着身体，身体稍倾向介绍者，切勿用手指画，更不能拍打肩膀或胳膊；介绍双方姓名时，口齿要清楚，说得慢一些，能让双方彼此记住。

关于服务的谈话礼节

在餐厅服务过程中，服务员不可避免地要同客人进行谈话。因此，在餐厅服务过程中掌握好与客人谈话的礼节也是十分重要的。具体要注意如下几点：

（1）要了解清楚对方的身份，以便使自己的谈话得体，有针对性；

（2）和客人谈话时，要实事求是，不要随便答复自己不知道的事情，也不要轻易许诺对方提出的而自己却无把握办到的事；

（3）同客人交谈时，要态度诚恳，和蔼可亲。声音大小以对方听清为宜。不要用过大的手势，尤其不要溅出唾沫、抓头、剔牙、挖鼻孔，打喷嚏时应将脸转向一侧用手帕捂住鼻子；

（4）和客人交谈时，可谈衣食住行、天气气候、旅游风光、体育运动等。但不能谈疾病等令人不愉快的事，一般也不询问对方的履历。谈话时，要十分客气，如果对方不愿继续谈时，就不要追问，不要打听对方的经济收入、婚姻状况、宗教信仰、服饰价格、年龄和其他私事，如果对方是妇女，对其年龄和婚姻更不能询问；

（5）和客人谈话时，要多给对方讲话的机会，注意倾听对方的发言，不能左顾右盼，也不要老看手表、低着头或侧着头，更不要昂着头说话；

（6）也不要随便打断对方的话头，不要随便插嘴，对方的讲话没听清楚时可以再问一次，如发现有误时，应做进一步解释；

（7）同客人谈话时，说话要有分寸，称赞对方不可过头，自己谦虚也要适当。

另外，同两个以上客人谈话时，不能只和一个谈，而冷落其他人，也不能只和女宾谈，而冷落男宾；谈话中不谈只有两个人知道的事，而冷落他人，也不要交头接耳，讥笑他人，如所谈之事，不便让更多的人知道时，则应另找适当的谈话机会；和客人交谈时，如旁边有人插上来和你说话，你不要把背对着客人，应将脸朝客人，如需离开时，首先向客人表示歉意后，方能离去；客人互相交谈时，不可旁听，如有急事需与其中的某人联系时，则应先打招呼，而且表示歉意；和客人谈话时，要大方有礼，轻声柔和，不大笑狂笑，更不要故作怪腔，要自然得体。

关于服务的次序礼节

掌握次序礼节是文明服务的重要内容，次序礼节的具体内容包括：

(1)大多数国家习惯以右为大，左为小；

(2)二人以上同行，前者为尊，陪同、随同人员在后；

(3)引领人员应在左前方2～3步处；

(4)三人并行，中者为尊；

(5)进门或上车，应让尊者先行；

(6)尊者由右边上车，位低者(陪同人员)要待尊者上车后，再由车后绕到左边上车，坐在尊者的左边(在一般情况下，进门或上车，应让妇女先行或坐高位)；

(7)一般坐车后一排中间为尊位，右边次之，左边又次之，前边最小，但法国人坐车时右边为尊位，左边次之，中间为小；

(8)室内以对门为尊位；

(9)上楼梯时，尊者、妇女先行，下楼梯时，尊者、妇女在后，侍者在左前引领。

关于服务的迎送礼节

迎送礼节是衡量餐厅服务质量高低的重要一环，具体执行迎送礼节时，应注意以下几点：

迎接客人时，客人进门后要主动接挂衣帽；要热情相迎，彬彬有礼，给人以温暖、可亲的感受；要主动引路、让座；当客人问话时，要及时答话或主动介绍本餐厅的经营特色和菜肴的风味特点，同时要耐心听取来宾的意见和要求，及时向有关方面传达，以便更好地安排各项工作活动；来宾就座后，主动协助礼宾人员做加撤餐具、椅子等工作，一切就绪后，要把桌号、名签撤下。

送别客人时，客人离席后，要热情送别，使客人高兴而来、满意而去；要主动为客人取递衣帽；耐心听取客人的意见和要求，以便研究和改进工作；要做好结算工作；要对餐厅进行清扫、整理工作。

总之，自迎接客人开始，到服务客人就餐，到送别客人，环环相扣，缺一不可。由此而见，服务客人就餐固然重要，但若没有热情迎接与礼貌送客作铺垫配合，就会显得过于直露和美中不足。所以，餐厅在高度重视就餐服务的同时，一定不要忽视“迎接”和“送别”礼仪的重要作用，只有这样才会完美，才会令人回味无穷。

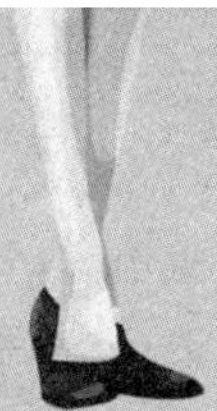

餐厅服务接待基本功

为客人提供符合其心理的最佳服务，是餐厅服务的基本礼仪功夫。因此，能否研究顾客的心理活动和要求，并将之升华为“知己知彼”的洞察力，便考出餐厅经营者的功夫。

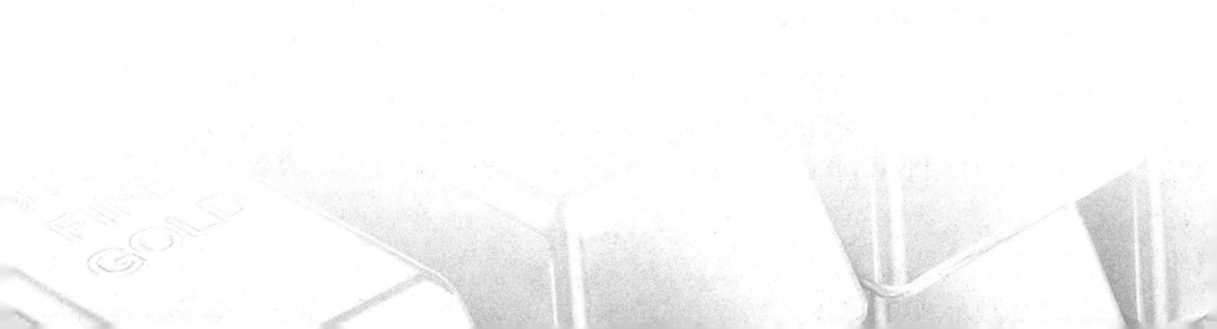

第一节　学会看人下菜碟

如何对待不同性格的客人，这是作为餐厅服务员的一项基本礼仪功夫。俗语说，“店小二，店小二，学会看人下菜碟”。说的就是作为餐厅服务人员，在对待不同性格的客人时要采取灵活多变的最佳服务方式。作为餐厅服务员，在对客人服务的过程中，一定要善于察言观色。一般来说，宾客的性格或情绪通常会从他所使用的言辞、语调、仪表仪容、身体语言上反映出来。这就要求餐厅服务员在服务中通过观察掌握客人的心理，然后采取相应的服务措施。那么，餐厅服务员如何通过客人的言谈举止观察客人的情绪呢？下面试举几个例子，或许对服务员的服务工作能提供一点有益的借鉴。

要学会通过客人的言辞判断客人的性格、情绪

客人的言辞所反映出的性格、情绪：如果客人使用“服务员，请您……”等礼貌语言，这表明客人的情绪是自然、随和、愉快的；如果客人使用“服务员，您能否……”等商量的语言，这表明客人的情绪是愉快、高兴的；如果客人使用“我想要……”等中性祈使句语言，这很可能表明客人的情绪是清楚明确的期望，可能是愉快的，也可能要求很高；如果客人使用“我说的是……”等烦躁性的语言，这表明客人的情绪是受困扰的，要求很高，有可能对你的服务不满意；如果客人使用“我听到的不是如此！”等气恼性的语言，这表明客人的情绪是不耐烦、沮丧、寻事、生气，他对你的服务工作，可能十分不满。

要学会通过客人的语调判断客人的性格、情绪

客人的语调所反映出的性格、情绪：如果客人说话的语调很慢、很低，这表明客人的情绪是自然、随和、高兴或疲倦的，但不是兴奋的情绪；如果客人说话的语调是欢欣的，这表明客人的情绪是高兴的、愉快的；如果客人说话的语调带有讽刺性，这表明客人的情绪是不耐烦、不高兴、要找麻烦；如果客人说话的语调比较强硬，这表明客人的要求可能很高；如果客人说话的语调是大声的、爽快的，这表明客人的情绪是高兴、兴奋或豪爽。

要学会通过客人的仪容仪表判断客人的性格、情绪

客人的仪容仪表反映出他们的性格：如果客人仪表整洁，那么，他是一个体面、令人愉快、有较高的期望的客人；如果客人穿着运动衫或牛仔装，那么，客人很有可能在度假，或者客人的性格是比较随便、轻松、愉快的；如果客人领带纠结，西装多皱，那么，这样的客人可能是疲倦、不舒服，或者客人的性格是毫不在意、不拘小节的人；如果客人衣着怪异，发型时髦，那么，这样的客人，如果不是艺术人物，便多为性格怪异、自以为是的人物。

要学会通过客人的身体语言判断客人的性格、情绪

身体语言所反映出的性格、情绪：如果客人挺直胸膛，那么，这样的客人是坦率、直爽、不说废话的人；如果客人弯腰驼背，那么，这样的客人可能是疲倦、被冒犯、压抑、不高兴，或者在思考；如果客人膝盖不停地晃动，那么，说明客人是不耐烦、焦急；如果客人手指关节作响，那么，这样的客人虽然热情，但要求很高；如果客人在餐桌上不停地玩弄筷子等，那么，这样的客人是开心闲散、不慌不忙，随和；如果客人说话或倾听时扬眉毛踱步，那么，这样的客人是集中注意力，对感兴趣的问题思考，或者是焦虑、不自在；如果客人歪头倾听，那么，客人是在“防御”，表示不喜欢这个场面，希望寻找别的谈话内容；如果客人手放在口袋玩弄零钱、双臂交叉，那么，客人是气愤、心烦意乱，对别人的谈话不感兴趣；如果客人手指指着对方眯着眼睛，那么，客人是疲倦的、冷漠的，不在乎，不能集中注意力，或者蔑视对方。

总之，作为餐厅服务员，一定要学会通过察言观色判断客人的情绪，以便更好地做好服务工作。

如何接待性情急躁的客人

急躁型顾客的特点大致为：对服务的任何项目均要求快捷、迅速，当然，这里所谓的“快捷、迅速”常常以他自己的时间尺度为准。这样的客人要求服务员有问必答，当他们对服务员提出要求时，喜欢以定性的语言，有时喜欢用手势来加强语气，当他们对餐厅的服务不满意时，常常会表现得异常生气，甚至大声斥责。但他们同时具有心直口快、处事大意、事过就忘的特点。当这类客人对服务提出投诉时，只要餐厅及时地、适当地加以解决，他们就会转怒为喜，连声称谢。

因此，餐厅服务员在对急躁型顾客提供服务时，要行走迅速，语言简练。对客人提出的任何要求均给予准确回答，例如：当客人订一份七成熟的牛排时，服务人员应说：“好的，先生，七成熟牛排，我记下来了，牛排需要 20 分钟的制作时间，请您等候！”当然，言而有信更重要，如果对急躁型顾客使用欺骗性语言，他们会立即爆发不满的情绪，例如一份菜肴本来要等 10 分钟，而餐厅服务员看客人着急，就说：“您稍等，菜肴马上就到！”服务员这样的回答只能使事情更糟。

要想急躁型顾客对餐厅的服务感到满意，除注意以上各项外，还可以为客人额外做点事，如：协助他挂放大衣；客人谈生意要记录住处及电话号码时，服

务员应立即递上备用的客用纸张；当客人的酒水喝掉大约1/3时，不必询问，应该立即为他添加；当客人离开餐厅时，服务员应提前准备为他递上衣服及文件箱等。当顾客得到这些额外的服务时，他们会较其他类型的客人给予更多的回报，他们会立即表示出对服务的高度评价，并声称下次再来等。因此，彬彬有礼、训练有素的服务员可以使急躁型的顾客成为餐厅的回头客。

如何接待性格活泼的顾客

一般来说，活泼型的顾客是餐厅服务员进行积极推销并使他们愉快消费的好对象。性格活泼的宾客，初次相识就给人一种随便、好相处的感觉，有这样的顾客光临餐厅，能为餐厅创造出一种活泼氛围。他们谈吐诙谐，为人随和，处事果断，性格开朗。他们对服务员文明有礼，喜欢像朋友般与你相处。

对于此类顾客，服务员要主动表现出乐于相知相助，并以此赢得顾客的好感。对活泼型的顾客，可以采取积极的推销方法，例如推荐一份货真价实的套餐，或主动介绍餐厅的特色菜肴等，通常能得到客人的赞同。除了菜肴之外，配餐酒也应给予客人相应的推荐，使客人感觉到服务员确实在设身处地为他着想，从而使顾客对餐厅产生好感。

活泼型顾客通常为健谈者，他们善于交流，给服务员创造了很好的与客人沟通的机会。除饮食服务外，服务员还可以对来旅游的活泼型顾客谈及此地的旅游地理、观赏景点、民俗及交通等方面的内容，这样，顾客肯定会对服务员的热情好客留下深刻的印象。但要注意的是，服务员在做上述工作时不能影响正常的服务工作。

当然，服务的效率、美味的食品、餐厅环境及用具的清洁，服务员的良好专业素质，也是活泼型顾客所需要的。另外，性格活泼的顾客较善于表达自己的观点，他们会对餐厅的声誉有着极大的影响力，当他们对餐厅非常满意时，他们会成为餐厅的义务宣传员，而当他们对餐厅的服务或食品不满意时，他们也会毫不保留地告诉他人，所以，服务员在对活泼型顾客提供服务时，要确保在顾客离开餐厅之前，把他们服务中出现的所有问题都妥善予以解决，否则，将是餐厅的重大损失。

如何为稳重型顾客服务

餐厅服务员对稳重型顾客的服务一定要热情主动。稳重型的宾客通常老成持重，矜持冷静，少言寡语，不轻易动情。他们讲究绅士风度，与餐厅服务员交往时，喜欢采取互相尊重，但保持一定距离的态度，即使他们对餐厅的服务或食品极不满意，也能很好地自控，把握分寸，不失理智。对稳重型的宾客，服务员一定要举止端庄，温文尔雅，并经常使用礼貌语言。例如同客人交谈前，一定

唯高博士餐饮礼仪话你知

唯高博士语录：

餐饮业是服务行业，礼仪是餐馆打造企业品牌、企业形象的重要因素之一，直接关系到企业能否形成品牌、能否持续发展。

唯高博士经营管理理念一点通

唯高博士语录：

尊重客人是餐馆服务的根本。只有尊重，才有理解，才会提供最好的服务。

先要说："打扰您，先生，我可以……吗？"

通常来讲，越是稳重型宾客，对餐厅服务的要求也越高，因为这种顾客虽不愿多提要求，但是，在他们的内心里，很可能有许多对餐厅服务的主观标准。因此，对稳重型的宾客更要在服务中严格遵循服务程序与标准。餐厅服务员严谨的工作作风，专业的操作规范，恰当的语言修辞等，都有助于达到稳重型宾客所期望的服务标准。

在餐厅营业高峰期，稳重型顾客通常不愿举手或大声招呼服务员，也不会轻易对餐厅服务员提出什么样的服务要求，他们通常所采取的方法是"既然餐厅服务不周到，换一家就算了，不必找麻烦"，于是，他们很可能站起来就走，准备另换一家餐厅就餐。而作为餐厅服务员，一定要聪明麻利，要在其未提出要求以前采取行动，这是对稳重型顾客提供优质服务的行之有效的最佳方法。一般来讲，餐厅越是繁忙，服务员越要及时观察客人用餐的情况，并提供主动、热情的服务。

餐厅服务员在处理稳重型宾客的投诉时，需要更高的技巧，因为这类顾客的特点是：只要不是忍无可忍，决不会提出投诉，所以，处理这类宾客的投诉，最好由餐厅经理亲自解决，以表示餐厅对他的投诉非常重视，并要保证解决问题的方法和最后结果令顾客满意，只有这样，才不会失去顾客。

如何为性格忧郁型的顾客服务

餐厅服务员对忧郁型的顾客的服务，一定要做到不厌其烦。性格忧郁型的宾客虽然只占餐厅客人的极小比例，但也不能忽视对他们的服务，否则，就会伤害他们的自尊心。

忧郁型宾客的特点是心境冷漠，不想说话，面部表情木讷，有一种消极情绪，他们的内心常自我责备，即使是在与人不得已的接触中，也常常流露出回避的态度。这类客人的忧郁有两种可能：一是最近曾遭遇到痛心的事情，情绪处于低落状态；另一种则是患了抑郁症。

有一种忧郁型顾客，虽然他们的心境也是如此，但对餐厅服务的态度则可能表现得非常挑剔，他们要用这种挑剔的行为来冲淡他们内心的悲痛，或干脆用来发泄自己内心的不满。对这样的顾客，服务员需要自始至终抱有不厌其烦的态度，要尽可能细心、周到地为客人提供最佳服务。如果客人对极小的服务差错也表现得极为挑剔，服务员也应真诚地表示歉意，并立即改过。只有这样，才会使他们觉得心情舒畅而少找麻烦。同时，服务员真诚地表示歉意，也是服务员自我保护的良好方法。

对于有忧郁症的顾客来说，自从他们步入餐厅的那一刻起，到埋单结账，也不肯说一句话，而对餐厅服务员的服务也完全采取漠视的态度，这样的顾客很可能在感情上严重受挫，他们也许更需要别人对他们表示关注与关心。因此，餐厅服务员应尽可能地对忧郁型顾客表示友善，多找机会对他们微笑，如果得不到回报，也不要气馁，要再尝试。询问顾客问题时，要用轻柔而缓慢的语调，如果他第一次没听见或根本就没有听，可适当提示，再用同样的语调重复一遍。

第二节　特殊顾客要耐心

上面一节，我们谈了服务员对待急躁、活泼、稳重、忧郁四种性格类型客人的礼仪接待方法，那么，对于其他类型的客人，服务员在服务接待中也应谨慎注意。

对于高傲、蛮横、不讲理的客人的投诉或要求，餐厅服务员一定要恭敬、细心地聆听，了解他的目的及要求，酌情办理及解决，语气必须诚恳，避免再激起反感；对于自卑及情绪欠佳的客人，餐厅服务员不要再多辩解，也不要表现出不相信的神色，要对他表示尊敬及重视；对女性客人，餐厅服务员的态度勿轻佻浮躁，也不能花言巧语，举止要端庄有礼，最好用简洁的语言去解释。

餐厅作为饮食行业，从业人员每天都要接触很多各阶层人士，从理论上讲，餐厅服务员应做到面面俱到；但这做起来并不容易，只能时时提醒自己：以真诚之心，周到之服务对待客人，赢得客人的信赖。

那么，餐厅服务员如何对待特殊的客人呢？

客人喝醉了，服务员应该怎么办

值班的餐厅经理先要确定该客人是否确已喝醉，然后决定是否继续供应含酒精饮料。如果客人的确已喝醉，经理应该礼貌地告诉客人，餐厅已不可以再向他提供含酒精饮料，同时要安排客人到不打扰其他客人的靠里面的席位上，或者安排在隔开的餐室内。如果客人呕吐或带来其他麻烦，服务员要耐心地迅速清除污物，千万不要抱怨。如果该客人住在酒店，而没有人搀扶又不能够回房间时，餐厅服务员要及时通知保安部人员陪同客人回去；如果该客人不住在酒店里，服务员也应交由保安部门陪同他离开。此外，餐厅前台经理应该将事故及处理结果记录在工作日记上。

如何照顾前来就餐的残疾人

对于前来餐厅就餐的残疾人，餐厅服务员一定要细心照顾、格外关照。在碰到有残疾的客人在无人照料下来到餐厅时，服务员要理解他的不便之处，恰当地、谨慎地帮助他。将坐轮椅来的客人推到餐桌旁，尽量避免将其安排在过道上，有拐杖的要放好，以免绊倒他人；对于盲人，服务员需要给予更多的照顾，但要适当，不要因过分的关照而引起客人的不愉快，要小心地移开桌上的用品，帮助他选择菜肴，服务员在上菜或上饮料时，要告诉他放在什么地方；对于耳聋的客人，服务员要学会用手势示意，在给客人上菜或上饮料时，要轻轻地用手碰一下客人，表示从这边或那边进行上菜服务。

如何接待衣冠不整的客人

首先，餐厅引座员或餐厅经理应向客人解释餐厅有关衣着的规定，欢迎客人穿好衣着再次光临；其次，餐厅服务员要诚恳地感谢客人的理解与支持；再次，如果客人仍然感到不满，应请示上级或由大堂经理出面协助解决，但在整个解决处理问题的过程中，餐厅服务员一定要注意礼貌、礼节和方法。

如何接待带宠物就餐的客人

餐厅服务员应礼貌地告诉客人餐厅关于小动物的规定；如客人不满，应及时通知餐厅值班经理出面处理。餐厅经理要认真、礼貌地听完客人的意见再做处理：餐厅经理要先向客人道歉，然后要耐心地向客人解释关于禁止带动物进餐厅的规定，最后，餐厅经理要感谢客人对自己工作的理解、支持与配合。

如何当好客人的参谋

作为餐厅服务员，如何当好客人的参谋呢？首先要认真研究顾客的三大生理需求和九大心理要求，之所以要研究顾客在用餐过程中的生理需求和心理需求，这不但使服务员能够获得“知己知彼”的洞察力，更有助于为光顾餐厅的客人作出最佳的招待及服务。

顾客进餐厅就餐的三大生理需求为：能源需求，即食品营养、解除饥饿、提供体力及空气、水、阳光等；感觉需求，指味觉、嗅觉、触觉、口感、温度的需求；环境需求，在这里指的是客人进餐厅就餐，是为了换一换生活环境的需求。

一般来讲，顾客的九大心理需求为：

(1)尊重的需求；

(2)清洁合格的需求；

(3)食物质量好的需求；

(4)安全的需求；

(5)周到适宜的需求；

(6)享受的需求；

(7)愉快的需求；

(8)方便的需求；

(9)显示气派、面子和氛围的需求。

以上顾客九大心理要求，是每一家餐厅，甚至每个餐厅服务员都应该慎重考虑的，只有餐厅的服务让顾客的心理要求得到最大的满足，才能争取到顾客。

通常来说，顾客到餐厅就餐的动机主要有以下几个方面：一是出于饥饿；二是为了调节日常生活；三是出于社交需要；四是出于习惯；五是为了寻求协调，例如：摆脱烦恼、寻找心理平衡、显示自己的财富等等。而作为餐厅而言，不管客人出于何种动机前来餐厅就餐，都必须一视同仁地为他们提供最佳的服务，更不能因为服务员看不惯客人的这种动机而降低服务标准。

餐厅与顾客关系礼仪十戒

(1)顾客是餐厅业务的主要人物，是餐厅的“特殊工作伙伴”。作为餐厅服务人员，千万不能把“主角”与“配角”的关系搞颠倒了。

(2)要牢记，并不是顾客要依靠餐厅服务员，而是餐厅服务员要依靠顾客，服务员在任何时候，在任何情况下都要遵循“顾客至上”的原则，千万不能将客我之间的依赖与被依赖的关系搞混了。

(3)要时时提醒自己，并不是顾客来打扰服务员，而是客人前来享受服务员的工作与服务，千万不能将服务员与客人之间的服务与享受的关系搞错位。

(4)要记住，经营成功的餐厅，并非是因为服务员拥护爱戴顾客，你才去服务他们，而是因为顾客拥护餐厅，他们才能够大驾光临。

(5)对于餐厅服务员而言，光临餐厅的顾客并不是一个对抗者，而且，没有人能够靠对抗客人胜利而获得成功的。

(6)顾客为餐厅带来的是他们的要求，而服务员的工作是满足他们的要求，这是他们光临餐厅的一个重要原因。

(7)顾客光临餐厅，他们花钱买的是餐厅的服务，而餐厅服务员向他们销售的“产品”也是服务，而不是其他什么。

(8)顾客对于餐厅而言，不是一些统计数字，是活生生的、有血有肉、有感情、有感觉的人，如果餐厅服务人员像机械厂的工人对待机器一样对待客人，那么餐厅经营必然失败。

(9)顾客并不是服务员进行争辩或斗智的对象，他们应该得到餐厅服务员所能提供的最礼貌、最关切的对待。

(10)凡是光临餐厅的客人，都有权期望餐厅服务员有整齐、清洁的仪表仪容。

第三节　应急处理要机智

应付突发事件，是餐厅服务员的一项基本功，更是对服务员学识、机智、应变能力的考验，那么，作为餐厅服务员该如何应付餐厅内的突发事件呢？

餐厅突然停电怎么办

餐厅正在营业期间，如果遇到突然停电的话，服务员首先要保持镇静状态，要设法稳定住客人的情绪，请客人不必惊慌，然后立即开启应急灯，或是为客人餐桌点燃蜡烛。接着，要说服客人不要离开自己的座位，继续进餐。然后，要马上与有关部门取得联系，搞清楚断电的原因，如果是餐厅供电设备出现了问题，那么就要立即要求派人检查修理，在尽可能短的时间内恢复供电。

如果是地区性停电，或是其他一时不能解决的问题，餐厅经理就应该采取相应的应急对策。要对在餐厅用餐的客人继续提供服务，并向客人表示歉意，另外，餐厅要暂停接待新来的客人。

平常，餐厅里应该有备用蜡烛，备用蜡烛应该放在服务员都知道的固定位置，这样可以使得服务员在紧急状态下取用方便，如果餐厅备有应急灯，应该在平时定期检查插头、开关、灯泡是否能正常工作。

如何处理突然发病客人

对于突然发病的客人，餐厅服务员除了要保持高度镇静状态外，要打电话通知急救部门，然后再通知饭店的有关部门；在医疗部门的救护车赶到餐厅来以前，要采取一些可能的抢救措施对病人实施抢救。

心脏病突发事例是比较典型和比较普遍的，除此之外，高血压、脑溢血也有突发的可能。如果客人突然昏厥过去或摔倒时，餐厅服务员千万记住：不能因为客人躺在地上不很雅观而把客人抬起来或架到别处，因为，此时的任何移动都可能加重病情。服务员应该及时移开餐桌餐椅，让出一块地方，然后用屏风围起来。服务员要认真观察客人的病情，帮助客人打开领扣或者打开领带，在客人身下铺垫椅垫、桌布等柔软的织物，等待抢救医生的到来。医生来到之前，要按照医生在电话中的吩咐，做一些力所能及的具体的应急抢救，或为医生到来进行抢救做一些准备工作。

对于有些客人在进餐时，或是进餐后没有离开餐厅之前，突然有肠胃不适的感觉，这很有可能是因为就餐的食物不卫生引起的。此时，面对这种紧急情况，服务员要尽可能地帮助客人，或帮助打电话叫救急车，或帮助客人去洗手间，或清扫呕吐物等。与此同时，服务员不要急于清理餐桌，要保留客人食用过的食品，以备检查化验，分析客人发病的原因，以查清事故责任。

如果客人损坏了餐具怎么办

绝大多数在餐厅用餐的宾客在餐厅损坏餐具，大多是因为其粗心大意、不小心所致。对此种情况，餐厅服务员首先要做的事情是收拾干净破损的餐具。

接着，服务员要对客人的失误表示同情，千万不要指责或批评客人，以免使客人难堪。最后，餐厅服务员要视具体情况，根据餐厅有关财产的管理规定，来决定是否需要客人对损坏的餐具进行赔偿。如果是一般的消耗性物品，可以告诉客人不需要赔偿了，如果是较为高档的餐具，需要赔偿的话，服务人员一定要在合适的时机，选择合适的方式告诉客人，然后在结账时一起计算收款，并且要对客人讲明具体赔偿金额，还要为客人开出正式的现金收据。

汤汁洒在客人身上之后的做法

汤汁、菜汁、酒水洒在客人身上，往往是由于服务员操作不小心，或是违反操作规程所致。餐厅服务员在处理这种事件时，应该遵循以下几种方法进行处理：

(1)首先，要由餐厅的主管人员出面，诚恳地向客人表示歉意；

(2)餐厅服务员要及时用湿毛巾为客人擦拭衣服。需要注意的是，在擦拭客人衣服时，一定要先获得客人的同意，女客人应由女服务员为其擦拭，动作要轻重适宜；

(3)餐厅负责人要根据客人的态度和衣服被弄脏的程度，主动向客人提出为客人免费洗涤的建议，洗涤后衣服要及时送还给客人，并再次表示道歉；

(4)有时，客人的衣服被弄脏的程度较轻，经擦拭后已基本干净，餐厅主管应为客人免费提供一些菜肴或饮料，以示对自己工作失误的歉意和对客人的补偿；

(5)在处理此类事件的过程中，餐厅主管人员千万不要当着客人的面批评指责服务员，餐厅内部的问题，应该放在事后进行处理；

(6)餐厅负责人员事后要在工作日记中做好详细记录。

如果是由于客人自己粗心大意，在衣服上洒了汤汁，餐厅服务员也要迅速到场，主动为客人擦拭，同时要安慰客人。若汤汁洒在客人的餐桌或桌布上，服务售货员要迅速清理，用餐巾垫在桌布上，并请客人继续用餐。总之，对于客人自己本身的失误，服务员不应不闻不问，否则，是一种非常失礼的行为。

当客人在餐厅跌倒了怎么办

如果客人在餐厅跌倒，餐厅服务员应主动上前扶起，安置客人休息，要细心询问客人有无摔伤、碰伤，如果客人摔伤严重，服务员应马上与医院取得联系，并采取积极救助措施，事后，服务员要及时汇报，餐厅负责人要检查原因，引以为鉴，并做好登记，以备查询。

如何协助外宾使用中餐餐具

通常来讲，外宾对中餐餐具怀有新鲜、好奇的心理，虽然不会使用，也多愿尝试一下，特别是中国人所使用的筷子，更是许多外国人感兴趣的焦点，当外宾因不得要领而使用不得法时，服务人员千万不能站在一旁嬉笑，而应落落大方、热情主动地上前询问："What can I do for you?"经外宾同意后，服务员应取用一双备用筷子为外宾做正确的示范动作。

服务员在为外宾做示范讲解时，千万要注意：讲解一定要慢，动作要做得准确无误，如果可能，要用英语进行讲解。其次，服务员在进行示范夹菜时，不要用筷子夹客人盘中的菜肴(但在示范"片皮鸭"等菜肴的夹食方法时，可例外)，而应让客人自己夹食。

第四节 解决纠纷要冷静

解决餐厅与客人之间的纠纷，更是餐厅服务员的一项基本硬功，也是对服务员解决问题能力的一个考验，那么，餐厅服务员该如何迅速圆满地解决纠纷呢？

发现未付账的客人离开餐厅怎么办

一般来讲，进餐厅用餐，故意不付账的客人是很少的，如果服务员发现客人未付账便离开餐厅时，应该这样处理：

(1)餐厅服务员应马上追上前，有礼貌地、小声地把情况向客人说明，并请客人补付餐费。

(2)如果客人与朋友在一起，应请客人站到一边，再将情况向客人说明，这样做的目的，既可以照顾到客人的面子，也不至于使客人难堪。在整个过程中，服务员一定要注意礼貌问题，如果粗声大气地质问客人，有可能使客人反感而不予承认，给服务员的工作带来更大的麻烦。

有人在餐厅打架、闹事怎么办

餐厅是社会的一部分，在来就餐的宾客中，不能否认有极少部分社会上的不良分子，他们可能由于某些纠纷，在餐厅打架闹事。在遇到这种情况时，服务员应给予劝告并立即报告上司，请上司出面处理。如果他们不听劝告而继续闹事，则马上报告餐厅保安部，事件严重的还要即刻报告公安部门，请公安人员采取适当措施，以维持餐厅的秩序。

服务员在劝告闹事双方时应注意的是，劝告时的言语应冷静，不要介入纠纷之中。一般来说，打架闹事的人多出于一时冲动误会，即使故意有目的而斗殴，亦没有不怕死和喜欢打架的人，如果给予其适当的“台阶”，大多闹事者会走下“打架之台”。劝阻与制止打架，不但是为打架双方安全着想，也是为餐厅安全和名誉着想，更是为大局着想。万一打架者是冲着捣乱而来，服务员更应保持冷静，以免中了不良分子的圈套，要注意保存现场，以便待民事案件开庭审案时作证。

餐厅收市时间已过，但客人仍在用膳怎么办

餐厅收市时间已过，服务员千万不能催促客人，也不能因为忙于做收餐准备而忽略了接待工作，这样会影响餐厅的服务质量。这时，服务员应主动检查客人点的菜是否到齐，并且提供快捷服务，待客人所有菜到齐后，要询问客人是否需要增加菜或是否需要甜品水果等。最后，应礼貌地请客人先结账，客人结账之后，餐厅要留下人来为客人服务，其他员工可以先行下班。

客人自带食品要求给予加工怎么办

客人自带菜肴到餐厅加工是常见的事，餐厅服务员绝不能拒客人于门外，而应尽量满足客人的要求，但要向客人说明餐厅的规定，适当收回工本费。同时，应当着客人的面对其所带食品的质量进行鉴定，以免加工后客人提出品质方面的异议。

客人要向服务员敬酒怎么办

客人为感谢服务员周到细致的服务，往往要敬服务员一杯酒，遇到此情况，服务员应婉言谢绝。服务员可以主动上前服务，如用撤餐具、加茶水等工作避开客人注意力，又不使客人难堪；也可以借故为其他客人服务，婉言推托客人的敬酒。如果非敬不可，服务员在工作期间也不能喝酒，可以以茶代酒或以水代酒。

在服务中，服务员心情欠佳怎么办

天有阴晴，月有圆缺，人的心情也有起有伏，这是自然正常的事。但一个真正优秀的服务员，应在上班时理智地控制自己的心情，尽量不在工作中表露出来，更不会在工作中发泄。应该要求自己继续脸带笑容，给客人留下愉快的印象。从心理学上讲，心情是可以适当控制的。而能良好有效地控制好自己的情绪，是一种有修养的表现，如果服务员万一真是难以自控，可向上司申请休息。

第五节 面对投诉要虚心

客人是带着一定的需求来就餐的，而餐厅正是解决这些需求的，当客人觉得不能满足他的需求时，客人就会产生不满情绪，而最终导致投诉。面对投诉，餐厅服务员首先要认真分析客人投诉的原因，然后予以迅速而妥善地解决处理。

产生投诉的原因通常有三个方面。

为客人提供食品或饮料服务不及时会引发投诉

餐厅为客人提供食品或饮料服务不及时。在餐厅里，无论是单独就餐的客人，还是款待亲朋的主人，都不愿长时间地等待。通常来说，第一杯开胃酒服务员应在客人下订单后3分钟内提供，接下来，餐厅服务员要在5分钟内供应头盘，以后每道菜的服务，其间隔也不应超过2～3分钟，如果客人的等待超过5分钟，那么，客人还尚可忍耐，但客人如果等待已长达10分钟以上还没有服务员前来关照，那么，这时提出的投诉将很严重。

同样的道理，客人既不愿长时间等待，也不愿被催逼着用餐，因此，上菜太快也是失礼的行为，特别是西餐的宴会服务，客人喜欢用完一道菜肴后，下一道菜肴刚好制作完毕奉上，这样既可保持菜肴热度，又可保持菜肴的新鲜。如果一道菜刚开始享用，下一道菜就已摆在服务桌上，客人常常会非常反感。当第一道菜提供给客人时，客人很可能为挑剔菜的热度或质量而提出投诉，为此，餐厅的厨房应该与服务员和客人之间保持联系与默契。

食品和饮料质量不佳引发投诉

质量的含义因人而异。美食家则要求食物质量完美无缺，所有配料必须新鲜，而不可以是罐头或冷冻食品，汤必须是新鲜烹调，蔬菜只炒到嫩绿。

他们只会光顾那些符合严格质量标准的餐厅，而绝大多数客人没有这么高的要求，他们对质量的要求会根据菜肴的价格而浮动。但无论如何，他们都要求菜肴的色、香、味、形俱全，且食物原料新鲜。如果这些最基本的要求不能达到，客人就会提出投诉，相反，如果某个菜肴的菜量过大，客人也未必满意，他们会觉得菜肴的装盘不美观，或另一个菜比这个菜少等。酒和饮料的质量不佳也会引起投诉，例如，葡萄酒由于储存不当而变质，鸡尾酒调制比例不当而口味不佳等。通常遇到这类投诉，只要更换后的酒令客人满意，投诉就解决了，但如果更换后仍有质量问题，客人就会很不满，甚至不再享用此种酒或饮料。

服务员的服务态度令客人不满会引发投诉

前两类投诉，餐厅是比较容易解决的，只要投诉不超过就餐人数的2%，一般不会造成不良影响，但是，如果由于服务员的服务不周到，或者服务员的服务态度令客人不满而引起投诉，那么，这类投诉就不太容易解决了。

任何客人对服务质量都会有一定的要求，服务员的行为和态度极大地影响了客人对餐厅的看法和对服务的满意程度。服务员在工作中不但应敏捷、有礼貌，而且要善于观察和了解客人的需要，要老练服务、善于应付。否则，服务就会出现纰漏，导致客人投诉。

在客人的潜意识中，他们普遍有一种要享受特权的愿望，这种特权表现在"我是客人，我需要你为我提供服务，我有权享受服务"等。如果服务员用友好、热忱的态度对待客人，客人的这种特权愿望就得到了满足，如果服务员没有笑容，表现出不耐烦，或对客人的提问及要求不愿理睬，那么，必然导致客人觉得没有享受到被服务的权利，感情受到伤害。在这种情况下，任何一个小小的服务过失，都会导致客人的投诉。这种情况有时让人觉得小题大做，但研究起来还是事出有因的，甚至客人会直接投诉服务员的态度不好，服务不周到。而这种投诉恰恰是餐厅经理最不愿接受的，因为它较前两种投诉更难解决。

其他类型的投诉问题

餐厅的环境、餐具的卫生、品种的欠缺、音响设备、灯光照明等，亦有可能成为客人投诉的对象。因此，餐厅在客人投诉发生之前，就要做好准备，防患于未然，把客人投诉减少到尽可能低的限度，这也是餐厅招客生财之道。

(1)餐厅服务员将客人所点菜肴与其所在席位号搞错，最终出现服务员所上菜肴与客人事先所点菜肴不符，引起客人极大不快。

(2)宴会部主管在客人订餐时，没有问明订餐赴宴者是否要在正餐前安排鸡尾酒或其他有关活动，未能满足客人的要求，十分扫兴，造成客人不满和投诉。

(3)宾客订餐或宴会订餐，没有存档记录，或没交代人去办好，更没有按时提供客人的订餐要求，从而造成客人的极大不满和投诉。

(4)在客人点的菜肴中发现有其他外来脏物，会引起客人的强烈投诉。

(5)当客人只是被告知，他们所点的菜肴由于某些原料暂缺，一时不能提供，但是客人并没有再次被照顾或提供服务，也没有被问明或被建议再改点其他菜肴，而服务员又忙于服务其他客人，再也没有第二次回来为客人点菜，这是对客人极度不尊重的，更是与餐厅礼仪背道而驰的，客人被置于无人服务的冷遇境地，自然会产生不满和投诉。

(6)由于服务员的服务不认真，向客人提供不干净的酒杯、饮料杯、餐盘或其他不干净的餐具等，引起客人的不快和投诉。

(7)餐厅服务员忘记问明客人是否需要酒水、饮料，从而使客人感到自己是不受欢迎和低消费的客人，让人看不起，因此，引起客人的极大不快而投诉。

(8)餐厅服务员或清桌员没有认真、洁净地清桌，以至于餐桌上仍然留有菜点、脏物、汁酱、面包屑等。这种情况也会引起客人的投诉。

(9)餐厅服务员没有按着客人所点的菜肴标准和项目上菜，最后引发客人投诉，客人甚至拒付费用以示不满。

(10)餐厅服务效率低，即没有向客人提供快速敏捷的服务。如厨房厨师不能按时出菜，或者是由于餐厅服务员较少、客人较多，客人所点的菜久等不能上桌，因而引起客人的投诉。

(11)服务员的送餐服务怠慢。送餐服务也有服务效率问题。客人用电话在客房内点菜肴用餐，一般来讲，从客人电话点菜开始，送餐服务效率标准限定的时间为：早餐30分钟，午餐35分钟，晚餐35分钟。超出服务效率限定时间，则被列为冷遇客人或低劣服务。

(12)厨房备料员没有及时通报当班厨师有关食品原材料的变化和短缺问题，而厨房又未通知厅面：这就出现了一线餐厅服务员与后台厨师之间的脱节，造成客人所点的菜肴要不断更换，甚至更换两次以上仍未能如愿。其结果是客人在餐桌席位上久候菜点不能到桌，想要的又没有，有被愚弄之感，客人的情绪低落或激怒，最后不满、抱怨和投诉，甚至失去对该餐厅的信心，不愿再光顾。

(13)在客人的就餐视线之内，清桌员或服务员没有将豪华的银器与餐桌桌布分开整理，而是将它们一起丢进垃圾室，这会让客人怀疑自己正使用的餐巾与桌布的卫生程度，这种杂乱无章的做法也会引起客人的不满而投诉。

(14)在客人就餐服务过程中，或因操作不当将客人的酒水饮料斟得过满而溢出杯外，或碰撞客人，或酱汁滴于客人身上，或上菜落台声音过重，或态度不好等，都会引起客人不满而投诉。

要进一步地归结产生以上投诉现象的原因，则可以说是饭店的经营运作出了问题：饭店内部的任务信息、环境信息、团队合作信息、资源信息的沟通渠道受阻或缺乏。

餐厅如何处理客人投诉

有关处理、解决宾客投诉的最佳方案，世界饭店酒店业，特别是一些国际饭店基本是一致的，大同而小异。他们的经验颇值得我们借鉴与学习。处理宾客投诉，一定要遵循以下六项基本原则。

第一条原则是：承认宾客投诉的事实(Get the Facts)。为了很好地了解宾客所提出地问题，餐厅主管必须认真地听取客人的叙述，使客人感到酒店管理者十分重视他的问题。倾听者要注视客人，不时地点头示意，让客人明白“酒店的管理者在认真听取我的意见”，而且听取客人意见的人要不时对客人说：“我理解，我明白，一定认真处理这件事情。”为了使客人能逐渐消气息怒，餐厅负责人可以用自己的语言重复客人的投诉或抱怨内容，若遇上的是认真的投诉客人，在听取客人意见时，还应做一些听取意见记录，以示对客人的尊重及对反映问题的重视。

第二条原则是：表示同情和歉意（Sympathize and Apolo gize）。首先你要让客人理解，你是非常关心他的。如果客人在谈问题时表现得十分认真，作为餐厅的负责人就要不时地表示对客人的同情，如“我们非常遗憾，非常抱歉地听到此事，我们理解你现在的心情……”等等。假若餐厅对客人提出的抱怨或投诉事宜负责，或者餐厅将给予一定赔偿，这时酒店就要向客人表示歉意并说：“对不起先生，我们非常抱歉，我们将对此事负责，感谢你对我们餐厅提出的宝贵意见。”

第三条原则是：同意客人要求并决定采取措施（Agree and Act）。作为餐厅负责人，你要完全理解和明白客人为什么抱怨和投诉，同时，当你决定要采取行动纠正错误时，你一定要让客人知道并同意你采取的处理决定及具体措施内容。如果客人不知道或不同意你的处理决定，就不要盲目采取行动。首先，你要十分礼貌地通知客人，你将要采取的措施，并尽可能让客人同意你的行动计划，这样你才会有机会使客人的抱怨变为满意，并使客人产生感激的心情。

第四条原则是：感谢客人的批评指教（Thank the Guest）。一位明智的餐厅负责人会经常感谢那些对酒店服务水平或服务设施水准提出批评指导意见的客人，因为这些批评指导意见、抱怨甚至投诉，会协助餐厅提高自身的管理水平和服务质量。假若客人遇到不满意的服务，他不告诉酒店，也不做任何投诉，但是他会讲给他的朋友们，这样就会极大地影响餐厅的未来客源市场，进而影响了餐厅的声誉。为此，当餐厅遇到客人的批评、抱怨甚至投诉的时候，不仅要欢迎，而且要感谢客人。

第五条原则是：快速采取行动，补偿客人的投诉损失（Act Promptly）。当客人完全同意你作为餐厅负责人所采取的改进措施时，你就要立即行动，一定不要拖延时间，耽误时间只能进一步引起客人不满，此时此刻，时间和效率就是对客人的最大尊重，也是客人此时的最大需求，否则就是对客人的漠视。

第六条原则是：要落实、监督、检查、补偿客人投诉的具体措施（Follow Up）。处理宾客投诉并获得良好效果，其最重要的一环便是落实、监督、检查已经采取的纠正措施。首先，要确保改进措施的进展情况，再者，要使服务水准及服务设施均处在最佳状态。最后，再问明客人的满意程度。一般来说，对待投诉客人的最高恭维莫过于对他的关心，许多对酒店怀有感激之情的客人，往往是那些因投诉问题得到妥善处理而感到满意的客人。

注意维护餐厅的外在声誉

投诉的客人的最终满意程度，主要是取决于对他公开抱怨后的特殊关怀和关心程度。另外，餐厅里所有管理人员和服务员也应确信：客人，包括那些投诉的客人，不但是有感情的，也是通情达理的，酒店的广泛赞誉及其社会名气是来自酒店本身的诚实、准确、细腻的感情及勤奋服务。

尤其值得一提的是，在处理投诉的过程中，我们会遇到不同类型的客人，那时应当随机应变、灵活处理。例如，处理发怒型客人投诉一定要保持冷静，态度要沉着，要诚恳，语调要略低，要和蔼、亲切，因为你的举动激烈会更影响客人。你要让客人慢慢冷静下来。一般来讲，发怒型客人平静下来的时间需要 2 分钟左右，在这段时间里，主要听取客人述说问题；再则就是表示歉意。在客人平静下来以后，他自然会主动要求你谈谈处理意见，这时要让客人得到安慰和适当补偿，一般都可以解决问题。

为了更好地处理客人的投诉，无论是餐厅负责人，还是餐厅服务人员，不但要掌握以上原则与顺序，还应不断地进行礼仪礼节训练，建立信心的训练，处理危机的训练，及改进错误的训练，只有这样，才能持续不断地提高客人对餐厅的满意程度。

第六节　托盘服务见硬功

托盘是餐厅运送各种物品的基本工具。餐厅里的各种餐具、饮品、食物等无不用托盘运送。正确有效地使用托盘，不仅是每个餐厅服务人员的基本操作技能，更是餐厅礼仪的重要体现形式。餐厅服务员使用托盘，不但可以减少搬运餐饮物品的次数，也可以提高餐厅的服务质量和工作效率，规范餐厅服务工作。餐厅服务员使用托盘的最大好处是，讲究卫生，保持安全平衡、汤汁不洒、菜形不变。那么，餐厅的托盘服务有什么样的礼仪要求呢？

餐厅托盘的种类及用途

作为餐厅服务员，首先要了解托盘的种类及用途：托盘有木质、金属（如银质、不锈钢等）以及胶木防滑托盘。根据用途的差异，托盘又分为大、中、小三种规格，其形状有方形、长方形或圆形等。长方形托盘有不同规格，一般分为大、中号，一般用于托运菜点、酒水和盘碟等较重物品；圆形托盘根据直径不同，分为大、小两种，大圆形托盘一般用于斟酒、展示饮品、送菜、分菜、送咖啡冷饮等，小圆形托盘主要用于递运账单、信件、收款等。餐厅服务员在运送物品时，应选择大小与所负载的物品相称的托盘。除防滑托盘外，使用托盘时须用专用的垫巾垫在其内，以防物品在运送过程中在托盘内滑倒。

轻托盘的正确操作方法

托盘方法按承载重量分轻托和重托两种：轻托就是托送比较轻的物品，或用于上菜、斟酒时的操作，所托重量一般在5公斤左右。轻托一般在宾客面前操作，因此，服务员在操作过程中的熟练程度、优雅水平等成了餐厅礼仪水准高低的重要标志之一。

轻托一般多用中、小型托盘，其操作方法和礼仪要求如下：

(1)关于怎样“理盘”问题。餐厅服务员要根据物品的体积和使用先后合理安排，以安全稳妥、便于运送和取用方便为宜。托盘的主要技巧是把托盘拿平，并在托运过程中随时保持托盘的平衡。为了能够使托盘保持平衡，托盘上各种物件的摆法便有了许多讲究：盘内的物品宜摆放整齐，横竖成行。在几种物品一同装摆时，一般是重的、高的物品放在托盘的里档，轻物、低物放在托盘的外档；先上桌的物品在上、在前，后上桌的物品在下、在后。盘内物品的重量分布要均衡，这样托盘才能安全稳妥，此外，全体餐厅服务人员的托盘运送服务要有条不紊地进行。

(2)关于怎样“起盘”问题。餐厅服务员在托盘服务过程中，轻托一般要用左手，方法是左手向上弯曲，小臂垂直于左胸前，肘部离腰部约15厘米，掌心向上，五指分开，以大拇指端到手掌的掌根部位和其他四指托住盘底，手掌自然形成凹形，掌心不与盘底接触，平托于胸前，略低于胸部。起盘时，应左脚朝前，把左手肘放到与托盘同一平面上，用右手轻轻地、慢慢地把托盘放到左手上，而托盘的部分仍留在原来所在的平面上。还可以伸平左手和左肘，把整个托盘放在左手和左肘上，用右手调整托盘上各种物件的位置，确保托盘安全平衡。总之，服务员端托盘要严格按照操作规范进行，即使是端轻的、小的托盘，也要慎重对待。如果用大拇指按住盘边、以另外四指托盘底，这样的起盘方法是对工作轻率和对宾客不礼貌的行为，更是违反托盘操作规范的，这一点需要在自己的实际工作中加以克服与避免。

(3)关于怎样托盘“行走”问题。服务员托盘行走时要头正肩平，上身挺直，目视前方，脚步轻快稳健，精力集中，随着步伐移动，托盘会在胸前自然摆动，但须以菜汁、酒水不外溢为限。

(4)关于怎样“卸盘”问题。服务员到达服务的目的地后，要把托盘小心翼翼地放到工作台上。需要注意的是，如果服务员在没有放好托盘之前就急于取下上面的东西，那样做容易造成托盘打翻、物品落地的后果。

总之,餐厅服务员用轻托的方式给宾客斟酒时,其要领是:要随时调节托盘的重心,勿使托盘翻掉而将酒水泼洒在宾客身上;随着托盘内物品的不断变化,重心也要不断调整,服务员的左手手指应不断地移动,以掌握好托盘的重心;卸下的盘碟要按装盘的要领合理摆放在托盘内,碟内的剩余物品要集中摆放在一起。

重托盘的正确操作方法

重托是托载较重的菜点、酒和盘碟的方法,所托重量一般在 10 公斤左右。重托的托盘常与菜肴接触,易沾油腻,餐厅服务员在使用前,要仔细检查和擦洗。

重托的操作方法和礼仪要求是:餐厅服务员要用双手将托盘的边移至工作台外,用右手拿住托盘的一边,左手伸开五指托住盘底,待掌握好重心后,用右手协助左手向上托起,同时,服务员的左手在向上屈臂时,应向左后方旋转 180°,擎托于肩外上方,做到盘底不搁肩,盘前不靠嘴,盘后不靠发,右手或自然摆动,或扶住托盘的前内角,并随时准备避开他人的碰撞。

重托要求上身挺直,两肩平齐,行走时步履轻快,肩不倾斜,身不摇晃,遇障碍物让而不停。起托、后转、行走、放盘时要掌握重心,保持平稳。动作表情要轻松自然。重托时,装载要力所能及,不要在托起后随意地增加或减少盘内的物品,放托盘时,要屈膝但不能弯腰。

目前,在我国的大饭店里,一般不用重托盘,而是多用小型手推车递送重物,这样既安全又省力。尽管如此,重托仍作为许许多多大饭店服务员的基本技能和基本礼仪加以训练,以备使用。

餐厅服务人员在熟练地掌握托盘操作技能和基本礼仪的基础上,必须养成使用托盘的良好习惯,不允许将托盘随意地放置在宾客的餐桌和座椅上。当托盘不使用时,服务员必须按照餐厅的标准和要求将其放在指定的位置,不可到处闲置。要时刻保持托盘的清洁卫生,营业结束后,要统一收齐,并交洗碗工清洗、消毒、保管。

第七节　端盘礼仪要苦练

在餐厅的日常服务工作过程中,进行训练有素的托盘端盘服务,不但是餐厅服务员的重要工作之一,也是餐厅服务员为客人传送菜点、酒水、餐具、账单的好助手,更是餐厅礼仪训练的一项不可或缺的工作内容。那么,单单从托盘与端盘——作为餐厅服务员的重要礼仪这方面的一项工作内容角度看,应该如何加以培养与训练呢?

托盘端盘的礼仪程序

餐厅使用的托盘，大多是塑胶、金属或木制品，从托盘的形状看，主要分方形托盘和圆形托盘两种，从托盘大小来看，要分大、中、小等多种。一般来说，大方盘和中方盘，用于装运菜点、酒水、收运餐具和盆碟等重的器具。小方盘和大圆盘，一般用于摆位、斟酒、上菜、上饮料等。中小圆盘也可以用于上菜、斟酒等。小银盘主要用于为客人递送账单、收款、递信等。

作为餐厅服务员，要根据不同的物品，用不同的托盘装运、递送，这样做的目的有利于餐厅工作的规范化及服务质量的提高。

餐厅服务员在为客人进行托盘端盘服务时，整个工作过程可分：理盘、装盘、托盘、行走、卸盘五步曲，按着服务员托盘端盘的方式，可分为胸前托法和肩上托法这常见的两种。

服务员使用胸前托法的礼仪

胸前托法多用于圆盘，也是餐厅服务中最常见和最普遍的托法，使用胸前托法有利于保护、便于工作的优点。胸前托法的礼仪要点是：餐厅服务员用左手托盘，上臂自然下垂，下臂向前方与上臂成 90°角垂直，手掌五指自然张开向上，指实而掌心虚，托盘中心置于其上，让五指尖及掌根作较大受力面积托住托盘，保持整个托盘与水平面平等。餐厅服务员在托盘行走时，应提腰，目平视，另一手可放于背后，如果托物过重，则可用右手于前相扶。

服务员使用肩上托法的礼仪

餐厅服务员使用肩上托法，与胸前托法一样，多用左手。使用肩上托法的礼仪要点是：左手向上弯曲，手肘离腰部约 15 厘米，小臂与身平等，掌心折掌向上，掌略高于肩 2 厘米，五指自然分开，大拇指指向左肩，其他四指向左上方分开，用五指和掌根掌握托盘的平衡，力分五指尖和掌根，并使重心始终保持落在掌心稍里侧。这样，即使被他人碰撞或发生其他特殊情况，可随即下贴于胸前，或抽右手相扶，以防止泼洒。餐厅服务员使用肩上托法的优点是行走起来，显得干净利落、高雅有礼、风度翩翩。

服务员托盘端盘应注意的事项

(1)根据所托的物品选择好托盘，洗净擦干，对于非防滑托盘要视具体情况，在盘内垫上洗净的餐巾或专用盘垫布防滑，所用垫布要用清水打湿拧干，铺平拉挺，垫布四边与盘底齐。

(2)服务员要根据物品的体积和使用的先后进行合理装盘。在几种不同物件同时装盘时，较重的摆在里档，较轻的摆在外档，流汁菜摆在盘中，成形菜摆在两头或四周。此外，先用的物品摆在前，后用的物品摆在后。

(3)将托盘托起时，先用双手将盘子一头拖至搁台外，保持托盘边有15厘米搭在托盘台上，把手掌放开，托在托盘底部，掌心位于底部，另一只手握着托盘边。如托盘较重，则先屈膝，双腿用力使托盘上升，然后用手掌稳稳地托住盘底。

(4)托盘行走要留意周围，以免发生意外碰撞。特别在托盘穿门时，是左开的则用右手托盘，这样使得另一只手易于开门，而且可保护托盘，但如果左右手托不动托盘，则不要勉强。行走中如需急停，要学会消解惯性力，当人行走时，托盘及盘中物已形成一股向前的惯性冲力，突然静止，则物品可能飞离托盘或一时使托盘失去平衡，因此，可在急停时顺手向前略伸减速，另一手及时相扶即可稳住。还有，服务员托盘端盘时要量力而行，不要一次拿得太多，宁可多端几次，也要保证安全第一。

餐厅服务员在卸盘时的礼仪

若是轻托，服务员在卸盘时，左手托盘的要注意保持平衡，用右手取物件上台，或直接递给宾客，当然，某些场合和某些物件，也可用托盘将所托之物递与宾客自取。当盘中物件减少，使得重心不平衡时，服务员要随时用右手进行调整。若是重托，服务员必须先将托盘放在落菜台上，或放在其他空桌上，然后再用双手为你所服务的客人恭恭敬敬地端送菜盘上的菜肴或其他物品。

服务员端托行走的步伐礼仪

端托行走是指餐厅服务员在为客人服务时的托盘、端盘行走，端托行走是保证端托质量的重要一环，它的要求是：上身挺直，略向前倾，视线开阔，动作敏捷，精力充沛，步伐稳健，精神饱满。

端托行走时常用的五种步伐。常步：即使用平常行进的步伐，要步距均匀，快慢适宜。快步：快步的步幅应稍大，步速应稍快，但不能小跑，以免泼洒菜肴或影响菜形。主要用于端托需要热吃的菜肴，如：锅巴肉片、咖喱煲、铁板牛肉、松鼠鳜鱼等。因为这样的热菜上迟了会影响菜肴的风味和质量。碎步：碎步就是使用较小的步幅，以较快的步速行进，主要适用端汤，使用这种步伐可以保持上身平衡，避免汤汁溢出。垫步：垫步是一只脚在前，一只脚在后，前脚进一步，后脚跟一步的行步方法。此种步伐，一是在穿行过窄的过道时使用，或是在行进中突然遇到障碍时需减速使用。跑楼步伐：跑楼步伐是上菜服务员端托上楼时所使用的一种特殊步伐，其礼仪要求是身休向前弯曲，重心前倾，一步紧跟一步，不可登一级停一下。

第八节　餐巾礼仪作用大

餐巾在餐厅的礼仪作用巨大，千万忽视不得。由于餐巾在美化席面、烘托宴席的气氛、保持清洁卫生等方面起着很重要的礼仪作用，因此深受中外宾客的欢迎，如今，餐巾的使用日益广泛，现已成为宴会酒席中不可缺少的既有欣赏价值又有实用价值的摆设。作为餐厅服务员必须认真练习，掌握好餐巾折花这项基本功夫。

餐巾折花是餐厅服务的基本礼仪

餐巾亦称席巾、口布、茶巾、花巾等，它是餐厅宴会、散餐及家庭餐桌上使用的卫生用品。餐巾折花，就是服务人员通过艺术创造，将餐巾折成各种动、植物形态，插摆在酒具、盘碟中供人欣赏。

随着国际交往的发展和人民生活水平的提高，餐巾花已被广泛用于筵席、酒吧、橱窗、家宴等场合。餐巾花不但具有美化席面，卫生保洁的作用，还可突出主题，寓意于花。如在宴中设置一只“友谊花篮”，表示主人对来宾的热烈欢迎，象征着双方的友谊永固。而主人席上的“和平鸽”则可表示中国人民热情友好，爱好和平。在结婚筵上，放上“鸳鸯”、“喜鹊”、“花环”等，可表达对新人的美好祝愿。在祝寿贺宴上，摆放“寿桃”、“仙鹤”等餐巾花，可令寿星们心舒气爽、兴致勃发。又如在禽宴上摆设形态各异的飞禽折花，在鱼宴上摆放造型逼真的金鱼折花，在蟹宴上采用姿态各异的螃蟹折花等，均可起到烘托主题，寓意于花的效果。此外，独特的不同的餐巾花形及摆设，可以标志主宾的席位，宾客一步入餐厅就可以从不同的花形中辨认出自己的位置。

餐巾折花是餐厅服务基本技艺和基本礼仪之一，亦是餐厅服务员的一项基本功，许多餐厅、宾馆、酒店都把它作为提高服务质量的重要内容，当然，要掌握餐巾折花这一本领，主要还靠实践。

餐巾的礼仪作用

餐巾在餐厅里所起的礼仪作用有以下四个方面。一是清洁卫生的作用：餐巾是一种卫生用品，一般来说，宾客就餐要把餐巾衬在胸前或放在膝盖上，一方面可以用来擦嘴，另一方面也可防止汤汁油污弄脏衣服，清洁卫生。二是美化席面作用：餐巾折花能美化席面，餐厅服务人员用灵巧的双手精心折叠，可把小小的餐巾折叠成栩栩如生的鱼、虫、鸟、花等形形色色、惟妙惟肖的实物造型，摆在餐桌上，既可起到点缀美化席面的作用，又能给酒席宴会增添热烈欢快的气氛，给宾客以一种美的享受。三是增进宾主之间的感情的作用：餐巾折花，还可以其无声的形象语言，表达和交流宾主之间的感情，有着独特的媒介作用。四是体现宴会的规格与档次的作用：餐厅的餐巾能够标明宾主的座次，能够体现宴会的规格与档次。

餐巾的种类与规格

作为餐厅里的餐巾，其质地一般与桌布差不多，有全棉的和亚麻的等几种。餐巾的大小规格各地不尽相同，一般以50～65厘米见方较为适宜。餐巾的色彩可根据餐厅主题风格和主体色调选用，两者力求和谐统一。

例如，白色餐巾给人以素雅整洁之感，有助于调节客人的视觉和安抚客人的情绪。如今，在一些有名气的大饭店，所使用的桌布和餐巾布，大多数是用白色丝光提花布制成的，用这种白色餐巾折叠出的餐巾花，图形雅致漂亮。彩色餐巾有暖色调和冷色调之分，例如像玫瑰红、粉红、橘黄色、鹅黄色等暖色调能充满喜庆色彩，给人以富丽堂皇、兴高采烈之感，能从侧面刺激人的食欲。而浅绿色、淡蓝色等冷色调则给人以清新凉爽之感，如果与有一定主题的餐饮促销活动相配合，一定能起到恰如其分的效果。

目前，中餐宴会还流行一种双色餐巾折花，即将两种不同颜色，通常是浅暖色调和浅冷色调搭配的餐巾折成一高一低的花型，一起插入杯中，这样更能体现宾主的身份和宴会接待的高规格和高档次。当宾客进餐时，两块不同色调的餐巾有不同用途：一块放置在客人的餐具的旁边，做清洁嘴角和双手，一块铺于客人的膝上。

餐巾花的图形与种类

餐巾折花的造型可谓丰富多样。按折叠方法与摆设工具的不同，可将餐巾折花分为杯花、盘花和环花三大类。杯花：即将折好的餐巾花插入饮料杯或葡萄酒杯中，从杯中取出后即散形；盘花：即将折好的餐巾花放在桌面或餐盘中，盘花图形完成后不会自动散开，因为它一般都有一个较大的接触面；环花：是将餐巾平整卷好或折叠形成一个尾端，套在餐巾环内，这种餐巾环有银制的、象牙制的、骨制的等，有的环上还有纹饰和徽记。此外，餐巾环也可用色彩鲜明、对比感较强的丝带或丝穗代替，例如在餐巾卷的中央系成蝴蝶结状并配以小枝鲜花。餐巾环花通常放置于衬碟或面包盘上，它的特点是传统、雅致、简洁、明快。

在餐厅日常餐饮中，餐巾折花以盘花和杯花居多。目前，餐巾折花已向着图形简单、折法简便、清洁卫生方面发展。按造型的外观，可将餐巾花分为植物、动物、实物造型三大类。植物类造型：根据植物花朵折制的有月季、荷花、梅花、牡丹、水仙花等四季花卉的造型，按植物的叶、茎、果实造型的有荷叶、竹笋、玉米等品种。植物类花型变化多，造型美观，是餐巾折花品种中的一个大类。动物类造型包括鱼、虫、鸟、兽，其中以飞禽造型为主，如孔雀、鸽子、海鸥造型等。动物类图形有的塑其整体，有的取其局部，形态逼真，生动活泼，是餐巾折花中重要的一类。实物造型：此类花型是模仿日常生活中各种实物形态折叠而成的，例如，人们常见的有花篮、折扇等，这类花型在餐巾花中数量很少，目前的品种还不是太多。

餐巾花型的选择和应用

对于餐巾花型的选择和应用，一般应根据宴会的性质、规模、规格、季节、时令、来宾的宗教信仰、风俗习惯和宾主座的具体情况进行安排，还要根据餐桌桌面的摆设需要等因素来考虑方能取得布置合理、形状美观的效果，但总的原则是：根据宴会的性质确定花型的类别、总体图形特点；根据宴会的规模来选择花型，大型宴会可选用简单、挺括、美观的花型，小型宴会可以在同一桌上使用各种不同的花型，形成既多样又直观的布局；根据花式冷拼选用与之相配的花型；根据时令季节选择花型，用桌面上的花型反映出季节的特色，使之富有时令感；根据宾客身份、宗教信仰、风俗习惯和爱好来选择花型；根据宾主座位的安排选择花型，宴会主人座位上的餐巾花称为主位花，主位花要选择美观而醒目的花型，其目的是使宴会的主位更加突出。

餐厅餐巾花的摆设礼仪

餐厅插入杯中的餐巾花要恰当地掌握，插摆时应保持花型的完整，杯内部分也应线条清楚，插花时要慢慢顺势插入，不能乱插或硬性塞入，以防杯口破裂，插入后，要再整理一下花型，摆盘花要摆正摆稳，使之挺立不倒；主位花要摆插在主位，一般的餐巾花则摆插在其他宾客席上；摆插餐巾花时，要将其观赏面朝向宾客座位，适合正面观赏的花型，如孔雀开屏、和平鸽等，要将头部朝向宾客，而适合侧面观赏的花型，则要选择一个最佳观赏角度来摆放；如果同一桌摆放不同种类的花型时，要位置适当，将开头相似的花型错开并对称摆放，一般不宜将相同的花型摆在一起；各餐巾花之间的距离要均匀，餐巾花不能遮挡住桌上的用品，更不能影响服务操作。

第九节　餐巾折花讲技巧

关于餐巾折花的常见技艺

作为一项重要的餐厅礼仪，餐巾折花要讲基本技法和要领。餐巾花的折叠方法很多，但无论折叠哪种花型或采用哪种折叠方法，都有其共同的基本操作技法和要领。这些技法，概括起来可分为叠、推、卷、穿、攥、翻、拉、掰、捏九种。折叠不同类型的花型，须用不同的折叠方法，折叠时，或单独应用一种手法，或穿插应用几种手法。

(1)叠:最基本的餐巾折花手法,几乎所有折花都会用到,叠是折叠、堆叠的意思,就是将餐巾从中对折,一折二、二折四……做单层或多层折叠,折成正方形、矩形,或是斜折成三角形、菱形、梯形、锯齿形等几何图形,叠的要领是,熟悉基本图形,叠时要看准折缝和角度,一次叠成、避免反复,否则餐巾上会留下折痕,影响造型的挺括美观。

(2)推:折褶时应用的一种手法,就是将餐巾叠面折成褶。褶的开头使花形层次丰富、紧凑、美观。折褶时,用双手的拇指、食指分别将餐巾两头的第一个折褶,两个大拇指相对成一线,指面向外,两手中指按住餐巾,并控制好下一个折褶的距离。拇指与食指的指面要握紧餐巾向前推折至中指外,用食指将推折的褶挡住,中指腾出去控制下一个折褶的距离。三个手指只有如此互相协调配合,才能使所推折褶均匀整齐、距离相等。

折褶又可分直褶和斜褶两种,其折褶方法因此也有直推和斜推两种。直褶的两头大小一样、平等,用直推法即可。斜褶一头大一头小,形似扇状,斜面推折时,用一手固定所折餐巾的中点不动,另一手按直推法围绕中心点沿圆弧形推折,其指法基本与直推相同。推折的要领是:工作桌的桌面要干净光滑,否则推折时发涩,影响效果,折时拇指、食指紧紧握褶向前推,用中指控制间距,不能向后拉折,否则折褶距离大小不均匀。要求对称的折褶,一般应从根部分别向两边推折。

(3)卷:将餐巾卷成圆筒形并制出各种花型的一种手法。卷分为平行卷(直卷)和斜角卷(螺旋卷)两种。平行卷是将餐巾两头一起卷拢,操作时要卷得平直,两头大小一样,如树桩、海鸥等花形即用此法。斜角卷就是将餐巾一头固定,只卷一头,或是一头多卷,形成的卷筒一头大一头小,如鸟尾、姜芽等花型均用此卷法。卷的要领是:平行卷要求两手用力均匀,同时平行卷动,餐巾两头的形状要一样。斜角卷要求两手能按所卷角度的大小,互相配合卷。其实,不管用哪种卷法,都要求服务员在操作过程中卷紧、卷得挺括,否则就显得松软无力,容易弯曲变形而影响造型。

(4)穿:指用工具从餐巾的夹层折缝中边穿边收,形成皱褶,使造型更加逼真美观的一种手法。在穿之前,餐巾一般是打好折褶的,这样容易穿紧,使形成的皱褶饱满而富有弹性。穿的工具一般是筷子,服务员可根据花型需要确定所用筷子的根数。在穿的时候,服务员的左手要握住折好的餐巾,右手拿筷子,将筷子的一头穿进餐巾的夹层折缝中,另一头顶在自己身上,然后用右手的拇指和食指将筷子上的餐巾一点一点往里拉,直至把筷子穿过去。

穿好后,要先将折花插进杯子,再把筷子抽掉,否则已经穿好的皱褶容易松散。另外,有的花型在穿之前不要折褶,而将筷子直接穿入,再将折巾从两头向中间挤压而成皱纹。这种"挤皱"的方法,常用来折制花的卷叶,穿挤时只需将餐巾用筷子卷起，两头向中间一挤即成。穿的要领是：穿用的工具要光滑、洁净，拉折要均匀，如“孔雀开屏”的花型需双层穿裥时，应先穿下层、再穿上层，两层之间的皱褶才不易被挑出散开。

(5)攥：指为了使叠出的餐巾花半成品不易脱落走样。在“攥”的时候，服务员一般是用左手攥住餐巾的中部或下部，然后再用右手操作其他部位，而攥在手中的部分不能松散。

(6)翻：指在折制过程中，将餐巾折、卷后的部位翻成所需花样。一般是将餐巾的中角从下端翻折至上端、两侧向中间翻折、前面向后面翻折，或是将夹层里面翻到外面等，以构成花、叶、蕊、翅、头颈等形状。翻的含义较广，餐巾折制过程中，上下、前后、左右、里外，只要是改变部位的翻折，均可称为翻，如将中角从下端翻折到上端，两侧向中间翻折，前而向后翻折，或将夹层的里面翻到外面等。

(7)拉：拉即牵引，这种折褶方式是在翻的基础上，为使餐巾造型挺直而使用的一种手法。如折鸟的翅膀、尾巴、头颈、花的茎叶等时，通过拉的手法可使折中的线条曲直明显、花型挺括而有生气。翻与拉一般都在手中操作，一手握着已折成初具形状的花型，一手将下垂的中角翻上，或将夹层翻边、拉折成所需的形状。在翻拉过程中，双手要配合好，松紧适度。在翻拉花卉的叶子及鸟类的翅膀时，要注意大小一致、距离相等、用力均匀，不要猛拉，否则会损坏花型。

(8)掰：掰的方法，一般用于花如月季花的制作。服务员在制作时，要将餐巾叠好的层次用右手按顺序一层层掰出花瓣，在“掰”的时候不要用力过大，掰出的层次或皱褶的大小距离要均匀。

(9)捏：捏的方法，主要是做鸟与其他动物的头所使用的方法。操作时，先用一只手的拇指和食指将餐巾巾角的上端拉挺做头颈，然后用食指将餐巾巾角尖端向里压下，再用中指与拇指将压下的巾角捏紧，并捏成一个尖嘴，作为鸟头，鸟的大小要根据鸟体、鸟翅的大小而定。

总之，巧妙折叠的各式餐巾不仅可以提高摆桌的装饰效果，而且还能起到衬托仪器、排列陈设的作用，例如：威尼斯小船形餐巾配煎鱼和时令水果拼盘，荷花图案餐巾配面包卷，或者做咖啡壶、烫手盛菜器的衬垫，童话“灰姑娘”的鞋配鲜花等。

餐巾折花的基本要求及基本要领

餐巾折花是以人工折叠方法，将餐巾折成各种象形、创意的一种技艺。基本要求是简单美观、形象、生动、各具特点。

简单美观，折用方便：餐巾折花不同于雕塑与绘画，无须烦琐的程序与复杂的工艺，它要求折制容易、简单美观、使用方便。如果折花过程过于复杂，一则不卫生，二则餐巾展开后皱纹过多也影响雅观。

造型生动，形象逼真：用餐巾折出的花鸟鱼兽等造型要求形似神随、简洁明了、不能粗糙马虎，或让人感到似是而非、牵强附会、张冠李戴，例如折“白鹤亮翅”，要让人第一眼就认出是鹤，而不应令人觉得既像鹤又像孔雀或其他，颇费猜疑。

各具特点，刻意求新：要使折花造型形态逼真，就应抓住对象的特点加以发挥创造，往往越简单的东西，模拟的难度就越大，因而要求餐厅服务员在折制时，不仅要熟悉各种折制技法，更要了解塑造对象的特征习性，要做到这一点，就必须深入生活、仔细揣摩、丰富想象、悉心钻研，这样才能推陈出新，创作出更形象、更生动的折花作品。

尽管餐巾折花的技法多种多样，但细究起来，也有一定的章法和要领。熟悉并掌握了这些规律和要领，就能举一反三、触类旁通，折叠出千姿百态的餐巾花来。

餐巾的基础折叠法，就是将餐巾初步折叠成形，为以后的折叠打下基础。基础折叠可分为正方折叠、长方折叠、长方翻角折叠、三角折叠、条形折叠、菱形折叠、尖角折叠、错位折叠、提取翻折法等十余种。掌握了基础折叠法，再经过局部加工，即可演变出多样花形。

正方折叠：将餐巾的中边平行相对，经过两次对折成正方形。这是一种较多使用的折叠方法，正方形在折叠过程中，用改变中角的翻折方法、数量和位置后再进行折叠，即可变化出多种花形来。

长方折叠：首先将餐巾平均折叠成长方形，然后折叠成形。长方折叠通常有两种方法，一是多层相叠成长方形，另一种是双层平摊成宽长方形。

长方翻角折叠：即将餐巾巾边平等相叠折成长方形后，再将巾角翻上的一种折叠法，巾角的翻折有平面翻角、双面翻角、交叉翻角等。通过变化折叠的层次、翻角的数量、角度的大小，从而变化出许多花形。如“牡丹花”就是通过长方翻角折叠变化而来的。

条形折叠：是将餐巾摊平直接折褶，或先对折后再折褶而成细长条形的一种折叠方法，条形折叠分平等折褶与对角折褶两种折法。

餐巾折花需注意的事项

要注意餐巾的选择：餐巾质地、色泽、规格的选择，应根据就餐的具体情况而定，若选用棉制品，则应经过浆洗、熨烫，这样折出的花形才能挺拔美观。浆洗的方法是，先将餐巾漂洗干净，再放入浆液中上浆，一般用一汤匙（约 25 克）淀粉（米粉、生粉均可），750 克左右冷水搅拌成奶白浆液，可浆洗 30 条餐巾。过浆餐巾须晾至八成干时再熨烫，熨烫要均匀、平整，以保持餐巾的挺括。

要注意清洁卫生:餐巾要讲究卫生清洁,客人有时要用餐巾来擦抹食器和指嘴,若餐巾或折花操作时不讲卫生,就会损害客人的健康。因此,经浆烫的餐巾一定要妥善保管,特别是夏季,由于温度、湿度都很高,餐巾极易变霉,所以,应将浆烫后的餐巾放在通风干燥处,以便随时取用。此外,在折花操作前,操作者要洗净双手,剪短指甲,戴胶手套,穿着干净的工作服。操作中不能用嘴咬餐巾,也不要多说话,以防唾沫玷污餐巾。

要准备好操作工具:操作工具选用得当,可以帮助操作者得心应手。因此,餐厅服务员除注意餐巾的选择外,还应注意筷子要圆滑干净,酒杯要清洁明净、大小适宜,操作桌要平整光洁等。

要选择好花型,力争一次成型:折餐巾花时,要对所取花型胸有成竹,并谙熟操作程序,折花的姿态要正确,手法要灵活,用力要得当,角度要算准,折褶要均匀,力争一次折成。如果不得要领,一再返工,则会影响折花的质量。

要注意餐巾花的禁忌。日本忌讳荷花图案,并认为梅花为不祥之花。英国忌用大象图案,认为大象是蠢笨的象征;还把孔雀当作淫鸟、祸鸟,连孔雀开屏也被认为是自我炫耀吹嘘。法国忌用黑桃图案;讨厌仙鹤图案,认为仙鹤是蠢汉和淫妇的代称。美国人讨厌蝙蝠,认为它是凶神恶煞的象征。意大利则忌用菊花,因为菊花盛开的季节是人们扫墓的时刻。埃及忌讳熊猫,因为熊猫的形体近似猪。

要注意保管好餐巾:餐巾每次使用后都要点数回收,及时浆洗熨平。保管时不可折叠存放,以防留下折叠印,影响折花,若能设专人保管则最好。

唯高博士餐饮文化理念

唯高博士语录：

餐饮传承文化，文化推动餐饮。

唯高博士餐饮文化理念

唯高博士语录：

文化与餐饮的结合是当代餐饮企业发展的唯一出路。

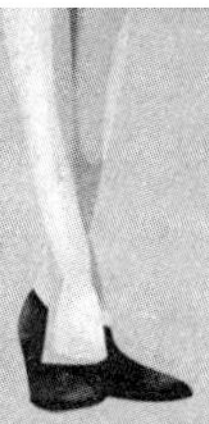

中餐的餐厅礼仪

中餐厅的建筑装潢突出中国民族风格，如何与中国传统菜肴有机结合，为顾客提供温馨而完美的服务，学问多多。

第一节　中餐风味甲天下

中国的烹饪艺术历史悠久，举世闻名。许多外宾来中国旅游的目的之一就是品尝地道的中国菜肴，并了解中国的饮食文化。

中国菜肴的突出特点

(1)原料丰富、品种繁多：我国丰富的特产资源为中餐烹饪提供了坚实的物质基础。常用原材料丰富多彩，时令原料层出不穷，稀有原料奇异珍贵。中国菜品种繁多，既有经济方便的大众便餐菜式，也有充满了浓郁的乡土气息的民间菜式等。

(2)选料严谨，因材施艺：中国菜对品种原料的产地、季节、部位、营养、卫生的选择十分讲究，而且往往根据原料各自的特点，有着不同的烹饪技法。

(3)刀工精湛，善于调味：中国烹饪的刀法有数十种之多，使菜肴千姿百态，各具特色。中国菜调料广泛，方法细腻，并突出原料的本味，使菜肴口味变化无穷。

(4)技法多样，注重火候：中国菜的烹饪技法变化多端，常用不同的燃料、不同的工具、不同的介质，并讲究火候，这样，使菜肴达到嫩而不生、透而不老、烂而不化的质量要求。

(5)盛器考究，艺术性强：美食和美器的完美结合，使中国菜更显雅致、完美和强烈的民族风格。精湛的刀工、和谐的色彩、美妙的菜名等，又使中国菜给人以文化的熏陶和艺术的享受。

中国菜的科学分类

我国地域辽阔，人口众多，不同的民族、不同的地理环境、不同的生活习惯，甚至不同的等级待遇等，都形成了不同的菜肴风味。按照地区、历史、风味等特点，中国菜可分为地方菜、宫廷菜、官府菜、素菜和少数民族菜等。

(1)地方菜：地方菜是中国菜的主要部分，它选用质地优良的烹饪原料，采用本地区习惯用的独特的烹调方法，制作出具有浓厚地方风味的菜肴，地方菜按地域可粗分为粤菜、川菜、鲁菜和淮扬菜等。

(2)宫廷菜：宫廷菜是我国历代封建帝王、皇后、皇妃等享用的菜肴。例如，为民间老百姓所熟知的“满汉全席”、“八珍御宴”等。

(3)官府菜：官府菜是历代封建王朝的高官为在官府中宴客，而网罗名厨、博采众长而形成的具有一定影响的菜肴，如“孔府菜”、“谭家菜”和“随园菜”等，都是中国古代颇具影响的官府菜。

(4)素菜：素菜是指以植物类食物和菌类食物为原料烹饪而成的菜肴。它是随着佛教的传入而得到促进和发展的，素菜在我国历史悠久，最早始于春秋，兴盛于唐宋。素菜分为“寺院素菜”、“市肆素菜”和“民间素菜”等。

(5)少数民族菜：少数民族菜又称民族风味菜，例如“回族清真菜”、“朝鲜菜”、“维吾尔族菜”、“蒙古族菜”等，少数民族菜是中华菜肴的一个重要组成部分。

第二节　烹饪技艺惊世界

中国烹饪文化博大精深，驰誉世界，所制菜点，美味可口，品种丰富。作为中餐厅的服务人员，下工夫了解一定的中华菜系知识，不但是确保中餐一流服务的重要前提，更是学习餐厅礼仪的重要组成部分。

关于中餐冷菜烹调的方法

(1)拌：拌又分生拌、熟拌、生熟拌，指将切好的生料或熟料，用调味直接拌和成菜的烹调方法。拌的菜肴一般有鲜嫩、凉爽、入味、清淡的特点，如：蒜泥白肉、黄瓜拌五香鸡等。

(2)腌：指以盐、酱、酒、糟为主要调味品，将加工的原料腌制入味的烹调方法，腌制的菜肴具有贮存、保味时间长、味透的特点，如：红糟鸡、酸辣椒、酸姜等。

(3)卤：是指将加工好的菜原料，用已调配的卤水以慢火煮熟成菜的烹调方法。卤的菜肴具有滋味醇厚、别具一格的风味特点，如卤水鹅、卤水牛、盐水虾等。卤又有南北卤的分法和白卤、红卤、清卤不同卤法。

(4)冻：古称水晶，是指用猪皮、琼脂(又称冻粉、洋粉)的胶质冷却、凝固原理，使原料成菜的烹调方法。冻的菜肴具有清凉爽口、滑润软嫩的特点，在夏季很受欢迎，如：水晶蟹肉、琼脂草莓、东北皮冻等。

(5)熏：将加工或腌味的原料，经煮、蒸、卤、炸等方法加热成熟后，放入有糖、茶叶、米等熏料的熏锅中加盖密封，利用熏料烤炙时散发的烟香熏至成菜的烹调方法，熏类菜肴具有色泽老红或深黄、咸香中带有烟香气而独具风味的特点，如：“金华熏腿”、“湖南腊肉”、“五香熏鱼”、“樟茶鸭子”等。

关于中餐热菜烹调的方法

(1)炸：指用食油的较高油温加热菜料成熟的方法。炸的菜肴具有外酥里嫩、外脆里嫩、干香或松嫩(用软炸糊或雪炸糊以油温炸制的菜肴)的特点。

(2)熘：是将加工、切配的原料经油、水或蒸汽加热成熟后，再用预先制好的芡汁熘成菜，或将调剂加热的芡汁浇泼在成熟的原料上的一种烹调方法。熘的菜肴具有脆鲜、滑嫩、色好、味香的特点。

(3)炒：即是将切配后的小型原料以旺火热底油快速翻炒，边翻炒边调味，使原料入味成菜的方法。炒的菜具有芡汁少或汤汁少、滑嫩柔软、清脆爽口的特点。由于加热迅速，成菜快，对原料的营养成分保持较好，因而大受欢迎。

(4)爆：是将无骨、脆嫩、小型的原料经热油、滚汤、滚水迅速加热成熟，然后即刻烹入芡汁（或配制调味）使之成菜的方法，如："油爆蚌片"、"油爆田鸡"、"葱爆羊肉"等。

(5)烹：是指原料加热成熟后，泼入无湿粉的芡汁，利用高温使芡汁部分汽化而渗入原料，并快速收干芡汁的一种烹调方法。烹类菜肴具有咸鲜滑嫩、清爽利口的特点，如：炸烹酥皮虾、滑烹鸡丝银芽等。

(6)烧：是指经初热处理的原料加适量汤、水和所需调味汁，以旺火烧滚，再用中、小火烧透入味，最后用旺火勾芡或收汁成菜的一种烹调方法。烧的菜肴具有芡汁较多、原料较嫩的特点。

(7)焖：是指经加工和初熟处理的原料，以较多汤水并调味后，用中、小火较长时间地加盖烧煨，使之原料熟入味的一种烹调方法。焖的菜肴具有汤汁浓稠、原料形状完整、酥嫩香软、口味醇厚、出菜时够热的特点，如：香芋焖鸭、红焖猪蹄等。

(8)扒：常指加工的原料经水烫、汽蒸或过油等方法初熟并调味处理后，再制芡汁或含有肉类或素料的芡汁和调料浇放在上面的一种烹调方法。扒的菜肴具有造型美观，色、香、味俱佳的特点，如：北菇扒菜胆、三鲜扒豆腐、油扒鲜菇等。

(9)蒸：指将加工、调味的原料，利用蒸汽传热成菜的一种烹调方法。蒸类菜肴具有原形原味、滋润的特点，如：清蒸海鲜、江南百花鸡、荷叶蒸水鱼、蒸粽子、豆豉蒸小白菜、酒蒸羊、蒜茸开边蒸小龙虾等。

(10)扣：是将加工或制成半成品的原料，经切配或整理后码在扣碗内，再加入汤料蒸至熟，然后倒扣餐具中，用原汁打芡浇在上面的一种烹调方法。扣的菜肴有形状整齐、芡宽料软、口味醇厚的特点，如：香芋扣肉煲等。

(11)烤：古称炙，是一种历史最为悠久的烹调方法。指将原料经腌制、调味后，利用辐射热能或火热、铁板热等直接烤熟成菜的一种烹调方法。烤类菜肴一般具有香味浓郁、皮脆肉嫩、颜色好看的特点，如：北京烤鸭、广东烤乳猪、新疆烤羊肉串等。

(12)焗：是广东烹饪的特有烹调方法，一般是用已腌味的动物原料，利用烤箱、陶罐或锅上加盖等封闭式加热方式，使其成菜的一种烹调方法。焗的菜肴具有原汁原味、鲜味香嫩、本味突出的特点，如：盐焗鸡、焗龙虾等。

(13)煎：是指加工的原料摆平锅中，用少量油使其两面加热到熟而成菜的烹调方法。煎的菜肴一般具有色黄、飘香、外酥、内嫩、口味咸鲜的特点，如：荷包煎蛋、香煎银雪鱼、香煎饺、客家煎豆腐等。

(14)贴：亦称锅贴，是煎法的派生，指将两种以上的原料加工成型后，经调味贴合在一起，用锅只煎一面，遂加汤汁以慢火收干成菜的烹调方法。贴的菜肴具有开头整齐、汁紧入味、香浓鲜嫩的特点，如：锅贴鸡、锅贴塘小菜等。

(15)炖：可分为不隔水炖、隔水炖、隔汽炖。不隔水炖即是将原料加汤或水及调料，经旺火烧滚后再转中、小火长时间加热使原料成菜或成汤的方法。隔水炖即是原料经初熟处理后，加汤或水及调料置于盛器内密封，再放入开水锅内，对开水不断加热，使隔水容器内的原料成菜或成汤的方法。隔汽炖即是将原料经初熟处理后，加汤或水及调料置于盛器内密封，再放到蒸箱内，利用蒸汽加热使之成菜的方法。

(16)氽：是指小型原料于调味的开水中快速度成熟，并使汤、料混合成菜的烹调方法，或是小型原料先于开水中快速成熟，捞起盛入碗中，再换调味的滚汤浇成菜的烹调方法。其法如“氽”字有入水意。氽的菜肴具有汤鲜、温度高、原料脆嫩、爽利或柔软的特点。

(17)涮：指备好的原料夹入滚汤中，来回拨动至熟，遂蘸调料供食的烹调方法。涮的菜肴具有原料生鲜、作料多样、锅热汤滚、可自涮自食的特点，如：涮羊肉、涮鸡肉等。

(18)烩：指小型原料经汤、配料、调料混合煮熟后，用湿粉勾芡，使汤、料融为一体的烹调方法。烩的菜肴具有汤料各半、汤汁微稠、料质脆嫩软滑、口味咸鲜清淡的特点。

(19)拔丝：又称糖溜、拉丝，指将加工、油炸的原料趁热投入熬成的糖浆中，离火搅匀，并使糖液再度结晶，菜肴表面凝成一层洁白糖霜的烹调方法。挂霜的菜肴具有洁白如霜、香甜松软的特点，如：挂霜排骨、挂霜花生米、挂霜腰果、拔丝土豆、拔丝红薯等。

(20)蜜汁：指经蜜煮、蜜煨、靠边成菜，并使菜品糖汁稠浓的烹调方法，或是原料经水浸、油炸等方法加工后，再放在有白糖、冰糖、蜂蜜等混合糖浆的大碗中蒸至软，然后将料扣于盘中，再浇上熬浓甜汁或用湿粉勾成的芡而成菜的烹调方法。

关于中餐的原料

中国菜肴常见的烹饪原料通常分为蔬菜、家禽、家畜、海河鲜、野味、干货、水果、调味品八大类。

(1)蔬菜类。蔬菜根据食用部分可分为叶菜、茎菜、根菜、果菜、花菜。如：白菜、生菜、豆苗、韭菜、西芹、蒜薹、绍菜、马蹄、土豆、西红柿、凉瓜、冬瓜、蜜豆、西兰花、韭菜花等。

(2)家禽类。如：鸡、鹅、鸭、鸽子、鹌鹑等。

(3)家畜类。如：猪、牛、羊、家兔等。

(4)野味类。如：野山猪、蛇、野山鸡、野兔、鸟雀等。

(5)海鲜类。现时常作为海上、河上、湖泊、池塘等水中动物统称。海鲜又可细分为鱼、虾、蟹、贝壳、甲壳等。如：石斑、比目鱼、草鱼、鲫鱼、鲤鱼、生鱼、文鱼、斑鱼、塘虱、泥鳅、黄鳝、白鳝；龙虾、麻虾、竹节虾、河虾、“濑尿”虾；膏蟹、肉蟹、花蟹、河蟹、大闸蟹；花螺、田螺、花蚬、贵妃蚌、扇贝、青口、带子；草龟、甲鱼等。

(6)干货类。指众多干货原料，一般又细分为：①海味干货，如：鱼翅、海参、鲍鱼、干贝、虾米、咸鱼、鱼干、海马等；②食用菌干货，如香菇、发菜、银耳、木耳、云耳、黄花菜、蘑菇、菜干等；③果品干货，如百合、莲子、桂圆、葡萄干、杞子、杏脯、桃脯、梨脯、腰果、夏果、花生仁等；④药材类干货，如淮山、鸡骨草、花旗参、干人参、玉竹、沙参等；⑤米面干货，如粉丝、支竹、苕粉、面粉、生粉、粟米等；⑥肉品干货，如金华火腿、猪皮、牛筋、腊肉、腊肠、腊鸭等。

第三节　餐厅布置要浪漫

中国饮食文化是中国传统文化的重要组成部分，它所包含的不仅仅是与西餐迥异、难以尽数的珍馐佳肴、国饮陈酿，而且反映人们对饮食的观念。中餐厅作为体现这一文明的“微缩景观”，通过环境和气氛的设计、布置，展现中华民族传统的文化特色和特有的礼仪风情、款客之道，从而折射出中餐的无穷魅力。

中餐厅的主题选择和设计

在中餐厅的总体风格情调上，主题的选择设计决定了餐厅的个性和特色，所以每个餐厅的装饰和布置，都应该是围绕这个中心进行的。从大的方面来讲，中餐厅主题的题材是非常广泛的，尤其是中华民族悠久文明、上下五千年的历史，广袤富饶的疆域，五十六个民族博大精深的风情画卷，寓意深刻的人文景观等，都可作为中餐厅的主题。从小的方面来看，这些主题的选择和设计，充分体现了中国人民的理想、乐观和浪漫，对弘扬中国传统的饮食文明和礼仪文化具有深远的意义。

中餐厅的主题归纳起来有：

(1)以一定的历史阶段为背景，挖掘古菜谱，弘扬源远流长的中国饮食文化。例如，一些仿膳餐厅以经营宫廷菜、官府菜等为主，风格洋洋洒洒、蔚为壮观。在菜肴选择、装潢设计、服饰艺术等方面，都能体现出历史的风貌。

(2)以特定菜系和美食为主题，经营中餐风味餐厅，在餐厅布置上，除了具有鲜明的地域特征外，还在餐厅的环境和气氛中糅合了具有代表性的人文气质。

(3)以风景名胜、民俗风情、历史人物、神州传说等为主题。这类主题的选择和设计，虽然与菜肴制作本身没有直接的联系，但通过对中国传统文化艺术的运用、发挥，诸如在国画书法、门廊柱雕、漆屏木刻、古玩装饰中营造或古色古香、或雍容典雅、或宁静致远的氛围，可以反映出深邃悠远的中国历史文化的底蕴，同时也是一种宣传中国文化的有效的辅助手段。

(4)以花、鸟、虫、鱼等自然景观为主题。此类主题往往通过一种自然境界的营造，来体现人们热爱生命、回归自然的心态，同时也折射出现代人虽置身于大都市，却追求“采菊东篱下，悠然见南山”的审美情趣。除了上述主题之外，中餐厅主题之间还可以相互融会贯通、古今结合、中外结合，从而形成鲜明的个性和意境。

中餐厅的色调与照明

中餐厅的主体色调，通常要和饭店的主体色调相互协调，并且按照餐厅主题，形成自己的风格，具体表现在地毯的色彩、花纹图案、墙壁天花的装潢材料、色彩和布局上，常采用暖色调中的红木色、咖啡色、金黄色、橘色、土黄、浅黄等作为主体色调。

中餐厅照明所采用的光源主要以白炽灯为主，以红色、橙色为辅。若用调节旋钮开关进行调节，则可以使菜肴产生更加突出的效果，使宾客食欲倍增。若采用聚光形式，可使宾客如临舞台。中餐厅的灯饰常以传统的中国宫灯、花灯、大红灯笼为主，以体现出一派喜气洋洋、娱乐升平的喜庆气氛。

中餐厅的家具及陈设

家具陈设是中餐厅布置的主要内容。中餐厅的家具陈设要体现餐厅主题特色及家具“饭店化”的特性。高档中餐厅的家具，如工作台、迎宾台、沙发、茶几、古玩架等，多以红木和仿红木等木质家具为主，并应形成餐厅家具的整体特征。在选用、陈设中餐厅家具时还必须考虑到餐厅的格局、档次、客源类型、家具的成本、利用率、耐用性以及餐厅服务方式等因素。

中餐厅的装饰艺术

中餐厅装饰品取材广泛，凡是来源于生活，或自然的、充满艺术生命的物品，都可用作中餐厅的装饰品。中餐厅装饰品按其布置方式可分为悬垂式和摆设式。根据中餐厅的主题和整体风格，装饰物的选择一定要注重个性的发挥，以迎合现代人注重自我表现和追求个性品的风格。但要注意，个性发挥也要有一定的限度，即必须遵循一定的历史文化传统、民族习俗、宗教信仰，还要兼顾客源类型及绝大多数人的艺术审美力。

(1)墙壁挂饰：墙壁挂饰的艺术感染力在于其能填补心理上的“空白”。常见的挂饰品种有国画书法、工艺挂毯、刺绣、竹木金属浮雕、高分子瓷仿画、摄影作品以及小件饰物等，这类饰品的选用和布置必须以中国文化为背景。

(2)室内摆件：中餐厅的室内摆件要以观赏性为主，它们恰到好处的点缀、分隔，能使传统空间弥漫着一种较浓的文化氛围。按其内容可分为雕塑作品、金银珠宝、景泰蓝、陶瓷器皿、古玩文物、珍奇的天然物、现代工艺品、纪念品等等，这些室内摆件因其不同的色彩、造型、风格、质地、历史意义和典故，而成为功能不同的装饰品。

(3)绿色装饰：绿色装饰是现代室内设计的重要标志之一。随着城市建筑业的不断发展，人们越来越渴望在钢筋水泥坐标中布置一片片绿地。中餐厅绿化饰品应该以盆栽和插花为主。

当然，除上述中餐厅主要的装饰、布置手法外，在中餐厅内部，饰以体现餐厅主题意境的如飞檐翘角、雕梁画栋、仿古牌坊、小桥流水、树影婆娑等微缩景观，能使人们对中国的传统文化氛围一目了然、意兴盎然。

关于中餐厅员工的服装

中餐厅员工服装，作为中国传统服饰的一部分，必须体现中华民族特有的文明礼仪和审美情趣。此外，员工制服必须整洁、得体、统一，并竭力展示员工的精神面貌。因此，中餐厅服务人员的服饰，应注重端庄而不失活泼，典雅但不媚俗，热烈却蕴藏含蓄。

从色彩上说，应与餐厅色调基本一致、协调，常用的颜色有金黄色、黑色、红色等；从质地上说，服装面料的质地应以丝绸、丝绒最为常见，这样的服装悬垂感强；从式样上说，要设法根据餐厅的主题和地域特点，选用中国传统的民族服装，最常见的女式服装是旗袍，以体现东方女性的线条美，可根据不同的时令季节设计不同色彩、质地和式样的旗袍。

此外，中餐厅员工的服装除了美观大方外，还要便于操作、行走和进行各项服务活动，盲目地模仿古长袖、宽腰、拖地长裙等都是不适当的。

第四节　中餐礼仪讲您知

中国是世界文明古国，也是礼仪之邦，历来崇尚礼仪，包括饮食礼仪。中国的饮食是世界上最丰富的国家，而有关饮食方面的文化，也是世界上最丰富的国度。其实，中国礼仪的产生最早也是始于饮食。在《礼记》的《礼运篇》中，就有“夫礼之初，始于饮食”的话。

中国古时候，人们把黍米和切割成块的猪肉烤熟而吃，用双手捧着小坑的积水喝，都是饮食礼仪的原始体现。到了春秋战国时代，“食不语，寝不言”，即吃饭时不交谈，睡觉时不说话。“虽疏食菜羹，必祭，必齐如也”，即吃糙米饭、菜汤时也须得先祭，表现斋戒般的恭敬。“席不正，不坐”，是说坐席不端正就不能坐。“乡人饮酒，杖者出，斯出矣”，意思是说，同本地方的人一道饮食，要等老人都离席而去，自己才最后告退。中国饮食礼仪由来之久，在世界饮食文化史中独树一帜。

中国餐饮礼仪问题，可谓源远流长。据文献记载可知，最迟在周代，饮食礼仪已形成一套相当完善的制度，特别是经曾任鲁国祭酒的孔子的称赞、推崇，而成为历朝历代表现大国之貌、礼仪之邦、文明之所的重要方面。

作为汉族传统的古代宴饮礼仪，自有一套程序：主人折柬相邀，临时迎客于门外。宾客到时，互致问候，引入客厅小坐，敬以茶点。客齐后导客入席，以左为上，视为首座，相对首座为二座，首座之下为三座，二座之下为四座。客人坐定，由主人敬酒让菜，客人以礼相谢。

席间斟酒上菜也有一定的讲究：应先敬长者和主宾，最后才是主人。宴饮结束，引导客人入客厅小坐，上茶，直到辞别。这种传统宴饮礼仪在我国大部分地区保留完整，如山东、香港及台湾，许多影视作品中多有体现。

随着社会的发展，中餐方面的礼仪也逐渐发生着变化，尤其到了清代，因为受西餐传入的影响，一些西餐礼仪也被引进。如分菜、上汤、进酒等方式也因科学、合理、卫生的食法，被引入中餐礼仪中。由于中西餐饮食文化的互相交流、互相渗透和互相影响，使得中餐的餐饮礼仪更加科学，也更加合理。

现代较为流行的中餐宴饮礼仪，是在一边继续保持中国传统饮食礼仪文化，一边参考国外礼仪的基础上发展而来的。例如，在中餐厅宴会的座次排定方面，就是借西方宴会以右为上的法则，第一主宾就坐于主人右侧，第二主宾就坐在主人左侧，或就坐在第一主宾右侧，变通处理，斟酒上菜由宾客右侧进行，先主宾，后主人，先女宾，后男宾。

斟酒时，斟到八分满即可，不可过满。上菜顺序依然保持传统，先冷后热。热菜应从主宾对面席位的左侧上。上单份菜或配菜席点和小吃，也应遵循先宾后主的原则。上全鸡、全鸭、全鱼等整菜，不能头尾朝向正主位。

上述这些中餐礼仪程序，不仅可以使整个宴饮过程和谐而有序，更且使主客身份和情感得以体现和交流。因此，中餐餐桌之上的礼仪，不但可使宴饮活动圆满周全，也能使主客双方的修养得到全面展示。

中餐的礼仪有着突出的特点，中餐的礼仪程序有着较为严格的规范，从开市准备到收市工作，从迎宾服务到茶市服务，从环境准备到餐具准备，从上菜服务到斟酒服务，从散餐服务到宴会服务等，都有自己一整套的学问。

第五节　开市收市要精心

中餐的开市准备

(1)服务员事先要检查一下热水箱开关是否全部开启，开启前要将水箱加满水。

(2)服务员要检查一下茶叶盒是否装满，还要检查一下酱汁酱料是否已补充。

(3)服务员要巡视检查桌椅摆设是否整齐，桌椅摆放的间隔、距离是否合适，还要检查餐厅桌面所摆的餐具、牙签是否整齐，有否遗漏或不清洁。

(4)服务员要检查工作桌内的餐具是否齐全，必要时尽快作出补充。

(5)服务员要检查地面有否纸屑、污渍、垃圾，如果有，要及时进行清扫。

(6)服务员要抹干净桌、凳、椅及工作桌面，收银员要收拾好收银桌的杂物，要预备各类单据。

(7)服务员要巡视各通道是否整洁，要开亮走廊的照明灯，要及时打开各个应该开启的开关。

(8)服务员要与出品部联络，看看是否已预备好食物，要估计一下何种食物需特别推销，何种食物可能欠缺。有的中餐厅与出品部的联络，可由管理售货员完成，然后在“餐前会”上做出具体布置。

(9)服务员在与收银部联络时，要检查一下是否已经预备好一切单据、钱夹以及小费箱等。

(10)服务员或管理售货员要巡视环境的清洁，及食品放置、保温情况，还要检查一下餐具是否齐备等。

中餐的收市工作

(1)服务员要及时清理及补充下一批客人就餐的用品，可在营业时间截止前1小时进行，但要注意客人的存在，不可疏忽服务，更不能影响仍在进餐的客人。

(2)服务员要迅速补充所有豉油、酱汁、牙签、筷子及工作柜的各种餐具、桌布等用品。

(3)服务员要摆好下一批或明天开市的座位，还要补满各个茶盒等。

(4)服务员要清理餐厅会场主菜部各类杂物，要清洗菜盆、碗筷，要锁好银器餐具等。

(5)上述各项工作完成后，服务员要展开清洁工作，如吸尘扫地，抹干净点心车、工作车，要收拾好用过的餐桌。

(6)服务员收桌时，如果发现客人的遗留物品，应及时送还客人，如客人已走远，无法追送时，可以交给餐厅主管人员暂时保存，以等客人回来领取。

(7)服务员要巡视餐厅摆位，要检查工作桌内各项器物是否补充好，免致开早市过于匆忙。中餐厅的茶水柜一定要及时清洁，周边不可有水渍，免致滋生蚊子、蝇虫等。

(8)服务员收市时一定要小心仔细地查看地毯，避免留下烟头，杜绝火灾隐患。

(9)最后，服务员要将餐厅内所有电源、水开关、空调机等总开关关闭，要关好门窗。

(10)管理售货员在交班簿做好交班记录。无事发生也须写上“一切正常”。

第六节 茶市服务有新意

中餐厅茶市简介

茶市服务原是指使用中式茶壶、茶杯冲泡中国茶叶，按中国传统方式提供服务，现在多引申为“配有点心的早茶、午茶、夜茶之茶市服务”。

中国人饮茶，已有三四千年的历史，在餐前饮茶、餐中饮茶、餐后饮茶，也有近三千年历史，若配以点心边吃边饮，则是近千年的事情，这种饮茶方式主源起于广东、江苏等地，近年来，尤以广东茶市最为兴盛，不但国内各大城市多有设置，在国外亦广为流行，尤其在东南亚地区，其饮茶习俗几乎与广东一模一样。如今，在广东“饮茶”的客人远远多于在餐厅享用午、晚饭正餐的人数，一到茶市，几乎座无虚席。广东现时的茶点，不断吸取了西方点心的特点，融合中西，并将小食、小炒等也带入茶市，款式精美多样，随叫随食，价格实惠又上档次，很受广大顾客的欢迎。

沏茶斟茶服务

(1)工具：现时餐厅沏茶工具主要有茶壶、茶杯、茶盘、茶杯碟、热水瓶等。

(2)原料：要用纯净开水或山泉水，茶叶要用各式茶，此外还有菊花、橘皮、红枣等原料，不一而足。

(3)沏茶：茶叶放入量应以客人浓淡爱好为凭。一般来讲，一壶茶放 1～2 勺茶叶，有些茶叶很浓，则可少些，龙井、花茶、铁观音等茶叶则可多放些。

(4)斟茶：服务员要从客人的右侧为客人服务，女士优先，茶壶应垫用茶盘，茶盘最好放有垫布，以防茶壶嘴漏茶水，斟茶将停时可略旋壶身，让最后一滴沿于壶嘴不滴落。斟茶量一般以客人所用茶杯的 2/3 为宜。中国有一个古老的茶礼仪，叫做“茶满赶人，酒满敬人”。所以服务员在为客人斟茶时，除非客人有特殊要求，否则一般不宜斟满。当茶壶中只剩 1/3 茶水时，应立即为客人添加开水，切忌茶壶内茶水空干再添加开水，这样会影响茶的味道和色泽。

茶市的服务程序

茶市的摆位主要是“一杯一碟、一小碗一匙羹、一筷一架”六件，另外，还要加配牙签、烟缸。

茶市的一般服务程序是：问候，拉椅请坐，问茶，上香巾，脱筷子套，揭茶杯盖，沏茶，斟茶，上点心，巡视，再上点心，收空笼、空碟，换碟换烟灰缸，再斟茶，结账收钱，送客人，收拾餐桌，摆台，迎接下一批客人。

茶市服务注意事项

(1)客人中如有儿童,餐厅服务员应热情帮忙,摆放小童椅。

(2)餐厅服务员要礼貌地问客人需饮何类茶。例如:菊花、铁观音、乌龙、普洱、香片、龙井、花茶等。一般要将本餐厅所有茶叶予以介绍。如果遇到同台客人分别叫二至三种茶时,当茶沏好送到台前后,要告知客人茶名,再按客人喜好斟之。

(3)如果遇到客人人数较多,服务员在同一桌可酌情多放置2～3个茶壶。

(4)在茶市进行过程中,点心推销服务员要注意适时添加品种,切勿空缺。

(5)在茶市的旺市中,餐厅主管应时刻留意订单是否已送入各部门,如发现接收手续太多或拖延时间太长,自己要亲自立即送入相关部门。

(6)在茶市期间,服务员需要兼顾多张桌位,除时常留意本身岗位各桌客人,提供及时服务外,亦有责任协助其他同事集体工作。

(7)客人吃完点心的碟或笼,服务员要用托盘及时收去,要核查点心卡内是否有相应盖印。

(8)服务员在出品部接到订下的食物时,如属粉面类,应将适当的碗、碟及匙摆放在台面空位上。摆法是:将碗放在碟上,将匙放在碗中或旁边,另外,还要用一个碟放筷子及公匙,以便分粉面时用。

(9)服务员如果发现客人订下的食物久未送出,应首先向客人道歉,说“对不起”;接着到订单接收处查核订单是否送入;然后要将桌号及食物名称立刻告知传菜主管,由他们进入出品部查核、催出;自己则返回岗位,等待传菜员送出。

(10)如果食物已经售完,服务员应礼貌地向客人道歉;征求及提议换成其他食物,如获客人接纳,立即将订单送去柜位;方便取拿的食物,可拿卡连托盘直接到点心车、明档处帮助拿取。如果需要取消卡上某部分点心时,服务员应当请领班以上主管签名取消,有订单的,还需要在订单上取消。

(11)服务员应经常留意给茶壶添水,尽量避免茶壶盖子被打开,最佳方法是礼貌地将茶壶拿起,如茶壶很轻,一定是需要加水了。另外,服务员还可以观察客人举壶自斟茶水时茶壶的倾斜度,也可以知道壶中茶水的多少。

(12)服务员切忌在客人面前或桌上用水壶加开水,这样容易烫伤客人,而是应该到服务柜台或热水柜加水。

(13)如果餐厅是“即叫即蒸”、由客人划订单的,那么,服务员应该将订单送入收银部及点心部。点心由传菜员送到桌前,服务员要先将点心小心地放在桌上,然后在点心卡及点心订单上同时用笔标记存档。订单要存档的原因是,当遇有点心部未有适时供应又没有通知厨房制作、客人等待不耐烦而追究时,不用再问客人。

(14)服务员在茶市繁忙期,应当保持镇定,保持笑容;切忌丢三落四,忽视某些工作;切忌在餐厅内奔走及碰撞到客人或桌椅;另外,还要留意客人的烟灰缸及碗碟是否需要更换。

(15)服务员推餐车适时在客人之间流动，由客人随时取食，能一眼看到的一般不宜向客人殷勤推销。一张桌若在进餐中受到十几次殷勤推销，会引起客人不满。但若客人问到这是什么、那是什么时，服务员就要抓住时机，礼貌热情地给予回答、介绍。

(16)服务员推着餐车流动推销时，要帮客人将他们所点的食物送呈桌上，若遇客人亲自取拿，应礼貌地说："多谢，让我来!"并要记得准确地在点心卡上盖印。至于明档上的糕点、小炒，以及不便展于客人前的食品，宜由厅面服务人员适当推介。

(17)当客人用餐完毕结账，餐厅服务员应说声"多谢!"，并将点心卡交到收银柜台，由收银员入机出账单。一般来说，餐厅中的"埋单"事项多由领班去办，以便于让服务员有足够的时间招呼客人。

(18)在上班过程中，任何服务员不可私自离开工作岗位，即使是上洗手间，也要与上司和同事打好招呼，交代一下岗位工作，好让其他同事帮忙照料一下。

第七节　散餐准备要周到

中餐的散餐服务是反映餐厅为接待零散客人而进行的服务工作。这是一项具体而复杂的工作。之所以说"具体"，是因为零散餐的服务也必须有完整的服务规范，包括餐厅的服务工作步骤、一定的服务程序和一流的中餐服务标准。

至于说到中餐散餐服务的复杂，是因为散餐服务会遇到从最简单的零售小吃，到与酒席宴会相似的需求。在散餐服务中，同一饭市客人的点菜品种和要求，会比宴会更多式多样，从客人的要求上讲有不可预见性，从客人的心埋上讲，在中餐散餐服务中，顾客有各种不同的要求，有时甚至让人觉得特别。这时，作为餐厅服务员，更需要灵活地改变餐厅的服务程序，否则会使顾客不满意。那么，中餐厅的散餐服务有什么特点和要求呢?

中餐散餐服务特点

对于中餐厅来说，宾客的多少不确定，客人需求标准不一，客人的需求菜式分散，另外，客人的就餐时间前后交错、不可预测。这是中餐厅散餐的主要特点。

由于散餐服务是餐厅、酒店最普通、最经常、最大量的工作，是餐厅服务的主要环节，所以，餐厅服务员做好散餐服务工作是十分重要的。

散餐服务包括早餐、午餐、晚餐等各个饭市，每一饭市时，又可能会因为连续不断地接待几批客人而要"翻桌"。我们在这里所说的"翻桌"，是指一批顾客刚刚用完餐，服务员立即清理桌面，重新摆好桌，并安排另一批客人就餐的过程。

散餐服务的准备工作

散餐的一般服务程序是：餐前准备，问候客人，拉椅请坐，派热香巾，脱筷子套，递开席巾，沏茶斟茶，开始点菜，问酒水，下菜单，斟酒水，收茶杯茶壶。上大菜，巡视服务，换菜碟，换烟缸，收空碟（服务员要注意帮顾客分汤菜、斟酒），重新上热菜，收水杯，收酒杯，派热香巾，上水果，埋单结账，拉椅送客，收拾餐具，重新摆桌。

餐前的环境准备是：桌、椅摆放是否整齐美观，是否完好无损，如发现损坏要及时更换、修理；装饰、摆设摆放是否妥当；灯光是否适合，有无坏损；桌布是否铺放符合标准，是否清洁；空气是否清新，有没有喷空气清新剂；墙之四壁、玻璃、地板是否光洁无尘；背景音乐及其音量是否适合；是否过早开启全部照明灯具。

散餐服务的摆桌工作

一般来说，准备中的摆桌餐具主要有：小碟、小碗、汤匙、味碟、筷子、筷子架、茶杯、杯碟、餐巾、玻璃杯、牙签、烟灰缸及装饰桌花。摆桌注意事项是：在选择餐具器皿时，一定要选择成套而完整的；服务员对桌布餐具有取舍之责，使用前要仔细检查，不卫生的交回洗洁部重洗，有破损的应即剔除，切勿摆上。请记住，桌布、餐具代表着餐厅的外在形象。服务员摆桌时，如餐厅尚无客人到，可灵活用车协助推送，平时则应用托盘托运。服务员要爱护餐具，轻拿轻放，不可弄出声响影响客人用餐。服务员摆餐具前一定要洗手，以不触及盛放餐具中心为宜，如将碟、杯、匙、碗、筷、筷架等整套叠着拿放在桌上再顺手分开；分开时，若再用手抓碗等，应以拇指和中指夹放，切忌“五爪金龙”齐上阵，这样会影响卫生，也不雅观。餐巾和水杯可以最后摆。摆饰完毕后，务必作一次检查，看是否正确完美，同时将每一桌椅摆放整齐。另外还需要看看餐具柜是否存放足够备用品，如有不妥立即纠正。

最后是散餐出品工作的准备：要求是，领班要了解当天供应品种及其他原材料的情况，并将特价介绍以及新菜情况写在清单上；餐厅厨房要准备好酱汁作料；餐厅所有服务人员都必须整理好个人仪容仪表，做好自查，等待上岗服务。

第八节　迎宾接待要热情

当宾客刚到餐厅来时，迎宾员要面带笑容接待，为宾客拉门，并致以问候：“请问先生几位？”了解人数后，迎宾员将宾客带到合适的餐桌安排就坐。当服务员看见迎宾员带宾客到自己的岗位前，要问候客人并协助迎宾员一起拉椅，请客人坐下，派上热香巾。

问茶、沏茶与斟茶

由于客人饮茶习惯不同，服务员要向宾客问茶，征询意见，也可根据宾客的喜好介绍适宜的品种，然后按需沏茶；客到奉茶叫做迎客茶，这是我国东南沿海一带餐前必不可少的环节，在我国北方不太注意；服务员在问茶的同时顺手脱筷子套，开餐巾、换茶杯，以便在沏茶回来时供客人斟饮；服务员沏茶时应注意卫生，不能用手抓茶叶往茶壶里放，应用茶勺按茶位放茶，而且这样做，茶量也比较准确。

服务员斟茶时，应右手执壶，左手自然下垂或托盘，从宾客右侧斟第一杯礼貌茶，杯中茶水一般斟 2/3 为宜，不宜太满；需要加位或撤去余位的，要左手托盘，右手摆放或取走餐具，客人的位数可由迎宾小姐告知，服务员不必再问客人；如果客多繁忙，无暇接待后到的顾客，服务员也要热情打招呼，做到“人未到声先到”，说一声“请您稍候，我马上就来”以稳定顾客，在北方的餐厅，没有“开茶”这个环节，更要对宾客热情地打招呼，使宾客一进门就感到亲切温暖，受到礼遇，使服务接待工作有一个良好的开端。

关于上小菜、点菜与问酒水服务

在中餐厅，上小菜一般是例行的，如炸花生、糖芋条、炸腰果、甜菜、金橘、酸萝卜丝等，小桌可上两份，大桌可上四份，以作餐前小嚼，开胃。

点菜、问酒水服务绝不能马虎。点菜与问酒水的服务，直接影响着中餐厅的营业额，是一个需要艺术的工作，如何能让客人最大限度地多消费，又让客人满意、高兴，这是点菜的目的所在，那么，如何做好这项服务呢？

首先，在尊重客人意愿的原则下，根据自己对宾客的了解，酌情推荐适合客人口味的菜肴，尽量推销本店急推、招牌及时令菜肴，如果宾客所点的菜已售完，服务员除要表示歉意外，应推荐类似的菜代替，餐厅应少说“没有”，可以婉转地说已售完或需预订。

其次，宾客所点的菜，要尽量令荤素、汤、主食搭配，避免雷同，当然，如客人同意或要求例外，如某些客人单吃海鲜品种等，也可能超过五六种，如果客人自行填写菜单，服务员要看清菜单，如发现相同菜式或味型相同时，应礼貌征询客人是否更换菜式。其次，当客人点完菜后，应向宾客复述一遍，并说明大、中、小份的量和做法，以防差错。

关于下菜单时的注意事项

一般来讲，中餐厅餐桌服务工作，时常是两个或两个以上服务员一起完成的，如一位服务员派热香巾时，另一位即去看茶，前一个服务员派热香巾完毕后，则可以去下菜单。下菜单的方法是：下菜单时应写清楚以免出错，当然可采用餐厅通行的缩写、速写；下单时味部、海鲜、厨房部、酒水、点心要分单写，并写上名字、日期、时间、菜肴的规格与分量；入厨单、味部单、点心单一般为三联，出品部、传菜部、收银部各一联。

海鲜单一般为三联，厨房、传菜、收银各一联，海鲜单上的大体称量可知会海鲜员，准确称量则由客人确定，所称海鲜宜让客人过目。酒水单一般为二联，收银、酒吧各一联。所有菜肴、酒水确定后，全部记录在厅面工作卡上，或者在四联大单厅面单中记录；客人要求加快的菜式，要写上“快”乃至“加快”等字样，方便厨房配合马上出品。服务员要检查所入单的菜点有否特别要求，特殊要求要与厨房部说清。菜单写好后交由收银部盖印，再由出品部迅速分发到位。若是酒水，服务员可以直接拿取货联前往酒吧领取。

关于餐桌斟酒水服务

服务员下菜单之后即将出菜，此时可略为整理餐桌，如收茶杯、茶碟、茶壶、香巾等，若客人没点酒水，可将茶斟于水杯内，有酒水则将茶收去。另外还应根据菜单预备相应餐具。如：点有汤羹的备好汤碗，点有蒸鱼的备好刀叉以备分鱼等。

关于上菜的服务程序

(1)由传菜员从厨房传出，传出时注意加盖，要按桌号用托盘送出。菜到后向服务员报告菜名，并应该收回盖子。

(2)服务员上菜时，一般要用右手取放，如果是大盘菜，也可用左手协助右手，注意保持菜肴平衡，轻放到餐桌上，并向客人报上菜名，放菜后手可顺作请礼，示意宾客品尝。

(3)服务员在上白灼虾时，要跟随上洗手盆，好让客人洗手后用餐。

(4)服务员继续上菜时，要注意将菜碟巧妙摆放，如五菜一汤摆成梅花形等等，实在摆放不下时，在征求客人同意后，可将吃剩的菜肴分给客人或盛于小碟中。

(5)对于主菜、高档菜，服务员一般要先摆在桌子边上，如果餐桌客人有分主宾席的，可先摆到主宾面前。

关于餐厅的巡视及餐后服务工作

(1)服务员在对客人的服务中，应不断巡视，以便回应客人及做好服务工作，如：添酒换碟、换烟灰缸、收空碟等。

(2)服务员要热情询问客人对菜肴的意见，如客人有提议应表示多谢。

(3)客人用餐完毕，服务员要及时送上热茶，递上香巾，如尚有未开启瓶盖的酒水，征求客人意见是否退回，然后清点数量。

(4)上述工作都完成后，服务员要迅速收去菜碟、碗筷、水杯、酒杯等，并向客人奉上新鲜水果。

关于“埋单”服务工作的程序

(1)客人用餐完毕,服务员要及时通知收银处准备账单。

(2)服务员要亲自到账台取来客人账单,核对后放入账夹并双手恭恭敬敬地送给客人。

(3)客人付账后,服务员要说声“多谢”,客人所付的钱较多时,服务员可于客人面前当面点清,并迅速将款交给收银员。接着在单上圈下“埋单”数目及签上自己的名字。

(4)服务员将发票(根据客人要求)和付款余额交还客人,无论小费多少,应再次表示多谢。

(5)一般来说,中餐厅的结账的方式有四种:现金结账、挂账、签单和信用卡结算。现金结账是指付与现金,这是最常见的结账方式。挂账、签单,要注意核对挂账、签单者是否符合要求,让客人签名,并说:“多谢!”信用卡结账,应查看此信用卡是否通行于本餐厅,并核对是否生效及核对客人身份证是否相符,如以上皆无问题,收银员即填单并让客人在信用卡单据上签字,核对签字笔迹。注意,无论客人采取哪种付款形式,服务员都应尊重客人的付账选择。

(6)客人离座时,服务员要拉椅送客、道谢,欢迎再度光临。引座员(有的餐厅称“迎宾员”)要在门口笑脸送客,向客人道再见。

第九节　宴会服务讲条理

中餐宴会是指人们为了社交需要,用酒席宴请众多宾客的一种形式。中餐宴会是在普通用餐基础上发展起来的高级用餐形式,也是社会人际交往和国际政治交往、商业交往和文化交流的重要活动之一。宴会,在广义上讲包括平时的宴会和招待会、冷餐酒会、茶话会、鸡尾酒会等。就宴会的社会属性看,有国宴、节日宴、寿辰宴、开张宴、弥月宴(添丁宴)、迎宾宴(洗尘宴)、饯行宴、纪念宴、商务宴等等。中餐宴会服务的具体情况取决于举办者的要求、宴请活动的目的和内容、被邀请参加宴会的对象、出席的人数,以及用餐的标准。

中餐宴会服务的准备工作

(1)“九知”与“三了解”。九知:作为中餐厅服务员要知道出席宴会人数、桌数、主办单位、邀请对象、宾主身份(主办主人)、宴会的标准及开宴时间、菜式品种、出菜顺序、收费办法。三了解:了解宾客的风俗习惯(如宗教信仰),了解客人的生活忌讳,了解宾客的特殊需要。

(2)分工要明确。对于规模较大、规格较高的中餐宴会，要设服务指挥，并在宴会前向参加服务的员工介绍宴会的基本情况，说明工作中的要求和应注意问题，然后进行岗位分工。对迎宾员、服务员(看桌)、传菜员等岗位都要分工明确，责任落实到人，使所有服务员都了解宴会服务工作的全部分工和自己的位置、职责，按照各自的工作岗位，分别进行准备工作。一般来讲，要绘出宴会布席图，标示主桌、从桌及每桌上负责的服务人员是谁，并配置领班、主任。

(3)宴会厅布置要合理。宴会的布置布局要根据宴会的性质、桌数、客人要求布置好。一般要做到主桌突出，排列整齐，间距合理、美观，环境清洁卫生，灯光、背景音乐、话筒(扩音器)按要求备好。

(4)中餐宴会的摆桌及餐具准备。具体摆桌注意的事项是：餐具的配置要根据宴席菜单安排，即吃什么菜配什么餐具，喝什么酒配什么酒杯，不同规格的酒席，还要配不同品种、不同质量、不同件数的餐具；不会使用筷子的客人席位要加摆餐刀、餐叉，要求是左叉右刀，刀口朝内；消毒筷子应用筷套封装；宴会席上使用的桌花或瓶花，其高度以不阻挡视线为宜；主位席的桌花应略高于其座次的席巾花；每桌餐具都应有备用品，一般多备20%，特别是餐碟、汤碗、汤匙、烟灰缸等应多备些；摆桌时要注意餐具、桌布的卫生及是否有损坏，不适合的要及时更换；摆好后应认真检查一遍，看是否遗漏或有不适合的地方。

(5)酒水以及水果领取备用。服务员要根据宴会的规模和宴会通知单的要求，领取酒水、香烟、茶叶、水果等。饮料品种要丰富，可供客人挑选，使用前要检查质量。各种饮料和酒水要根据需要在开席前两小时进行冷藏，确保客人席间的需要。宴会上用的水果要挑质量好的，洗刷干净，由专职服务人员处理好。

(6)宴会前的工作落实。当一切准备工作就绪后，中餐厅领班应再检查一遍，检查各种物品是否准备齐全，发现不足之处立即弥补，避免席间出差错。在开席前15分钟，服务员应进一步落实宴席所需菜点情况并将凉菜上桌，把宴会中所需的各种酒水摆在服务桌上，沏上茶水，准备好开水及消毒毛巾。服务员应注意自己的仪表仪容，以整洁的着装、淡雅大方的仪表，精神饱满地迎接宾客的到来。

中餐宴会中的服务工作

(1)迎接宾客热情大方，彬彬有礼。服务员在宾客到达前，站在餐厅的入口处，准备迎接客人，客人到达时，要热情有礼貌，微笑问好。客人进入餐厅，要主动接衣物。挂衣时，应握衣领，避免衣袋里物品滑出或碰坏。当客人落座后，服务员应把小毛巾放在小盘中(夏天用温毛巾，冬天用热毛巾)，用毛巾夹送给每一位宾客。如忙不过来，可以叠成四方块或圆柱状盛放于茶几上，由客人自己取用。接着送上茶水和香烟，给客人斟茶，客人吸烟时，应主动点烟。然后主动询问客人用什么酒水，并按规则做好准备，按斟酒规则斟酒。

(2)上菜服务要讲究先后顺序。中餐餐厅一般上菜的顺序是:先上凉菜、主菜(较名贵的菜)、热菜、汤菜、甜菜,接着上点心,最后上水果。但是,上菜的顺序也会因为各地的风俗礼仪的不同而有差异:在广东,汤菜将会提前上,即在上主菜前上汤菜。而在新疆则是先上饭食与点心,然后才能上凉菜与热菜。在多桌宴会中,上菜的顺序应以主桌为准,先上主桌,再按照桌号集中上菜,绝对不能颠倒主次。此外,还要统一掌握上菜进度。上带作料的菜时,应先上作料后上菜,也可以将作料随菜一起上。

(3)分菜服务与撤换餐具服务。中餐厅的分菜有三种方法:餐桌分菜、服务台分菜、厨房分菜。分菜时,服务员要根据就餐实际情况来选择何种分法,并要严格按照中餐厅中餐的技术要求来分。如果在席间多次更换餐具,可使菜肴不失其色,保持原汁原味,突出特点,色彩美观。服务员在更换餐具时一定要根据宴会的规格、标准和菜肴的品种而定,如果是高级宴会,应上一只小碟。在一般情况下,服务员可根据具体情况灵活掌握。在这个服务过程中,要求服务员的动作熟练,轻拿轻放,有条不紊。还要勤巡视,勤换烟缸,保持桌面清洁卫生。

除此之外,还有服务员为客人递送毛巾服务。餐中餐后,要根据客人及菜肴种类的需要递送毛巾。一般来讲,上海鲜类菜肴或是上用手取食的菜肴时,均要求服务员为客人送上毛巾。递送毛巾时,应把毛巾放在专用的毛巾托里,放在每位客人的右侧,若宴会结束前递送毛巾,也可以用小盘托送,请客人自取或放于转桌上,派毛巾时,可礼貌地说:“先生(小姐),请用毛巾。”

中餐宴会的结账及送客服务

一般来讲,中餐宴会上完水果后,服务员再给每位宾客斟上热茶,这就表示餐厅要准备结账了。在结账前,服务员要清点好酒水总数,以及菜单以外的各种消费,清点时,一定要认真仔细、准确无误。结账工作完成后也标志着宴会的结束。宴会结束时,服务员要主动征求客人意见,可以发放意见卡,当客人起身离开座位时,服务员要主动拉椅,提醒客人带好自己的物品,并礼貌道别。需要注意的是,当客人未全部离开时,服务员千万不能撤桌,要等客人全离开后方可撤桌。

中餐宴会的清理及收尾工作

宴会结束,客人走后,服务员应善始善终把收尾工作做好。首先要检查餐厅,服务员要仔细检查餐厅的各个角落,看看有无客人遗留的物品,如有应立即交还客人,如一时无法归还,应交餐厅经理登记保存,根据线索,尽快交还失主;接着要收拾桌面,服务员要有安全观念,仔细检查桌面和地面有无烟头,以免烟火残留,发生火灾,清理桌面应按照顺序进行;最后要清理场地,餐桌、餐椅要放回原处,并摆放整齐,要搞好桌面与地面的卫生,要关闭电源,关好门窗,确保安全。此外,有的中餐厅在宴会结束后，餐厅宴会负责人可适当和承办人或单位负责人谈谈话，听取意见和表示感谢，或于第二天，以餐厅的名义发致谢函，还可以附上一件小礼品。

中餐宴会特殊事件的处理

(1)客人要求退菜应怎样处理。一般来说，客人要退菜大致有这样几种情况：一是菜肴质量有问题，如菜有异味、欠火候或过火等，经过检查，如确实如此，那是属于企业自身的问题，服务员应无条件地退菜，并诚恳地向客人表示歉意；二是说没时间等了，这时服务员应马上与厨房联系，如可能就优先制作，否则也应退菜；三是客人订餐人数多，实到人数少，这可经过协商，酌情退菜；四是送上客人自己点的菜时，客人要求退，这种情况如确实不属质量问题，不应同意退菜，但可尽力帮助转卖给别的客人，如实在无人要，只好耐心讲清道理，劝客人不要退了，吃不了可帮他打包带走。

(2)客人要求换菜应怎样处理。客人在就餐时，无论是客人自点菜还是服务员安排的菜，要求换菜时，服务员都应先去厨房看一下所点的菜，是否已制成半成品或成品，若未制成可给予调换，否则，就不给换，但应礼貌地向客人说明道理。

(3)客人损坏了餐具应怎样处理。客人损坏餐具分有意及无意两种，在处理这类问题时，应首先弄清情况。对于无意中损坏餐具的处理，餐厅服务员应和气地给予安慰，并将损坏物品及时撤离餐桌，然后向客人讲清赔偿原则，争取顾客主动给予赔偿。对有意损坏餐具的处理，要及时与店内安全部门取得联系，让客人照价赔偿，但一定要注意态度及方法。

(4)客人就餐中碰翻酒、菜怎样处理。客人由于不慎，将酒杯碰翻酒水流淌时，服务员应安慰客人，及时用干餐巾将桌布上的酒水吸去然后用干净的餐巾铺垫湿处，同时换上酒杯，斟好酒水，客人若将菜、汤洒到身上，服务员要迅速将洒落物清除，用湿餐巾给客人擦拭去污，并重新为客人铺好餐巾，请客人继续用餐。

(5)客人用餐时餐具掉地应怎样服务。客人用餐时，餐具掉地是常有的事，服务员应迅速将干净的备用餐具补给顾客，然后将掉地的餐具拾起拿走。

(6)客人中暑应提供的服务。遇到有中暑的客人，首先要扶到凉爽通风处就座休息，然后提供冰镇冷饮、冷毛巾。对中暑较重或呕吐者，还要提供盐水以防脱水虚脱，并及时送往医务部门治疗。

(7)对吐酒的客人应提供的服务。客人餐间吐酒时，服务员应立即将顾客扶离餐桌，提供醒酒饮料并将污物清除，较严重者及时送往医院急救。

总之，在中餐宴会服务中，餐厅服务人员要与主办单位协调配合，这是搞好中餐厅服务接待的一个重要环节。对于主办单位提出的要求，服务员应尽力给予满足，宴会中，一旦出现突发情况或意外情况，要及时与主办单位取得联系、沟通情况，使主办单位了解事情，给予协助解决。

第十节 中餐自助要活跃

中餐自助宴会也称中餐冷餐酒会，是以凉菜为主，配以少量的热菜、饮料、点心、水果之类，宾客自取食物，站立就餐的一种宴会形式。这种形式最早源于西方，其特点为：所有食物（某些热菜、热点除外）和餐具等均提前摆上餐桌，来宾自取自用，客人一般要站立进餐，可以迟到、早退、缺席，行动自由。宾客之间能随意结识交谈，气氛活跃。常用于庆典、纪念、节日、商务或招待大型团体等聚餐活动。近年来，我国的中餐宴会也开始借鉴这一形式，并且安排一些中式菜点，全部选用中国食品，以适应我国宾客的饮食习惯，使这一新颖活泼的聚餐形式很快得到了推广，今后必将成为一种重要的宴会形式。

中餐自助宴会的菜式组成

中餐自助宴会的食物品种要视酒会的标准而定，一般在 20 种以上，并保证每人有 400～500 克材料。一般来说，中餐中的冷菜要占宴会总成本的 60%左右，可根据人数和标准安排 10～20 种；热菜占宴会总成本的 15%左右，可安排点心 4～8 种；水果要安排 2～4 种；饮料按实际消耗计，可事先准备 3～10 种，如葡萄酒、香槟酒、可乐、橙汁、矿泉水，或配制一些混合饮料（例如鸡尾酒等）。

下面为一份中餐自助宴会菜单（不包括饮料），可供参考：①冷菜：什锦沙拉、透味牛肉、盐水白鸡、豆豉鲮鱼、五香卤鸭、怪味野兔、葱油熏鱼、鹌鹑彩蛋、油焖笋尖、琥珀桃红、芝麻芹菜、蓑衣萝卜、素烤双冬；②热菜：北京烤鸭、烙饼；③点心：酱肉小包、核桃酥饼、韭菜春卷、大花蛋糕、面包；④水果：香蕉、苹果、橘子。

中餐自助宴会的布置与准备

中餐自助宴会的布置。中餐自助宴会的设计布置，应根据不同的宴会主题、不同的举办单位、不同的节日等不同情况来综合考虑。要求达到布置华丽、场面壮观、气氛热烈、环境高雅。中餐自助宴会装饰布置的中心，一般都设置一个中心装饰桌，相当于坐餐宴会的主桌，中心装饰桌的形状、大小、高低不一，可根据需要选择，但必须处于宴会场所的中心位置或醒目位置，桌上可布置雕塑、花草、食物或其他物品，以达到点明主题，表达寓意，烘托气氛的目的，同时也给人以美的感受。

中餐自助宴会布置的另一重要内容，是餐桌的排列及其桌上摆设。需要设置的餐桌有菜品桌、点心水果桌、酒水饮料桌、进餐桌、签名桌、礼品桌等，也可几种桌合用，餐桌要铺桌布和落地桌裙。其食品桌由若干小餐桌拼合而成，可呈圆形、S 形、弧形、条形、T 形、多边形等，礼仪桌的大小和多少，要根据进餐的人数和餐具数目而定。酒水桌要按 50～80 人设一个，进餐桌多用小圆桌或小方桌，按 20～40 人设一个，签名桌、礼品桌视需要而设于餐厅进门后的两边，如客人需要也可设主宾桌。

餐桌排列时，要以菜品桌和中心装饰桌为主体，其他的则靠边或穿插摆放。常用的排列形式有：一侧式、对称式（轴对称、中心对称）、中心式、环绕式、排列式、综合式或其他式样。

中餐自助宴会的菜品，要按不同品种分放于大圆盘或大方盘中（可适当造型），应以 20～40 人食用的菜点为一组摆放在仪器桌上，热菜要有保温设施。菜盘旁边摆上公用刀、叉，或匙、筷、汤盆等以利宾客取用。点心、水果可另摆一桌，并进行适当装饰。酒水要按所备的品种放少许于酒水台，其他的则置于酒水台下面。

各种餐碟、餐叉、筷子要集中摆在菜品桌、点心桌的两头或适当位置。餐碟以 20～30 只为一组叠放，餐叉、筷子叠放一起或简单造型。酒杯按不同品类呈三角形、直线形等排列于酒水桌上。进餐桌上要摆设插花、牙签筒、餐巾纸、烟缸等。

自助宴会的准备工作非常重要，除做好菜品、场面布置等准备工作外，餐具的准备千万不可忽视，其餐具要按人数的 2～3 倍准备，因为每个宾客在整个进餐活动中不止用一套餐具，餐具不够时，可及时将宾客用过的餐具洗净消毒，并马上补充。

中餐自助宴会服务人员的分工

中餐自助宴会所需的服务人数，大约是宴请人数的 1/30。如果一个人数为 200 人以上的大型中餐自助宴会，则要配备专职主管，负责整个宴会的指挥及组织工作。

中餐自助宴会的服务分工有：

(1)酒桌服务员：负责为宾客调配或斟酒水饮料，并做好酒桌的整理及空瓶的清点工作；

(2)菜品、点心、水果桌服务员：负责向客人介绍食物的名称、特点，并帮助宾客取用，还要做好桌面的清理工作，必要时补充食品；

(3)巡视服务员：负责迎送宾客、为宾客派酒、收拾用过的餐具、收拾整理餐台、补充餐具及物品等工作，一般都划分出各自的服务区域，这样可避免因场面大，宾客多而造成的巡视观察不便；

(4)菜点制作员：自助宴会的菜点一般都提前上餐桌，热菜也多在后堂制作。但有时为增加宴会的气氛或提高宾客的就餐兴趣，也常在就餐场所设置几处热点制作台。由厨师亲自表演，如：烤羊肉串、炸春卷、煎馅饼等。

另外，若需随时补充餐具，还需配备几名补送餐具人员，以保证干净的餐具能及时补充上桌，满足宾客需要。

唯高博士餐饮文化理念

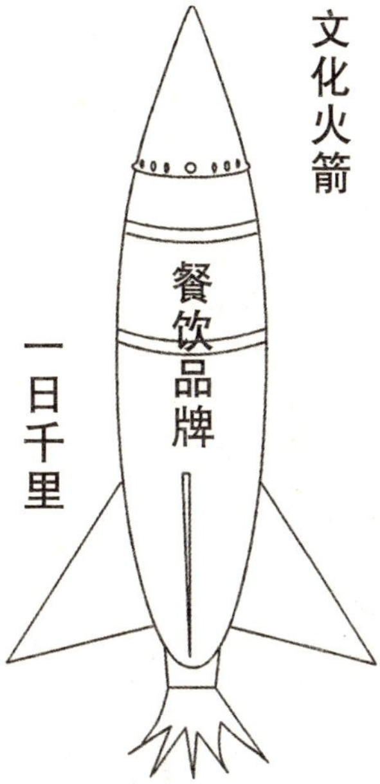

唯高博士语录：

推动和发展餐饮文化就是餐饮品牌生命力的延续。

唯高博士餐饮文化理念

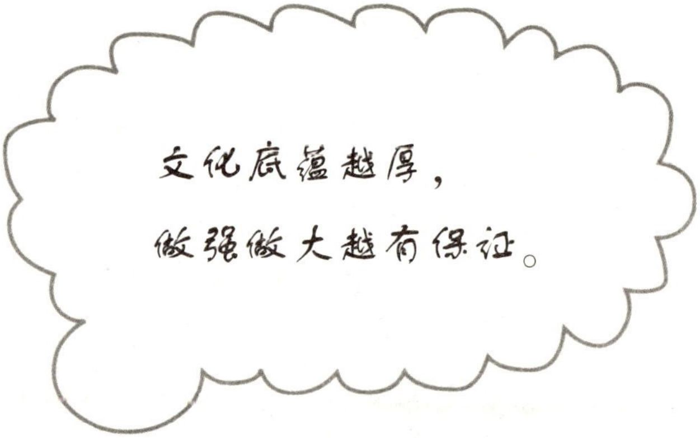

百年老店

承载的是丰厚的底蕴文化

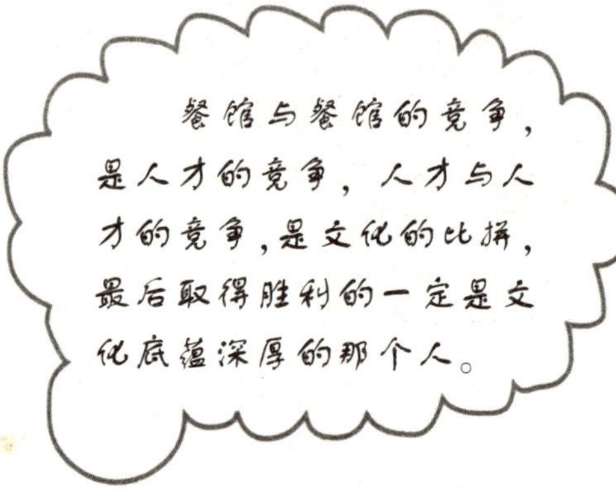

唯高博士语录：

文化提升是餐饮企业做强做大的根本保证。

中餐自助宴会服务须知

(1)服务员要随时清理餐桌,保持场所的卫生和桌面整洁,使后到的宾客不感到零乱。

(2)负责巡视的服务员不要影响宾客交谈,更不能从正在谈话的客人中间穿过。

(3)服务人员在宴会接近尾声时,要控制酒水(特别是中、高度酒)的开瓶数量,以减少浪费。

(4)宴会后,剩下的菜品,如果客人要求带走时,服务员应提供方便,但原则上点心和水果不能让客人带走。

(5)中餐自助宴会结束,当客人结账时,服务人员对酒水消耗要统计准确。

第十一节　团体订餐讲营养

团体订餐是一种由大型会议或旅游团体预订的集体就餐形式。它的形式是宾客集体用餐,统一时间,统一标准,统一菜单,用餐完毕由陪同人员或负责人进行登记签字,就餐单位向餐厅统一付款。它的特点是人数较多,就餐时间集中,而且紧凑。但其菜式较简单,在就餐过程中,宾客之间不需过多的礼仪。

对定餐的宾客实行按用餐标准供膳,虽然不能让宾客自己随便点菜,但餐厅在排菜时一定要考虑到花色品种的翻新,让宾客在短暂的旅游生活或会议中,品尝到各种特色菜肴,给宾客留下好的印象。现时,还要注意宾客的年龄及饮食习惯,对零星包饭可以当面征求意见,对较大团体的宾客,服务员需要和陪同人员或负责人进行联系,掌握和观察宾客的用餐情况,以便及时调整菜单,满足宾客的要求。

团体订餐的预订

团体订餐都需要预订,在接受预订时,服务员要问清预订人的身份(包括单位、姓名、联系电话、单位地址)、预订的时间、餐饮价格标准、付款方法、就餐对象的身份、就餐的目的(会议包餐还是旅游包餐)、有什么特殊要求等,以便安排场地和制定食谱(菜单),制定团体订餐菜谱,要根据就餐的标准,尽量照顾到多数宾客的饮食习惯和货源情况,做到既合口味,营养丰富,又数量适中,荤素搭配,每一餐的菜式都要有所不同。

团体订餐的就餐形式

团体订餐的形式分为合食和分食两种。合食是 10 人共用,常每桌 4 菜 1

汤至 8 菜 1 汤不等，丰富一点的还伴有主食如点心、粥面等；分食则是每人 1 菜 1 汤、2 菜 1 汤或 3 菜 1 汤，汤也可以不分开，用一大盆汤供 10～20 人共用，具体标准可根据宾客要求另行制定。

团体订餐的摆台

因团体就餐人数多，而且就餐时间集中，因此，在餐厅的餐桌布置上，要注意走道畅通，方便上菜和宾客同时进出；其次要根据菜谱内容摆放所需餐具，摆放餐具时要注意桌面美观，另摆公用勺、公用筷 2～4 副，分别摆放在桌面的外围，以方便宾客分菜；再次，摆桌规格一是要根据早、午、晚餐的不同作出相应变化，如早餐一般不放饮料杯、酒杯，二是要根据就餐的规格灵活处理，如午晚餐是宴会，就要按宴会的要求进行摆桌。

团体订餐的服务

(1)开餐前前台经理要清楚所负责接待的团体名称、国籍、身份、生活习惯、人数、伙食标准、接待规格、特别要求，以及开餐时间等，充分做好接待的一切准备工作。

(2)中餐厅内陈设和桌型布置要整齐美观，根据接待对象的不同，加以适当调剂。如会议包餐，可布置得朴素典雅些，旅行团体则可布置得豪华热烈些。

(3)菜点的备用，特别是冬季，粥饭等不宜过早备放，以免过冷，出菜也要适时，保证饭热菜香。

(4)安排菜点时，要做到每餐不同，各有特色，特别要安排地方风味的菜点，调剂好花式。服务人员要了解和掌握每餐的菜单，熟悉菜肴的风味特点，随时向客人介绍。

(5)迎宾员带领客人到达时，服务员应面带笑容、容光焕发，配合迎宾员给客人拉椅请坐，送上香巾并视客人情况斟上冷水、热茶或饮品，对年岁较大及行动不便的客人，要给予特别的关照。

(6)客人大部分到齐后，服务员要征询负责人或导游是否可以上菜，得到同意后立即通知厨房上菜，菜到时，若席上有茶杯的，先撤走茶杯。

(7)菜要一道道趁热上，向客人介绍菜式品种及其风味特点。上菜时，要放在桌中心，如加转盘的，可放在转盘边，上花卷、馒头等面食及点心，要按品种分碟盛上，并放在菜盘外围，两面或四面各放一碟，目的是方便客人取食。

(8)客人进餐过程中，服务员要勤巡视、勤斟饮品、勤服务，如发现碟上有牙签、烟灰等脏物，必须主动予以撤换。

(9)菜上齐后，服务员应告知菜已上齐，并征询客人还有什么需要，最后给客人斟热茶，送上香巾。如客人是凭餐券就餐，应按桌点齐人数，收取餐券然后上菜端饭，收餐券时，应从客人左后方收取。

(10)对团体就餐中的病号和少数民族(尤其是回族)宾客要予以特殊关照，防止差错。

(11)客人就餐完毕离开时，服务员不但要用礼貌的敬语向客人道别，欢迎他们下次光临，还要提醒客人带齐自己的随身物品，如发现客人有遗留物品，应立即交还客人或交领班处理。

(12)餐厅负责人应再次与订餐负责人拟定下一次就餐时间。最后一餐结束后，要尽快核对账目，准备结账。

第十二节　送餐服务讲快捷

客房送餐服务是高级酒店、旅馆为方便客人，增加收入所提供的一项服务。通常由餐饮部设立独立的送餐部负责，一般提供全天 24 小时服务，也有的酒店只提供中餐服务，完全是根据需要来确定，房内用餐服务的价格应属于饮食额外服务。

客房送餐服务程序与方法

(1)当客人用电话预约时，服务人员要记清楚客人的姓名、用餐人数、房号、所点的菜肴品种、规格、数量、送餐时间，记完后要向客人复述一遍，以避免差错。接听电话时，订餐服务员必须学会标准的电话用语，无论是客人所打的是外线电话还是内部电话，都应用标准的普通话回答问题，如果服务外宾，则要求使用英文。在与客人进行的电话交谈中，要注意推销和介绍餐厅的品牌食物，要寓推销于建议与关心之中。

(2)服务员要清楚宾客所点的菜肴，应当立即入单让厨房准备和制作。入单时要注明送餐品名、送餐时间及接单服务员姓名、送餐房号等，并对有关人员交代清楚有关事项。

(3)服务员要根据客人点的饮品准备好用餐的餐具，如碟、玻璃杯、咖啡杯、茶具、银具、筷子、刀叉、餐巾等，还要备足调味品，如盐、胡椒、糖、奶等等，装进餐车里，运送过程要注意安全。

(4)厨房制作的热菜或凉菜，要适时做好，按客人预约时间准时趁热或凉送到客人的房间，如果一个服务员同时要送两张订单，一般应该是同一楼层的房间。

(5)服务员进房前先轻轻敲门(或按门铃)，同时说明“送餐服务”，敲门不要太急，一般敲三下，稍事停顿一下，如果没有反应，再敲三下(按门铃亦如此)，经客人允许后方可入房。

(6)服务员进房后首先向客人问好:“早上好,我是来送餐的,餐桌摆这里好吗?”客人表示同意时,即给客人开桌摆餐,按餐厅服务方式为客人服务,若是快餐,可以留下来让客人随时用餐。

(7)当服务工作就绪后,应立即将账单呈送客人签字或结账。客人签字或付现金后要向客人表示“多谢”。如果此时客人尚在用餐,还应祝客人用餐愉快,并请问客人需要何时收桌,服务员离开房间时,要礼貌地向客人道别,并将房门轻轻关上。

(8)当上述工作都完成后,服务员要迅速返回送餐部,签上返回时间表,同时填写收桌时间表,保证及时回收餐具。

客房送餐服务注意事项

(1)有时客人会将房号讲错或讲得不清楚,因此,送餐接待电话要配有电话显示器,及时确认客人的房间,避免错误,如果客人在订餐时有讲得不清楚的,要妥善协助客人解决。

(2)送餐(订餐)服务员要熟记菜单的内容,以便介绍给客人,并对客人的疑问给予满意的答复。

(3)服务员在入单时,应注明入单时间和取货的要求,以方便厨房适时烹制。

(4)为方便客人订餐,一般的中餐厅要印制精美、清楚的菜点,并将介绍卡放在客房内。客人预订房内用餐的方式主要有两种。一是服务员把菜单预订单挂在门把上或放在客房内,客人把挂在门把上的菜单上打“√”,房内用餐服务员在指定的时间内收集订菜单。二是通过电话预订,临时通知送餐部送食物、饮料。无论客人采用哪种方法订餐,餐厅服务员应做到准时、准确地将客人所点的食品送入客人房间,用热情礼貌的服务使宾客满意。

(5)服务员在收餐具时,同时要注意更换烟灰缸、玻璃杯,要擦拭桌上的脏东西,使客房保持干净幽雅。

(6)服务员从房内收出的餐具要清点,及时检查缺损,无法找回的餐具要呈报,收出的餐具及时送洗,不可滞留在楼层,以免引来蟑螂、老鼠,传染疾病。

(7)客房的餐饮服务,是服务员个人服务表现的最佳时机,送餐服务员要注意推广服务,绝不可因个人服务表现不好而影响到餐厅的声誉。

总之,中餐厅服务是服务礼仪的一个重要组成部分。中餐厅不但是向国内外宾客宣传中国饮食文化的重要场所,也是展示中餐厅服务水准的主要场所。中餐厅的建筑装潢突出中国民族风格,中餐厅以提供中式菜点为主,通过中国传统菜肴与中国创新菜肴的有机结合,为顾客提供温馨而完美的服务,在中餐厅的服务工作中,也体现着中华民族热情好客的传统美德。

西餐的餐厅礼仪

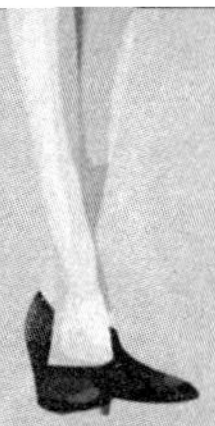

西餐礼仪千差万别。有法式服务、俄式服务、美式服务、英式服务、大陆式服务、自助餐服务……无论哪种服务，都离不开“豪华、标准、周到、温馨”的礼仪原则。

西餐服务具有悠久的历史，在国际上早已形成一定规范。对于我国的西餐服务而言，应遵循国际惯例，在服务过程中做到标准化、规范化、程序化，并以优质的服务为饭店创造良好的声誉和经济效益。

西餐泛指根据西方国家饮食习惯烹制出的菜点。西餐起源于欧洲，最早形成于古罗马时期，中世纪基本定型。13 世纪时意大利人马可·波罗曾将某些欧洲菜点制作方法传到中国，但没有形成规模。

西餐真正传入中国是在 1840 年鸦片战争之后。鸦片战争后，西方国家蜂拥而入，西方各国菜点也随之传入中国，当时，西餐在中国只是洋人的“住宅菜”，后来出现了“洋人饭店的西餐厅”、中国人经营的“番菜馆”等，但能吃西餐的中国人也仅限于官僚和商人，因此西餐在中国并不普及。

近年来，在我国改革开放政策的推动下，旅游事业蓬勃发展，旅游涉外饭店如雨后春笋，外国游客也不断增多。为满足外国游客的需求，有条件的饭店都积极提供西餐服务，既满足了宾客需求，又提高了饭店对宾客的吸引力。

第一节　西餐上菜讲顺序

西餐礼仪，特色独具。一是选料精细，二是口味香醇，三是食用讲究，四是烹调独特。

西餐上菜讲究顺序。西餐正餐的上菜顺序通常以开胃品和汤开始，然后是沙拉和主菜，最后是甜点、咖啡或茶。

第一，上“头盆”菜(Appetizers)。Appetizers 又称开胃品或开胃菜，即开餐的第一道菜。旨在开胃，一般量较小，多用清淡的海鲜、熟肉、蔬菜、水果制作。有冷、热头盆之分。头盘常用中小型盘子或鸡尾酒杯盛装，色彩鲜艳，装饰美观，令人食欲倍增。如：烟熏三文鱼、海鲜鸡尾杯、串烧海虾等。

第二，上“汤”菜(Soups)。Soups 是西餐中的汤菜，可分为冷汤类和热汤类，也可分为清汤类和浓汤类。汤的制作要求原汤、原色、原味。热汤中有清汤和浓汤之分，如：牛尾清汤、鸡清汤、奶油汤等。冷汤较少，比较有名的有：西班牙冻汤、德式杏冷汤、格瓦斯冷汤等。

通常法国人喜欢清汤，北欧人喜欢浓汤。汤也起开胃的作用，西餐便餐有时选用了开胃品就不再用汤，或者用汤就不用开胃品。

第三，上“沙拉”菜(Salads)。沙拉(Salads)意为凉拌生菜，具有开胃、帮助消化的作用。沙拉可分水果沙拉、素沙拉和荤沙拉三种。水果沙拉常在主菜前上，素沙拉可作为配菜随主菜一起食用，而荤沙拉可单独作为一道菜食用。荤沙拉有：什锦沙拉、厨师沙拉等。

第四，上“主菜”(Main Course)。主菜(Main Course)又名“主盆”，是全套菜的

灵魂。制作考究，既考虑菜肴的色、香、味、形，又考虑菜肴的营养价值。主菜多用海鲜、牛、羊、猪肉和禽类做主要原料，如：大虾吉列、西冷牛排、惠灵顿牛排等。

第五，上“奶酪”(Cheese)、“甜点”。主菜用完后一般要上甜点。零点餐需问宾客是否用奶酪，一般先吃奶酪后用甜点。奶酪跟配黄油、面包、克力架、芹菜条、胡萝卜等，调味用胡椒和盐。甜点有冷热之分，是最后一道餐食，常有：冰淇淋(Icecream)、布丁(Puding)、疏乎利(Souffle)、派(Pie)或各式蛋糕(Cake)等。

另外，有的西餐厅，上完甜点后，还要上咖啡或茶。

第二节　餐具摆放讲规则

西餐特殊菜点的餐具配置及服务都具有很强、很鲜明的特点：

(1)面包餐具的配备。面包碟和黄油刀，应置于餐位左侧。早餐面包配黄油、果酱，午晚餐面包只配黄油。

(2)玉米片餐具的配备。早餐玉米片等谷物用汤盒或大碗盛放，配鲜奶、糖，提供汤勺。

(3)咖啡或茶餐具的配备。上咖啡时用咖啡杯、垫碟、咖啡勺，配淡奶、糖，上茶时用茶杯、垫碟、茶勺，饮用时配淡奶、糖或柠檬片。

(4)海鲜鸡尾酒餐具的配备。上海鲜鸡尾酒应用香槟杯、咯弟叉、茶勺，配鸡尾调味沙司(Cocktail Dressing)。

(5)烟鱼餐具的配备。上烟鱼时，应该左边放鱼叉，右侧放鱼刀，配柠檬角、胡椒粉。

(6)法式田螺餐具的配备。上法式田螺时，应左边放田螺夹，右边放田螺叉，配法式面包。

(7)上汤餐具的配备。上汤时汤勺应该放在右侧。

(8)意大利面条餐具的配备。上意大利面条时，应在左边放勺，右侧放叉。

(9)龙虾餐具的配备。上龙虾时，左侧应放龙虾钳、鱼叉，右侧放鱼刀、龙虾签，备一小碟放龙虾壳，洗手盅里放温水与柠檬片。

(10)爱尔兰炖肉餐具的配备。上爱尔兰炖肉，应放在热汤盆里端上，用餐刀，餐叉和汤勺取用，配胡椒瓶、盐瓶、辣椒油瓶。

(11)牛排、羊排餐具的配备。上牛排和羊排时，应在左边放餐叉，右边放牛排刀。上羊排要配薄荷汁、薄荷啫喱。

(12)浓味炖鱼餐具的配备。上浓味炖鱼，应用汤盆盛，左边放鱼，右边放鱼刀、汤勺。并用鱼刀、鱼叉将鱼切开，再用汤匙将鱼肉带汁舀起食用。

第三节　西餐服务讲情调

与中国的“食不言、寝不语”习惯相反，西餐桌上应和别人轻松自由地交谈。说话时嘴里不要嚼食物，通常说话前或喝酒前要用餐巾擦一下嘴。西餐进餐讲究不端盘子进餐，大块肉食不可用刀叉扎着食用，应切成大小适宜一口吃下去的小块，再送入口中。食用面包时，应用手将大小合适的小块送入口中。西餐喝汤时，右手拿汤勺，勺口朝外舀，舀上后再送入口中，不能发出声响，骨头、鱼刺不进口，放进口里的食物一般不可吐出。

西餐进餐时，如果用餐未完但有事离座，应将刀、叉呈“八”字形搭放在盘边，刀口朝向里侧。如用餐完毕，暗示服务员可以撤盘，应将刀叉并排放于盘中。

西餐的服务方式多种多样。西餐服务源于欧洲贵族家庭，经过多年的演变，世界各国、各地区的服务方式及摆桌方法都不尽相同。目前，在我国饭店中，常见的服务方式有法式服务、俄式服务、美式服务、英式服务、大陆式服务、自助餐服务等。

法式服务

法式服务是由西查·李兹于20世纪初发明的一种用于豪华饭店的服务方式，故又称“李兹服务”。法式服务是一种最周到的服务方式，由两名服务员共同为一桌宾客服务。其中一名为经验丰富的专业服务员（相当于师傅），另一名是服务员助手（相当于学徒）。

在法式西餐服务中，服务员（Waiter）的主要任务有：①领班不在时，请宾客入座；②接受宾客点菜；③为宾客斟酒、上饮料；④客前分割装盘或客前烹制；⑤递送账单，结账收款等。

在法式西餐服务中，服务员助手（Bus Boy）的主要任务有：①将服务员开好的点菜单送入厨房；②帮助厨房出菜，用推车推送到宾客餐桌旁；③把装好菜肴的餐盘送到宾客面前；④撤餐具、收桌；⑤服从服务员的指挥。

法式西餐服务的上菜方式有其特点。用服务车推出菜肴，服务员当着宾客面进行烹制表演或切割装盘，服务员助手用右手从宾客右侧送上每一道菜。需要注意的是，面包、黄油和配菜应从宾客左侧送上，因为它们不属于一道单独的菜肴，而总是跟配某一道菜上桌。当餐位没空位而右前方又被酒杯占据时，面包、黄油和配菜只能放在左前方，因从宾客左侧送到左前方不会影响宾客就餐。另外，从宾客右侧用右手斟酒或上饮料，从宾客右侧撤盘。

法式西餐服务是一种最讲究礼节的豪华服务，该服务十分注重在宾客面前进行切割和燃焰表演，能吸引宾客的注意力和烘托餐厅气氛，服务周到，每位宾客都能得到充分的照顾，但服务节奏缓慢，浪费人力，用餐费用昂贵，普通人消费不起，且利用率和餐位周转率都比较低。目前除了某些特色餐厅外，许多旅游饭店都不使用法式服务了。

俄式服务

俄式服务起源于俄国沙皇时代，在拿破仑对俄战争时期就已存在了。

俄式西餐服务，在服务人员及上菜方式上与法式西餐服务有很大区别。俄式服务与法式服务相比节省人力，且服务效率高，通常由一名服务员为一桌宾客服务。出菜前，服务员先用右手从宾客右侧送上空盘，注意冷菜上冷盘（即未加温的餐盘），热菜上热盘（即加过温的餐盘，以便保持食物的温度），上空盘依照顺时针方向操作。然后从厨房中将装有菜肴的大银盘托到宾客餐桌旁，站立于宾客左侧，用右手从宾客左侧分菜，分菜时按逆时针方向绕桌行走，因为这样可避免退行。斟酒、上饮料和撤盘都在宾客右侧操作。

俄式服务讲究优美文雅的风度，服务效率和利用率都比较高，节省人力，大量的银器能增添餐桌的豪华气氛，且每位宾客都能得到较周到的服务，由于采用桌边分菜，没分完的食物可以回收，从而减少不必要的浪费。不足之处是：银器投资很大，如使用保管不当会影响餐厅经济效益。再者，最后分到菜的宾客，看到大银盘中的菜肴所剩无几，总有一些分剩的感觉。

但是不管怎样，俄式服务仍然是一种受欢迎的服务方式，当今欧美各国的豪华饭店大多采用这一服务方式，由于零点餐厅的宾客常点不同口味的菜肴，无法装在一个大银盘中同上，所以俄式服务主要用于西餐宴会服务，尤其是适用于大型宴会。

美式服务

顾名思义，美式服务起源于美国，美式服务又称“盘子服务”。

美式服务是最快速而廉价的服务方式，一名服务员要看数张餐桌（通常一人看管20个餐位），而且这个服务员要完成宾客整个就餐过程接待服务工作，其主要职责如下：①拉椅让座；②接受点菜；③开单后通知厨房并领取酒水饮料；④斟酒及饮料；⑤上菜；⑥撤盘及更换烟灰缸；⑦结账收款；⑧收桌及重新铺桌。

美式服务的上菜方式也有讲究。美式服务的食物由厨师在厨房按宾客人数装盘，每人一份，由服务员直接端着送给宾客。上菜时在宾客右侧进行操作，用右手从宾客右侧送上，撤桌时也要从右侧进行。

美式服务特点是简单明了，服务速度快，餐具成本低，人工成本低，餐位剩用率及餐位周转率都十分高，由于各项成本降低，用餐费用也相对较低。除了缺乏表演性服务及烘托餐厅气氛不足外，美式服务是最理想的物美价廉式的服务方式，因此，美式服务广泛流行于西餐厅和咖啡厅，也常用于西餐宴会服务。在美式宴会服务中，一般由相邻餐桌的服务员配合上菜，几个服务员同时先上上一桌，再上下一桌，以保证坐在一个餐桌旁的宾客能同时吃到菜肴。

英式服务

英式服务又称家庭式服务。其服务方法是：服务员先将已加温的热空盘放到“评价”面前，再将装着整块食物的大盘，从厨房中拿到餐桌旁放在“评价”面前，由“评价”动手切肉装盘并配上蔬菜。服务员把盘装的菜肴集中端送给每一位宾客，调味品、沙司和配菜都摆放在餐桌上，由宾客自取或相互传递。

英式服务家庭味很浓，许多工作由宾客自己动手（“评价”也往往是饭店的宾客），且节奏比较缓慢。英式服务不适合饭店接待宾客，因此，在欧美旅游饭店中，英式服务早已被淘汰了。

大陆式服务

大陆式服务是一种融合了法式、俄式及美式西餐服务的综合服务方式，这也是当前西餐服务中普遍采用的服务方式，现在各国的西餐服务都不仅指某一种服务方式。通常用美式服务上开胃品沙拉，用俄式服务上汤或主菜，用法式服务上主菜或甜点。不同餐厅或不同餐次所选用的服务方式组合也不同，可能有俄式而没法式，也许有法式而没俄式，但总少不了美式西餐服务。

自助餐服务

自助餐服务是近几年发展起来的一种服务方式。随着社会的发展，现代人的生活节奏越来越快，许多人一进入餐厅就希望能立即得到菜肴，在这种情况下，自助餐服务便应运而生了。

这种服务方式是把事先准备好的食物陈列在食品桌上，宾客进餐厅后只支付一餐的钱，便可自己动手选择符合自己口味的菜点，然后拿到餐桌上用餐。这种用餐方式需要宾客“自我服务”，故称自助餐。

在自助餐西餐服务中，服务员的任务主要是餐前布置餐具陈列桌，以及在客人进餐过程中提供简单的服务，如斟酒、撤脏盘及补充食品桌上的食物等。

自助餐服务的特点足：节省人力、节省开支、价格便宜。宾客亲自选择自己喜爱的菜肴，不必等候，并且花很少的钱可品尝到许多种不同口味的菜肴。餐位周转率高，服务员的人均接待量大，但宾客得到的个别服务却较少。

总之，自助餐服务的优点多于缺点，目前在饭店中十分流行，自助餐一般多用于早餐和午餐。采用自助餐服务要考虑到充足的客源，客源太少无法准备品种丰富的菜肴，或者备好的菜肴销售不完，就会影响下一餐的新鲜程度。另外，用自助餐服务方式提供的宴会称冷餐酒会。

第四节　扒房设施讲豪华

首先我们要了解什么是“扒房”。“扒房”(Grill Room)是饭店为体现饭店餐饮菜肴与服务的特色与水准、满足一部分宾客需求，并根据客人的经济收入而开设的高级西餐厅。扒房按其经营风格大致可分为“法式扒房”和“美式扒房”两种，其中“美式扒房”是近几年才在全球饭店兴起的。

第一，扒房的布置与气氛。扒房的装饰与布置，大多采用法式装潢与设计，映射出欧洲文明的经典与辉煌，气氛情调洋溢着神秘、浪漫、富丽的色彩，秉承尽善尽美的传统，充分展现了最高级、最优雅的服务姿态。

第二，扒房的主题选择和设计。扒房的主题选择和设计一般反映欧美传统或新潮的文化艺术，同时也可作为西餐宴会主题设计的参照，为西餐宴会的菜单、服务程序和进餐意境的设计提供依据。供选择的主题有：欧美某个特定的历史朝代、异域风情人物志、文化艺术形式相互渗透等。例如，恺撒皇宫西餐厅(Caesar Palace)：闪耀古罗马时期恺撒大帝的辉煌。例如，莫扎特餐厅(Symphony Restaurant)：“用舌头去品赏音乐”，体验序曲、间奏乐章、轻柔乐章、高潮乐章的美食旋律。例如，Margaux 欧陆西餐厅：以法国著名红葡萄酒产区波尔多的玛贴葡萄酿酒城堡为主题。藏酒珍贵丰富为其一大特色。

第三，扒房的主体色调、灯光与灯饰。扒房主体色调多采用暖色调，并且反映不同国家和民族对色彩的偏爱和赋予的意境。在主体色调的选择和设计中，尤以金色、古铜色配深红、枣红、咖啡色为传统色调，对豪华、宝贵、高雅、浪漫的气氛非常重要。回归自然的色调也是扒房经常采用的，特别是对于那些自然环境、地理位置优越的餐厅。此外，欧陆式西餐厅惯用金色、粉黄色、灰绿色。德式餐厅惯用深木色、黑色、蓝色、白色等。意大利餐厅惯用红、绿、黄、白等热烈而民族性强的色彩。美式餐厅惯用木色、红色、蓝色和白色等色调。

扒房的餐桌光源以烛光为主，烛台的质地和形式多种多样。镀金、镀银的烛台是高级法式餐厅餐桌上必备的装饰物，古典式豪华油灯或油灯式烛台(带玻璃罩，称 Hurri Cane Lamp)也较为普遍。扒房灯饰以古典西式吊灯、壁灯为主，蜡烛灯和油灯也非常多，这样显得富丽堂皇、晶莹璀璨。铁劳尼式吊灯(Tiffany Style)在德式、意式、美式餐厅中较为常见，其大面积彩色、发光突顶或照片灯箱，内容丰富，引人注目，常布置于天花板、墙壁、走廊或餐厅入口处，具有鲜明的时代感。总之，扒房灯饰不同形式的运用和互补，使光线照明充满层次感和立体感。

第四，扒房家具的陈设。就功能及其种类来讲，扒房的家具陈设(诸如餐桌、餐椅、陈列柜、工作桌等)与中餐厅家具相似，但风格却不尽相同。扒房家具陈设豪华、舒适。古典法式家具很适合扒房气氛，其特点是：具有强烈的流线感，椅腿、桌腿采用猫爪式设计，椅背景、椅垫、扶手等部位用华丽的织物蒙面，饰以金色图钉。家具的框架结构以回旋曲折的贝壳形曲线和精细纤巧的雕饰镶嵌为主要特征。在餐厅布局方面必须注意的是：根据家具的条件特点和便于进餐服务的原则，合理利用餐厅的有效面积。壁炉常见于一些高档的扒房，兼具观赏和取暖的双重功能，体现传统西方气息和生活方式。

第五，扒房的装饰布置艺术。西洋绘画、雕塑作品以其独特的色彩视觉艺术和历史文化宗教背景，在表现扒房的主题、渲染进餐气氛方面起着重要的作用。现在西方国家，越来越多的艺术家崇尚在知名度较高的饭店和餐厅内开设自己的"作品角"，从而逐渐形成一种特殊的文化氛围，即"店景文化"。"店景文化"包括两方面。一是西洋画：油画、版画、水彩画、装饰画、素描、柱体壁画、穹顶画等。二是雕塑：汉白玉雕、铜雕、浮雕、食品雕刻、冰雕等。

第六，扒房展台橱窗的装饰。扒房非常注重展台橱窗的装饰。展台橱窗大致分为三类：

一是观赏型，由冰雕、黄油雕、果雕、各类食品模型、名贵餐具、酒水、插花等组成，旨在体现餐厅的档次和经营特点；

二是传统型，它的设置是为西方传统节日增添喜庆气氛，例如圣诞小屋、圣诞树、玩具兵、琳琅满目的圣诞礼物篮，通常是圣诞节展台装饰的内容；

三是促销开支，为美食促销活动（Promotion）设置，内容多为食品商、酒商赞助的样品、广告物和反映美食之乡的特产和纪念品等等，展台橱窗的布置装饰也可将上述三种类型有机地结合起来。

第七，扒房的餐具用品的配置应力求豪华高档、品质精细、款式传统。

瓷器餐具：以骨瓷为主。色白柔美，轻巧晶莹、触感柔顺、耐磨坚硬，纯白、手绘、釉彩等各具个性。瓷器在扒房中使用范围广泛。

金银器皿餐具：金银器以刀、叉、匙、衬碟、沙司盅、银托、烛台、菜盖等为主。华贵高雅，耀目生辉，但价格昂贵，保养要求谨慎严密，必须定期抛银上光，妥善保管，严格领用、归还等程序。几乎所有的金银器都可用不锈钢器皿替代，不锈钢餐具在扒房中使用较为广泛、流行。

玻璃器皿餐具：扒房中的器皿餐具多为水晶玻璃制成，晶莹剔透、声音清脆，光度的折射率强，在烛光射灯的映衬下，隐隐约约透出一抹淡蓝的色彩，似星光璀璨。常见的玻璃器皿餐具有各类酒杯、滤酒器等。

扒房的各式服务车：为了便于服务，促进销售和增添进餐气氛，扒房都配置了不同功能的各式服务车，例如：活动服务车、切割车、开胃品车、奶酪车、蛋糕和甜品车、咖啡和茶水车、烈酒车、餐酒车、燃焰车等等。而法国 Neoservice 牌服务车被视为世界最著名的品牌。

扒房的花草布置装饰：花草、盆栽等是扒房布置不可缺少的装饰品，为富丽高雅的气氛增添了勃勃生机。阔叶植物不仅可以绿化点缀餐厅，还可以起到自然分隔空间作用。玫瑰、香百竹(康乃馨)、霞草(满天星)、红鹤草、非洲菊、补白草(勿忘我)、紫荆花等充满异国情调的花卉，则是美化扒房的重要花卉。如今，扒房花卉发展趋势为：花型向空间发展，采用堆插手法，花材自然朴素。

扒房员工服装。西餐厅的扒房，除迎宾员外，其他服务员大多以男性为主，不同岗位员工的服饰有所区别。餐厅服务员着程式紧身西装打领结，着燕领衬衫、腰带和西裤。专侍酒水的服务员着深色马甲背心、西裤，打领结。燕尾服是夜间正式的礼服，为渲染气氛，服务员常着燕尾服、打蝶领。女领位员一般着西式拖地长裙、方巾披肩。扒房服务员的服装质地优良、美观大方、挺括庄重，与扒房的气氛相辅相成，色彩以黑色、白色为主。同时，扒房对宾客的着装也有较高的礼仪要求。

第五节　扒房服务讲程序

扒房的菜单有学问

扒房菜单有自己的特点。扒房高级西餐厅的菜单以法式大餐为核心，兼容意式、德式、俄式等特色菜肴。扒房的佐餐酒单、甜品单、商务套餐单要分开印制，品种齐全，特别是佐餐酒单，应该罗列世界著名的红葡萄酒、白葡萄酒、桃红葡萄酒和香槟酒等。扒房菜单制作要精美，通常以真皮封面装帧，体现扒房的高档次和高水准。扒房菜单、菜肴、酒水等，价格一般较为昂贵，要体现出菜肴制作水平的一流。扒房菜单的内容有：冷热盆、汤类、沙拉、鱼类海鲜，扒类菜肴、甜品、时令水果等等。

扒房的娱乐要高雅

扒房娱乐活动主要以西方高雅音乐为主，旨在营造优雅、浪漫、高尚的就餐环境。①背景音乐：播放饭店中央音乐系统的西方古典音乐、世界名曲等。②以西洋乐器为主、现场演奏的独奏曲、协奏曲，题材以小夜曲为主，一般用钢琴、小提琴等演奏。③游走式小型乐队的席间助兴，乐师在宾客餐桌边演奏，使音乐与美食有机地结合在一起。

扒房的午晚餐服务程序

扒房以提供午、晚餐为主，有的只提供晚餐。在欧美，晚餐比午餐更正式、更受重视。因此扒房的服务节奏较慢。扒房服务体现饭店餐饮与服务的最高水准。目前，国际上扒房常结合采用美式与法式服务向顾客提供高档次服务。

1. **预订**

扒房因进餐节奏慢，所以餐座周转率很低。为了保证宾客到餐厅就有座位，往往需要提前预订。扒房一般由领位员或餐厅预订部负责接受宾客的电话预订或画订，接受预订后即填写预订单，并根据宾客要求留好相应餐桌。

2. 餐前准备

扒房一定要按照规格摆台，预订宾客的桌子应根据预订要求摆放，并放上留座卡，准备好各种调味和服务用具。

3. 餐前会

开餐前半小时，由外厅经理按规范进行餐前会。餐前会的主要内容有：任务分工，介绍当天特别菜肴及其服务方式，了解当日客情，VIP 接待注意事项，检查员工仪表仪容等。

4. 迎宾入座

由迎宾员或餐厅经理将宾客引领到预留或适当的餐桌，先为女士拉椅，将其安排在面朝餐厅大门的最佳位置，同时为每位宾客呈上菜单。在区域服务中，要主动上前招呼宾客，帮助就座，向宾客介绍开胃酒或鸡尾酒，并记下每位宾客所点的酒水名称。

5. 开订单

酒水单一式三联：第一联交收银台以备结账，第二联到吧台取酒水，第三联自留备查。若一桌宾客人数较多，可画出座位示意图，记下宾客各自所点的酒水，以防止上错酒水。

6. 倒冰水、上酒水

服务员助手给每位宾客斟倒冰水，服务员应尽快将酒水送到宾客桌上、报出名称，并按规范为宾客斟倒酒水。

7. 接受点菜

和普通酒店不同，扒房一般由领班接受宾客点菜。因西餐是分食制，每位宾客所点的菜都可能不一样，所以，扒房领班应用座位示意图记下每位宾客所点的菜肴，然后根据示意图安排送入厨房正式的点菜单，并且，在安排送入厨房菜单时，注意控制出菜顺序。

熟悉扒房的菜单

了解西餐常见的烹调方法。

(1)煎(Fried)：将原料放入平底锅中用少而热的油进行加热，如蛋煎明虾等。

(2)炒(Sauted)：将原料放入锅中，用少而热的油进行加热，并快速翻动使之成熟，如英式炒土豆等。

(3)炸(Deep Fred)：将原料完全浸入热油，是进行加热的烹调方法，如米兰式炸猪排等。

(4)烩(Stewed)：将食物放入装有水或汤汁的有盖容器中进行加热，如红烩牛尾等。

(5)焖(Braised):焖菜原料大都用大型肉块,然后再放入水或汤汁中进行加热,如焖牛舌等。

(6)烘(Baked):把经过加工的原料或是煨以某种沙司、蔬菜、比较湿的原料再加以烧烤,如:蜗牛、奶酪鱼等。

(7)烤(Roast):将原料放入烤炉内,借助空气对流及辐射热能使原料成熟的方法,如烤火鸡等。

(8)煮(Boile):就是将原料完全浸没于水或汤中,通过加热使之达到所需的要求,如煮出骨大马哈鱼等。

(9)铁扒(Grill):是利用铁架或铁板导热,使原料从生变熟,如西冷牛扒、各色铁扒等。

此外,还要熟悉点菜量单位。因为西餐是分食制,各人点各自想用的餐食,道数多少自由,食量大的宾客可能点头盘、汤、主盘、水果等。因此,西餐的点菜量要因人而异。

熟悉菜肴的调味汁和烹制要求

沙拉酱:即宾客点沙拉时通常跟配的调味汁酱。例如有千岛汁(Thousand Island Dressing)、法汁(French Dressing)、意大利汁(Italian Dressing)、油、醋汁(Oil & Vinegar)、罗佛汁(Roquefort Cheese Dressing)、蛋黄酱(Mayonnaise Dressing)等等。

配羊肉的调味汁:例如有薄荷啫喱(Mint Jelly)、薄荷汁(Mint Sauce)等等。

此外,还有鞑靼沙司(Tartar Sauce)、奶油沙司(Bechamele Sauce)、柠檬汁(Lcmon Juice)等等。

其他常备的西餐调味品:例如有盐(Salt)、吉汁(Worcestershiro)、辣椒(Tobassco)、芥末(Mustard)、番茄沙司(Tomato Katchup)、橄榄油(Olive Oil)、奶酪粉(Parmeson Cheese)等等。

了解牛羊排的烹制要求

服务员应掌握牛羊排的习惯烹制方法,以便在接受宾客点菜时主动征询宾客意见,及时提供准确服务。牛羊排烹制一般有以下几种烹制要求:全熟(Well Done),缩写为 W. D. ;七成熟(Medium Well),缩写为 M. W. ;五成熟(Medium),缩写为 M. ;三成熟(Medinm Rare),缩写为 M. R. ;一成熟(Rare),缩写为 R. 。

第六节　扒房点菜讲步骤

扒房的点菜步骤

(1)接受点菜:在宾客看完菜单后,首先问主人是否可以点菜了,得到主人首肯后,从女宾开始依次点菜,最后为主人点菜。

(2)推荐菜肴:提供建议。

(3)记录内容:分别记下不同宾客所点的菜肴,不能混淆,特别是宾客点牛羊排时,需问清宾客需求。

(4)复述确认。

(5)礼貌致谢,收回菜单。

(6)安排入厨房的点菜单。注意,在西餐午晚餐散餐中,由于宾客食量大小不一,点菜的道数不同,在安排入厨房的出菜单时,一般所有宾客的第一道头盘须安排在统一时间里一起上,所有宾客点的主菜也须一起上,而其他菜肴则根据不同宾客所点内容和用餐速度酌情提供服务,这就要求服务员在接受点菜后,遵循西餐的服务规范,安排好入厨房的菜单。

呈递酒单与安排餐桌

领班或酒吧调酒师根据宾客所点的菜肴,介绍推销与其相配的佐餐酒。在重新安排餐桌时,服务员要根据订单和示意图,给每位宾客按点菜内容和上菜顺序摆放刀、叉、勺等用餐器具。最先食用的菜肴餐具应放在最外侧,其他餐具则要根据菜肴内容和服务顺序向中央摆放。

订佐餐酒及上黄油、面包

领班或调酒师应征求宾客用什么葡萄酒佐餐。如果订红葡萄酒,要问清是立即喝还是配主菜喝。如果配主菜喝,问清是否需立即打开等等。红葡萄酒要盛放在酒架或酒篮里展示给宾客,而白葡萄酒需立即服务,冰镇后即开瓶斟酒。上黄油、面包时要先上黄油,面包可放在面包篮内上桌或分派。

巡台服务与头盘服务

服务员要根据订单和座位示意图,按餐厅严格规定的方式上菜。菜端上桌后要报菜名。

巡桌服务要贯穿于整个服务的全过程。其服务过程如下:①撤走空的饮料杯;②换下有烟头的烟灰缸;③添加冰水、葡萄酒;④添加面包及黄油;⑤随时替宾客点烟。

怎样撤走头盘呢？头盘吃完后，征求宾客意见后立刻撤走餐桌上的餐具，注意将刀、叉放在空盘里一同撤下。西餐要求徒手撤盘，只有玻璃杯具、烟灰缸、面包盘、黄油盅等小件物品才用托盘撤送。另外，收盘时，要用右手从宾客的右边撤下，从主宾按逆时针方向撤下每位宾客的空盘，撤下的脏盘直接送入洗碗间，要分类摆放。

头盆服务后是第二道菜的服务。由服务员用手推车或旁桌服务方式送上第二道菜，第二道菜要直接放在装饰盘内。汤盅可垫用餐巾折的小荷花，这样既美观又保温。调味汁、奶酪粉等调料，一律从宾客左手边分派。第二道菜吃完后，空菜盘应连同装饰盘一起撤下，餐位上只留下吃主菜的刀、叉、面包碟、油刀等餐具。

关于主菜服务

有些餐厅部分主菜常在宾客面前烹制表演，或切割装盘，服务员要提前做好准备工作，然后由领班进行操作表演。

菜肴装盘时要注意布局，一般蔬菜放在主菜上方，汁酱不要挂在盘边。服务员从宾客右侧上菜并报出菜名，羊牛排要告知几成熟。放盘时，让主菜、肉类靠近宾客面前，如胡椒粉跟配主菜的沙拉，可用沙拉木碗或小碟盛放，并放在主菜盘左上方。

主菜用餐完毕后，怎样撤主菜盘呢？当宾客全部吃完主菜后，服务员要集中撤走主菜盘和刀叉，用服务巾或面包碟将桌上面包屑清扫干净，并征求宾客对主菜的意见。

关于甜点、咖啡的服务

如何推销奶酪和甜点？首先，要展示放有各式奶酪的木板或手推车，将宾客所点的奶酪当场切割装盘并摆位，接着在服务时配胡椒、盐瓶，要重新为客人派黄油、面包，或者配凉蔬菜、芹菜条、胡萝卜条、黄瓜条和鲜葡萄等。待宾客吃完奶酪后，用托盘撤下用过的餐具，只留下甜品叉、勺及有酒的杯子、烟缸、花瓶、烛灯。然后，展示甜品车并为客人服务甜品。有些扒房只呈递甜品单，因为甜品要在厨房里准备，少数甜品如苏珊特饼可在宾客面前进行烹制表演。

在送咖啡或茶时要问宾客喝咖啡还是茶？随后送上糖缸、奶壶或柠檬片，摆上咖啡具或茶具，再用咖啡壶或茶壶为客人斟倒。有些扒房还提供爱尔兰咖啡和英国皇室咖啡，可以在宾客面前制作，以渲染餐厅气氛。

撤走甜点用具。服务员用托盘撤走盛甜品的用具后，要将咖啡或茶杯移至宾客面前，随时准备添加。在宾客离桌前，所有酒杯均应保持原位不动，待宾客离去后再撤。有的客人在用过甜点和咖啡后，还要喝点利口酒或吸一支雪茄烟，因此，餐厅服务员向客人推销餐后利口酒和雪茄的工作也很重要。首先，展示餐后酒车，问客人是否餐后用点利口酒、干邑白兰地或雪茄烟，然后用酒车上准备好的各式酒杯，斟酒，服务宾客，随后开单。如果宾客点了雪茄烟，则要帮助宾客点燃。

关于结账、送客与清台

宾客用餐完示意结账时，服务员要按规范和宾客的要求进行结账。必须注意的是，西餐结账，有时是宾客各自结自己的账，因此，服务员在点菜和服务过程中，千万不可像中餐服务那样以餐桌为单位结账，而是应该记录好每位宾客的点单内容，以保证服务和结账正确。

当宾客起身离座时，要帮助拉椅、穿外套，并提醒宾客带上自己的物品，礼貌致谢："谢谢光临"、"欢迎下次再来"或"希望能再次为您服务"。送客出餐厅门外，要鞠躬道："再见"或"祝您晚安"。

客人走后要清桌。服务员在清桌时要先放好椅子，收好餐巾，然后用托盘清理桌面，换上干净桌布，准备迎接下一批宾客或为下一餐铺桌。

第七节　自助服务讲随意

自助餐服务在当前是一种流行的最普遍的西餐服务方式。人们很容易把自助餐厅与冷餐会混为一谈，其实它们是有区别的，自助餐厅的接待对象是零散宾客或团体客人，自助餐有价格实惠、品种多样、节省时间等特点，从消费角度看，一般较零点餐厅低。冷餐会的接待对象为宴会宾客，相对于自助餐来说，具有菜肴丰盛、气氛热烈、消费较高的特点。但两者的服务方式大同小异，因为冷餐会就是一种以自助餐形式的宴会。

自助餐的特点

自助餐不拘礼节、品种丰富、价格便宜，宾客虽然花钱不多，却能品尝到较多种类的食物，因为，自助餐厅的食物基本上是预先准备好的，所以开餐时，对于厨房的压力很小，需要的服务员为数也相对较少，对餐厅来说，可以节省劳动力、降低成本、提高餐位周转率。自助餐是一种客我两便的服务方式，因此，备受宾客和饭店青睐。

自助餐厅的收费方法主要有两种：一种是宾客进入餐厅后随意取食物，再拿到餐桌上就餐，餐后结账，每位宾客餐费标准统一，酒水另收费用；另一种是宾客选择自己要饮用的饮料后，用托盘端到收银台付款，按选择的种类及数量分别计算价格，然后端到餐桌上进食，也有的饭店预先出售就餐券，宾客凭券进入餐厅就餐。

自助餐台的设计

自助餐桌也叫食品陈列桌，可以安排在餐厅中央或靠某一墙边，也可放于餐厅一角。可以摆成一个完整的大桌，或由一个主桌和几个小桌组成，自助餐桌的安排形式多样，变化多端，但自助餐桌的安排设计，必须注意下列事项：

（1）醒目而富有吸引力。自助餐桌要布置在非常显眼的地方，使宾客一进入餐厅就能看见。餐桌的摆放要有立体感，色彩搭配要合理，装饰要美观大方。可用聚光灯照射台面，但切忌用彩色灯光，以免使菜肴变化颜色，从而影响宾客食欲。

（2）方便宾客取菜。设计自助桌的大小，一定要考虑宾客的人数及菜肴品种的多少，并要考虑宾客取菜的人流方向，避免拥挤和堵塞。

（3）自助餐桌的装饰布置。自助餐桌不应让宾客看见桌腿，可铺桌布并围上桌裙或装饰布，根据宾客的要求，或接待任务的性质，可采用各种雕塑品或借助各种道具来美化餐位，以突出主题。

（4）自助餐桌的桌型。“I”形桌：即长桌，是最基本的桌型，常靠墙摆放；“L”形桌：由两个长桌拼成，一般放于餐厅一角；“O”形桌：圆桌，通常摆在餐厅中央；其他桌型：根据场地特点及宾客要求，可采用长桌、扇面桌、圆桌、半圆桌等拼接出各种新颖别致、美观流畅的桌形。

自助餐桌的桌面布置

（1）桌面布置主要指自助餐桌的桌面摆放。宾客取菜和食物用的餐盘应放于自助餐桌最前端，20 个餐盘一叠，码放整齐，不要堆得太高。餐刀、餐叉、汤匙及纸巾等，要整齐地放于餐盘前方。有的餐厅把餐具摆放在餐桌上，自助餐桌上不放餐具。

（2）要以沙拉、开胃品、汤、熏鱼、热蔬菜、烤炙类，或其他热的主菜、甜品水果为顺序摆放菜肴。

（3）要将某些特色菜分桌摆放，如甜品、水果桌或切割烧烤肉类的服务桌等，菜肴摆放顺序同上。

（4）热菜用保温锅盛放保温，宾客来餐厅后，要由服务员揭开盖子，或由宾客自己揭盖取菜。

（5）每盘菜肴都要摆放一副取菜用的公用勺、叉。菜肴前摆放中、英文菜牌。

（6）与各种菜跟配的沙司、调味品等，要与菜肴放在一块，以便于宾客取用。

（7）成本低的菜肴要靠前摆放，以方便宾客取用。

（8）摆放菜肴时，要注意色彩搭配，使其美观、整齐、有立体感。

（9）冰雕、黄油雕、果蔬雕刻、鲜花、水果或餐巾花等，都可用作自助餐桌的装饰点缀。

自助餐的餐桌摆桌

一般来说，冷餐会可不设座，但自助餐厅通常要摆桌椅，其桌面需按零点餐厅摆放。一般为胡椒瓶、盐瓶、烟灰缸、餐巾、面包盘、黄油刀、头盘、刀、叉、汤勺、餐叉、甜品叉、甜品勺等。自助餐服务程序颇为讲究，通常由餐前准备、开餐服务、餐后工作三部分组成。

餐前准备：

(1)服务人员按要求着装，按时到岗。

(2)服务人员做好计划卫生。

(3)服务人员擦拭检查各类餐具、器皿。

(4)服务人员备足开餐时所需的调味品。

(5)服务人员装饰、布置自助餐桌。

(6)服务人员按西餐散餐摆桌规格进行餐桌摆桌。

(7)服务人员参加餐前会。

(8)服务人员要以站姿恭候宾客光临。

开餐服务：

(1)服务人员主动问候宾客，拉椅让座。

(2)服务人员询问宾客喝什么饮料。

(3)服务人员开单取饮料提供斟倒服务。

(4)服务人员遇行动不便的宾客，征求意见并为其取食物。

(5)服务人员巡视服务区域，随时为宾客提供服务，如：添加酒水，更换烟灰缸，撤空盘、空瓶、空罐，替宾客点烟等。

(6)服务人员整理自助餐桌。

(7)服务人员要保持桌面清洁卫生。宾客自取食物容易弄脏公用叉、勺或将汤汁洒落到菜盘边，餐厅服务人员应维护整洁。

(8)服务人员要不断补充陈列的食品，在客人用餐过程中保持所有菜肴不短缺，避免宾客因取不到菜肴而产生不满。

(9)服务人员要不断检查食品温度，保证热菜要烫、冷菜要凉。

(10)服务人员要向客人介绍、推荐菜肴，并且回答宾客提问。

(11)服务人员要帮助宾客取递食品，分切大块烤肉或现场烹制等。通常由固定厨师或服务员完成。

(12)宾客用完甜点后，服务人员要询问宾客是否需要咖啡或茶，如果有需要，要及时送上。

(13)服务人员要结账收款。宾客示意结账后，服务人员要迅速备账单，并按规范替宾客办理结账手续。

(14)客人用餐完毕，服务人员要拉椅送客，礼貌道谢。

餐后工作：

自助餐服务收台工作与散餐餐厅基本一样，不同之处主要有以下几点：一是服务人员将可回收利用的食品整理好，撤回厨房；二是服务人员要妥善保存自助餐桌的装饰品。

第八节　咖啡厅服务讲气氛

咖啡厅简介

咖啡厅，英文称做“Coffee Shop”，美语称为“Cafe”。早期的咖啡厅是名副其实供宾客饮用咖啡的地方。由于社会的不断发展和工作生活节奏的加快，咖啡厅逐步发展成为人们工作之余稍作歇息停顿和休闲会谈的场所。咖啡厅除提供快餐和小吃外，还供应正餐，正餐一般以西餐正餐和各种风味餐为主，全天 18～24 时服务。在商务饭店里，咖啡厅是饭店餐饮部不可缺少的一个重要组成部分。

咖啡厅一般设在饭店的一层，与大堂相连。从风格上大致可分为两种类型，即欧陆式咖啡厅和美式咖啡厅。欧陆式咖啡厅通常一日三餐提供种类丰富的自助餐和风格各异的西餐美食、精选零点服务等，是一种饮食多元化的场所；美式咖啡厅带有浓厚的休闲娱乐性质，除了向宾客提供风靡世界的美式扒类、烧烤类菜肴、美酒、名酿外，夜间还常有乐队、歌手进行现场表演以渲染气氛。

随着国际交往的日益频繁和东西方文化的不断融合，社会上风格迥异、主题鲜明的咖啡厅不断兴起，从而逐步形成了绚丽多彩的咖啡厅文化。

咖啡厅的布置与气氛

咖啡厅是西餐厅的一个门类，在装饰布置和环境气氛的设计上具有欧美特色，直接或间接地反映出欧美的饮食文化、宗教信仰和风情礼仪等。

在咖啡厅的主题和色调设计上，咖啡厅的主题通常反映欧美传统或新潮的文化艺术。欧陆式咖啡厅的主题一般比较清新、隽永、活泼，如北京凯宾斯基饭店(Kempinski Hotel)的恰时咖啡厅(Season's)，广州的绿茵阁咖啡厅等。美式咖啡厅的主题体现了不同文化艺术形式之间的相互渗透，较适合青年人的品味和追求，如驰名全球的硬石餐厅(Hard Rock Cafe)即是美食与音乐的完美化身。

咖啡厅在采光与灯饰上，欧陆式咖啡厅大多利用自然采光，有较为开阔的观赏视野，有面朝向户外的大自然，有些咖啡厅甚至将室内与露天平台合而为一，与自然融为一体。而美式咖啡厅通常是封闭式的，让人暂时忘却外面的世界，享受自由、悠闲、火爆的气氛。欧陆式咖啡厅的灯光比较明亮，除了餐厅照明外，还常饰有西式油灯、烛台等等。美式咖啡厅的灯光则较为暗淡，常以铁芬尼式(Tiffany－style)吊灯为饰，以激发人的怀旧之情。

在咖啡厅的家具摆放上，咖啡厅家具总体上看比较简单，餐桌多为方形，其质地以大理石为多，可供3～4人就餐，并根据宾客的人数随意拼接。餐椅比较轻巧，感觉闲适、雅致。靠墙的座位多用长沙发或两人对座式小餐桌。多数咖啡厅不用桌布，只在光滑的桌面上直接放置餐具垫、纸垫式菜单等。咖啡厅在工作桌、服务区域的划分、工作桌的式样及功能等方面，基本与中餐厅一致。

在咖啡厅的装饰上，咖啡厅的壁画总是为主题服务，欧陆式咖啡厅的壁画一般以西洋油画、装饰画为主，风格较为抽象，并通过装饰镜面来扩大空间。美式咖啡厅的装饰不拘泥于一定的形式，繁杂但充满生活气息，例如老照片、电影海报、金唱片、西洋乐器和一些名人的实物等，都会给人带来无限的欢乐和情趣。在咖啡厅中央或入口处，一般要布置漂亮的展示台，以突出咖啡厅的主题和特色。

在咖啡厅的盆景与区域分隔上，欧陆式咖啡厅通常用大型阔叶盆栽绿色植物、雕塑或矮墙来分隔空间，通常是两层结构，这种剧院式结构可以使每一位宾客从不同的角度观赏到娱乐表演，许多咖啡厅还划分了禁烟区和吸烟区。

咖啡厅员工的服装

咖啡厅员工的服装，色彩一般比较鲜艳，与室内总体布置的基本色调相一致。在欧陆式咖啡厅里，女服务员的服装在样式上比较活泼、精干，常穿紧袖上衣，并在西式短裙前加一个小围兜，这样的服饰便于进行服务操作。男服务员一般穿长裤、马甲，并打领结，这样的服饰干净利索，便于服务工作。美式咖啡厅的服务员一般穿休闲服装，如印有咖啡厅标志的T恤、牛仔裤等，这种服饰既能体现服务员朝气蓬勃的精神面貌，也有助于提高工作效率。

咖啡厅的菜单

咖啡厅的服务特色是快捷、方便。餐厅通过快捷有效的服务加大客流量并增加利润。因此，咖啡厅菜单的设计要符合餐厅经营的方针。欧陆式咖啡厅通常备有早餐零点菜单、午餐零点菜单。而美式咖啡厅则通常只备有午餐散餐菜单和晚餐零点菜单。

咖啡厅菜单的特点有：

(1)菜肴品种以简单、快捷的西餐为主，并辅以当地的风味小吃和本饭店其他餐厅精选的美食。

(2)为了体现快捷服务的特点，咖啡厅拥有较多的半成品和简易制作的菜肴品种。

(3)菜单的制作比较简单、轻巧，项目不宜太多，色彩和图案要和餐厅主题与气氛相协调。咖啡厅早餐菜单通常采用纸垫形式，为的是宾客入座后即可看到菜单进行点菜，此举不但提高了服务效率，而且缩短了服务时间。

(4)咖啡厅菜单有固定菜单、附加菜单、桌卡式菜单、纸垫式菜单等不同形式。其设计和布置要与咖啡厅的总体气氛和格调相一致，并保持一定的水准。

(5)咖啡厅菜单的内容有：厨师特选、冷热开胃品、汤类、沙拉、三明治和汉堡包；面食和比萨饼、主菜(扒菜及烧烤类菜肴)、海鲜类、甜品类、酒水饮料等。

(6)由于咖啡厅通常是人们举行自助餐的场所，尤其是早餐，因此，它不但能节省宾客的时间，而且座位周转率也很高。咖啡厅自助餐的菜单可用招贴广告、店面广告、报刊广告、电视广告等多种形式进行宣传。

咖啡厅的娱乐活动

由于咖啡厅通常以服务快捷、座位周转率高为特点，所以一般不宜安排特别的娱乐活动，营业时间以播放饭店背景音乐为主，但有时在特别的节日和活动期间，常常在下午茶时间安排一些娱乐活动，如演唱会、演奏会、时装表演会等，以达到促销的目的。在美式咖啡厅里，夜间娱乐活动异常丰富，常有乐队歌手现场表演，晚上十点以后，还举办“迪斯科”舞会等。

第九节　早餐服务讲快捷

由于咖啡厅服务快捷，加之食品种类多，容易烹制，所以为节省时间，许多宾客都愿到咖啡厅用早餐。从咖啡厅经营者角度来看，早餐服务对于咖啡厅来说非常重要。

咖啡厅早餐摆桌(欧陆式)

准备工作：

(1)将早餐餐桌上所需的一切用具，包括纸垫式菜单(或十字形桌布)、餐巾盘花、餐刀、餐叉、甜食叉、咖啡杯、咖啡碟、咖啡勺、面包盘、黄油刀、黄油盅放入服务托盘内。

(2)餐具必须经过高温消毒、卫生清洗，并保持光亮清洁。先用湿布将桌面擦干净，做到光洁、无异物、无污迹。

(3)将桌面上的花瓶、糖盅、酱醋瓶、盐瓶、立式广告牌、烟缸、火柴盒等集中摆好，接着固定座椅位置。

摆桌工作：

(1)铺纸垫式菜单于餐位正中，纸垫式菜单的规格通常是30～40厘米。

(2)摆餐巾盘花于纸垫式菜单中，右侧放置餐刀；餐刀离桌边8厘米，刀刃向左；左侧放置餐叉，离桌边8厘米，叉齿向上；餐刀、餐叉之间相距20厘米。

(3)在餐巾盘花的正上方摆放甜品匙，匙把向右；在餐叉的左侧摆面包盘，面包盘的中心与盘花的中心平齐，盘边距餐叉1厘米，在面包盘靠右侧边沿处摆放黄油刀，刀刃向面包盘盘心；黄油盅摆放在离黄油刀尖端6厘米上方。

(4)咖啡杯具于餐刀右侧。咖啡碟的边缘距餐刀5厘米，咖啡碟的中心与餐巾盘花中心平齐，咖啡杯倒扣于咖啡碟中(用时翻过来)，因为早餐摆桌大多在前一天晚上进行，杯口朝下可以避免灰尘落入，杯柄朝向右后方45°角；咖啡匙置于咖啡碟上并靠在咖啡杯右侧，匙柄向餐椅垂直于桌边。

(5)在餐刀刀尖正前方6厘米处摆果汁饮料杯。

桌面检查：

(1)摆桌结束后，必须检查桌面所有用品和餐具的摆放是否符合标准。

(2)查糖盅上是否清洁、无污迹，各类袋装糖是否齐全、摆放整齐。

(3)果酱架及淡奶壶必须在早餐前摆放在餐桌上，果酱分类码放，淡奶必须保持新鲜。

(4)检查餐桌上各种用具是否齐全，餐具是否清洁、无破损，桌椅是否整齐干净。

咖啡厅早餐服务程序

早餐是一天中的第一餐，其用餐好坏往往影响宾客全天的情绪。虽然早餐服务较午晚餐服务简单，但由于欧美人普遍希望进餐速度快，因此，必须重视早餐服务，规范咖啡厅早餐服务程序。

(1)摆桌做好开餐前的准备工作。备好面包、黄油、果酱、蜂蜜、果汁、热咖啡、热茶、热可可、鲜奶、方糖(或砂糖)及水果等，协助后台厨师共同做好自助餐桌的布置和上菜工作。

(2)迎接宾客。保持正确的站立姿势和仪容仪表，面带微笑并向宾客致辞以问候："Good morning, Sir/Madam. Would you take breakfast?"问宾客的人数并记录在工作日记上，以便做好餐厅宾客免费用早餐的人数和餐厅早餐实际营业额的统计工作。

(3)引领宾客入座。问宾客是否选择无烟就餐区："Would you like smoking or no-smoking area, Sir/Madam?"在宾客左前方1米距离引领；根据宾客人数、宾客是否吸烟及其特殊要求，为宾客安排餐桌，并询问宾客是否满意："How about this table, Sir/Madam?"按照女士优先的原则为宾客拉椅入座。

(4)餐巾与菜单服务。站在宾客右侧，为宾客铺好餐巾；将早餐菜单打开到第一页，按女士优先的原则，用右手从宾客的右侧为宾客送上菜单，并预祝宾客好胃口。

(5)早餐服务。向宾客问候，询问宾客是否要咖啡或茶，主动介绍当日的新鲜果汁、上咖啡或茶；站在宾客右侧0.5米处，按女士优先的原则，征询宾客是点菜还是吃自助餐；按顺时针方向请宾客点菜，点菜结束时，复述一遍；根据宾客所订的早餐种类，提供相应的服务。

(6)自助早餐服务。宾客就座后上咖啡或茶；宾客到自助餐桌取所需食品；如果宾客没有额外的散餐需求，可提前为宾客准备好账单。

唯高博士读书轻松一刻

唯高博士语录：

品茶，要聚神去细品，方能品出茶中的芳香；读书，要用心去细读，方能读出书中的芳香。

唯高博士读书轻松一刻

唯高博士语录：

当你展开书卷，愿书中每一个小小的启发，每一种小小的感受，去碰撞你天资的悟性。

(7)欧陆式早餐服务。宾客就座后服务咖啡或茶；问宾客所需果汁的种类；询问宾客要面包还是烤面包片。

(8)英式早餐服务。宾客入座后服务咖啡或茶；问宾客所需果汁或水果的种类；询问宾客所需面包的品种(丹麦包、牛角包、小松饼、烤面包片或大麦面包)；询问宾客所需蛋类、肉类及鱼类菜肴的烹制方法和特殊要求；英式早餐按照热饮、果汁、面包、谷类食物、蛋类食物、甜食的次序上菜和服务。

(9)日式早餐服务(时令水果、海鲜类、日式泡菜、日式清茶等)。必须向宾客说明日式早餐需要的准备时间；宾客就座后服务日式清茶；准备日式早餐所需的一切餐具；将餐具及订单的厨房一联送入厨房；将食品送入餐厅，为宾客服务。

(10)中式早餐服务。宾客入座后上茶；问宾客所需粥和点心的品种；将订单送入厨房制作食品；根据宾客所点菜品调整餐具；将食品送入餐厅；及时为宾客撤掉空盘和空杯，添咖啡或茶，为吸烟宾客撤烟灰缸并清洁桌面。

(11)结账并礼貌送客。提前检查账单，保证准确无误；准备好笔和账单夹；按照结账程序和规范为宾客结账；宾客准备离去时，主动为宾客拉开餐椅；及时检查餐桌上遗留的物品；欢迎宾客再次光临。

第十节　午晚餐服务讲排场

午晚餐的准备工作

服务员要按要求着装，准时签到；服务员按领班分派任务做好备餐工作；服务员要做好餐厅卫生计划；服务员要擦拭玻璃杯具、瓷器及餐具；服务员要备足开餐所需调味品；服务员开始摆桌，如有客人事先预订，需在餐桌上放置预订卡，并根据宾客预订要求摆放餐具。

迎接宾客工作

服务员保持正确的站姿，面带微笑并致以问候；服务员要问宾客的人数及预订的餐位；根据宾客的人数，取相应的菜单和饮料单；服务员在引领宾客入座时，要问宾客是否选择禁烟区；服务员在宾客左前方1米距离处引领宾客；服务员根据宾客人数、是否吸烟及其他特殊要求，为宾客安排餐桌，并询问宾客是否满意，有预订餐位的宾客，则根据其预订的要求，将宾客引领到预订的餐桌；按照女士优先的原则，为宾客拉椅入座。

餐巾与菜单服务

服务员站在宾客右侧，为宾客铺餐巾；服务员将菜单和饮料单打开到第一页，按照女士优先的原则，用右手从宾客的右侧为宾客递上菜单，主动向宾客介绍菜单上的每日特色菜和自助餐等；晚餐应同时点燃蜡烛，要询问宾客喝什么饮料，并向其推销开胃酒或鸡尾酒，填写订单；服务员开单后，尽快用托盘送上宾客所点饮料、开胃酒或鸡尾酒，并报出名称，若宾客未点任何酒水，则为宾客斟倒冰水。

接受点菜服务

服务员为宾客倒完饮料及餐前酒后，即可开始点菜工作，点菜工作一般由领班接受宾客点菜；站在宾客右侧 0.5 米处，按女士优先的次序，沿顺时针方向为宾客写订单；服务员要有礼貌地征询宾客是否分单结账；服务员将订单握在手中做记录，千万不可伏在宾客餐桌上书写。

西餐为分食制，宾客各点自己喜食的菜肴。客人所点菜肴要标写清楚，确保上菜时不出差错；如果宾客要分单，应分别在订单上注明每位宾客所订的菜，以免上错菜，便于收银员分别为宾客准备账单。

客人点牛排或羊排等菜时，服务员要问客人需要的生熟程度、配菜和调味汁的品种；客人点沙拉时，应问配什么沙拉汁；服务员要注意适时推销菜肴；宾客点菜完毕，服务员应清楚复述一遍；待宾客确认后，服务员要开单分送到厨房和收银台。

推销佐餐酒

服务员向宾客呈递佐餐酒单，程序和标准同呈递菜单；服务员根据宾客点菜的内容摆桌或补充、调整餐具；服务员站在宾客左侧 0.5 米处，按女士优先的次序沿顺时针方向送上黄油和面包；询问宾客饮用什么佐餐酒，根据不同的菜式，推销不同的葡萄酒并记录下；服务员为客人开订单后，分送至酒吧和收银台，同时给宾客送上酒水；红葡萄酒要用酒篮盛装送上；白葡萄酒、玫瑰红葡萄酒、香槟酒要用冰桶盛装、低温送上；服务员询问客人是否立即开瓶。

斟酒服务

在斟酒的过程中需要注意的事项有：

(1)斟酒时，瓶口不可搭在酒杯口上，以相距 2 厘米为宜，以防止将杯口碰破或将酒杯碰倒，但也不要将瓶拿得过高，以免酒水溅出杯外；

(2)服务员要将酒徐徐倒入杯中，当斟至适度时停一下，抬起瓶口，使最后一滴酒随着瓶身的转动均匀地分布在瓶口沿上，这样，便可避免酒水洒在桌布或宾客身上，也可以在每斟一杯酒后，即用左手所持的餐巾把残留在瓶口的酒液擦掉；

(3)斟酒时，要随时注意瓶内酒量的变化情况，以适当的倾斜度控制酒液流出的速度，瓶内酒量越少，流速越快，酒流速过快容易冲出杯外；

(4)斟啤酒时，因为泡沫较多，极易沿杯壁溢出杯外，所以斟啤酒速度要慢些，也可分两次斟或使啤酒沿着杯的内壁流入杯内；

(5)由于操作不慎而将酒杯碰翻时，应向宾客表示歉意，并立即将酒杯扶起，检查有无破损，如有破损，要立即换新杯。如无破损，要迅速用一块干净餐巾铺在酒迹之上，然后将酒杯放还原处重新斟酒，如果是宾客不慎将酒杯碰破、碰倒，服务员也要这样做；

(6)在进行交叉服务时，要随时观察每位宾客酒水的饮用情况，当宾客杯中酒水少于1/3时就应该征询客人的意见，及时续添酒水；

(7)凡需使用冰桶的酒从冰桶取出酒瓶后，应以一块服务巾包住瓶身，以免瓶外水滴弄脏桌面或宾客的衣物，使用酒篮的红葡萄酒的瓶颈下应垫一块布巾或餐巾纸；

(8)如果使用托盘斟酒，服务员应站在宾客的右后侧，右脚向前，侧身而立，左手托盘，保持平衡，然后，略弯身，将托盘中的酒水展示在宾客的眼前，让宾客选择自己喜好的酒水，待宾客选定后，服务员直起上身，将托盘移到宾客身后，托移时，左臂要将托盘向外托送，避免托盘碰到宾客。最后，用右手从托盘上取下宾客所需的酒水进行斟酒。

捧斟的方法是：服务员站在宾客的右侧，一手握瓶，一手将酒杯捧在手中向杯内斟酒，将斟酒的酒杯放在宾客的右手处，为客人斟酒完毕，要撤掉多余的空杯。

就餐服务

上菜服务：西餐的上菜顺序：头盘、汤、沙拉、甜点、咖啡；上菜遵循先女士后男士的顺序；上菜方法由餐厅规定，可以是美式服务、俄式服务，也可以是法式服务，或者兼而有之；上任何一道菜，应先核对菜名与台号座位是否相符，避免出差错；上菜时，要使用敬语，报出菜名后，祝宾客用餐愉快；如果餐盘较热，应事先提醒宾客；各道菜之间的上菜时间，要根据宾客进餐的速度灵活掌握；上菜服务要求与西餐厅服务相同。

撤盘服务：在上任何一道菜前，都要先将用过的脏盘撤走；撤盘时，站在宾客右侧0.5米处，按女士优先的顺序，沿顺时针方向进行；撤盘时要注意对客人使用敬语；不要单独撤个别进餐较快的宾客的脏盘(除非宾客要求撤)，以免使其尴尬，应等一桌宾客吃完同一道菜后同时撤，尽量保持同桌宾客就餐节奏大体一致。

巡台服务

服务员换下有烟灰的烟缸，并在烟缸加冰水，随时为宾客点烟等；当宾客用完主菜、上甜品前，撤走主盘和面包盘，并清洁一次桌面；清洁时，右手持一干净的布巾，将餐桌上面包屑及脏物扫进右手拿着的托盘内，注意不要将面包屑扫到地上；在为宾客呈送甜品时，若是特殊甜品，应在甜品车上为每位宾客制作、分派；撤掉甜点盘后，应向客人推销餐后酒及雪茄；若宾客要了雪茄烟，要为其点燃；在上咖啡或茶之前，服务员必须将糖、淡奶送上；宾客用餐结束，服务员应主动征求意见，并表示谢意和欢迎再次光临。

收款结账及清理桌面

服务员应按结账程序和规范进行操作；若宾客分单结账，要准确迅速；服务员要礼貌送客；宾客准备离去时，应为其拉椅，并主动征求宾客的意见；服务员要帮助宾客穿上外套；服务员要礼貌地向宾客致谢道别，并欢迎宾客再次光临；服务员要及时检查桌面上下有无宾客的遗留物品；若有且宾客已离去，应将物品及时交给餐厅当班经理。

客人走后，服务员应立即清理餐桌，撤桌必须使用托盘；服务员要将宾客用过的餐巾等餐桌布件撤下；服务员要将椅搬回原位，左手托托盘，右手将桌面上的脏餐具分类整齐放入托盘中，送至洗碗间，分类摆放；服务员要擦净桌面，换上干净的布巾，整理工作区域、工作桌；重新摆桌，恢复原来的桌形，准备迎接下一批宾客。

下午茶服务

下午茶的内容和形式：咖啡厅的下午茶（Afternoon Tea/High Tea）一般在下午 4:00～5:00 左右，供应中国茶（Chinese Tea）、煮咖啡（Fresh Brewed Coffee）、英国茶（English Tea）、法式甜点（French Pastry）、英式松饼（Scone）、三明治（Finger Sandwich）、小甜饼（Cookie）、巧克力（Chocolate）等各式茶点。

在西方国家，有的餐厅常以自助餐形式供应，所以又称为“下午茶自助餐”（Afternoon Tea Buffet）。在下午茶时间，为吸引宾客、增加效益，咖啡厅通常开展“欢乐时光”的促销活动，如对含酒精的饮料采用“买一赠一”的销售方式等。

下午茶的桌面布置：下午茶的桌面布置与咖啡厅早餐相似，个人席的餐具包括甜品叉、甜品匙、茶杯、茶杯碟、茶匙、餐巾等，桌上公用品有淡奶壶、糖缸、烟缸等。

下午茶服务程序：下午茶一般用茶水车进行服务。服务时，服务员将配备好的茶水车推进咖啡厅；茶水车上备有开水炉、品种多样的茶叶及各种服务用具；宾客入座后，服务员应将下午茶单递给宾客；宾客接到订单并点茶后，服务员应立即将茶水车推至宾客的餐桌边，当场煮茶，同时为宾客上甜品，或由宾客到自助餐桌自选。在宾客饮茶期间，服务员需随时准备为宾客添加茶水，并提供其他相关服务。

酒吧的服务礼仪

酒吧礼仪不但十分特殊，而且十分讲究，因为酒吧是休闲场所，有其特定功能。客人酒后失态，这对服务人员可是个特殊的考验。

第一节　服务素质要求高

世界各地的酒吧可谓不计其数、千差万别。不管哪一类型的酒吧，都有自己的特点和功能，但有一点相同的是，不管何种酒吧，其经营目的都是相似的：为客人提供饮料和服务，并赢得利润。在形形色色、千差万别的酒吧中，站立酒吧是一种供应酒品饮料的服务酒吧，也是人们最常见、最受人们欢迎的酒吧。一般来说，客人来到这类酒吧的吧台前，喝上一两杯酒就离开，但这类酒吧对服务员的礼仪要求却很高。

站立酒吧的服务素质要求高

站立酒吧是最常见的一种酒吧，今天的站立酒吧在营业高峰期间的周转率很高，所以对酒吧服务素质要求也很高：需要第一流的服务、高标准的卫生和井井有条的工作。

站立酒吧，对于服务员身体素质也有很苛刻的高要求：一要能够长时间地站立工作，二要能够提起 75 磅以上重量的东西，三是能够使用与酒吧业务有关的各类说明书，四是能够做必要的数学计算。

站立酒吧有很强的艺术性和表演性

由于工作的空间受到限制，并且要长时间地在公众面前工作，所以酒吧服务员不仅要正确地调制饮料和收款，而且在某种程度上说是在为观众表演的演员。这类酒吧服务员的操作应具有艺术性和表演性。

站立酒吧的服务员要整洁、利索、训练有素

由于在这类酒吧吧台后面的工作空间很小，酒吧服务员必须在任何时间都保持整洁、利索、训练有素的形象。

站立酒吧的服务员要有友好、温和的服务态度

在站立酒吧中，酒吧服务员与客人直接接触，还必须具有友好、温和的态度，能够与每一位客人保持良好的关系。

站立酒吧服务员要熟悉常规牌子的饮料

酒吧服务员应非常熟悉客人需要的常规牌子的饮料，而且了解它们在时尚饮料配制中所起的作用。酒吧服务的职责之一是向管理者提出常规牌子饮

料需求变化情况，这样可以及时地补充调整，使酒类有一个合适的储备量。

站立酒吧的服务员独立工作能力要强

在通常情况下，站立酒吧的服务员是独立工作的，他必须认真负责地出售饮料、收款和完成例行工作，而且还必须对酒吧实行控制和积极的促销。

直线吧台最常见

这种吧台两端封闭，最常见。它可以凸出室内，也可以凹入房间的一端。优点是，酒吧服务员不会将他的背朝向客人，可以对室内的客人保持有效的控制，直线吧台没有标准的尺寸，一般认为服务员能有效控制的最长吧台是0.3米，如果吧台太长，服务人员就要增加。服务员可共用某些设备和供应物，在空闲时间可由一名服务员来同时照料整个吧台。

马蹄形吧台有特色

又称V形吧台。吧台凸入室内，一般安排三个或更多的操作点，两端抵住墙壁。在V形吧台中间，可以设置一个岛形储藏柜用来存放用品和冰箱。

环形吧台空间大

又称为中空的方位吧台。这种吧台中间有一个“小岛”，供陈列酒类和储存物品用，这种吧台的好处是能够充分展示酒类，也能为客人提供较大酌空间。但也有缺点，它使服务难度增大，在空闲时若只有一个服务员，则他必须照料四个区，这样就有一些服务区域不能在有效的控制之中。

第二节　酒吧服务分职责

三种常见的酒吧类型

对于酒吧餐厅来讲，客人用酒是酒吧收入的重要组成部分。一般来说，酒吧类型分为：以服务类型为主的酒吧、以鸡尾酒廊式服务为主的酒吧、以宴会为服务职责的酒吧三种常见的类型。

1. 以服务类型为主的酒吧

在这类酒吧中，服务员与客人不直接接触。服务型酒吧一般设在餐厅或酒店的厨房中，它实行“视野外经营”方法进行服务。也就是说，酒吧服务员与客人之间没有直接接触，而是像餐厅服务那样，由服务员接受客人的点酒送至酒吧后取出饮料再送到就餐客人的桌上。

以服务类型为主的酒吧，饮料品种也很多。服务型酒吧比其他类型的酒吧所提供的饮料品种要多得多，因此，酒吧服务员在服务时，必须熟悉各种酒类和自己的任务。

以服务类型为主的酒吧要设专职收款员。在这类酒吧中，一般都设有专职的收款员，所以服务型酒吧的服务员一般不与现金接触。在服务时，由酒吧服务员接受客人点酒与饮料，并将所点的饮料记录在客人的账单上，然后，服务员将此账单的一联送吧台，当吧台人员调制好饮料后，由服务人员拿出来给客人。

2. **以鸡尾酒廊式服务为主的酒吧**

以鸡尾酒廊式服务为主的酒吧，其工作环境要求很高。由于鸡尾酒廊比站立式酒吧更具有逍遥自在的气氛，因此，酒廊内设有桌椅及雅座，供客人聚会之用。除供应各种鸡尾酒和清凉饮料外，可备精美小食。对酒吧服务员来说，在鸡尾酒廊工作是一种享受。那儿的工作节奏相对慢一些，客人停留的时间也长一些。在许多情况下，鸡尾酒廊有音乐伴奏或其他形式的娱乐。在多数酒廊中，还提供一些空间供客人跳舞，鸡尾酒廊在灯光、音响、家具、环境等方面均有较高的要求。

以鸡尾酒廊式服务为主的酒吧，需多名酒吧服务员。这种酒吧较为特殊，需要有多名酒吧服务员，因为有时会用几个吧台，每一个吧台有一位酒吧服务员为客人服务。

以鸡尾酒廊式服务为主的酒吧，服务员有专业职责。在通常情况下，服务员还兼任收款员。但在一些十分正规的鸡尾酒廊中，由专职的收款员收款，服务人员的职责主要是清洗、洗涤玻璃杯和送上各种饮品。

3. **以宴会为服务职责的酒吧**

以宴会为服务职责的酒吧，一般仅在大酒店中使用。以宴会为服务职责的酒吧，既可以是流动的，也可以是固定的，宴会酒吧一般只为宴会、冷餐会、酒会提供饮料，也可以是客人为自己所喝的每一杯饮料付款。宴会酒吧的服务员应熟练而有经验，因为他们必须在短时间内为客人提供大量的饮料。

酒吧服务要分清职责

酒吧经理的主要职责是，全面负责酒水的配制和服务的计划、组织和管理工作；督导酒吧营业的正常开展，处理营业中的突发事件和客人的投诉；决定酒水的采购内容和签发请购的领料单；监督酒水的消耗和成本控制，监督检查结账收款控制系统，防止舞弊行为；负责酒吧的劳动组织和人员的安排，督促酒水配制质量的控制；对服务员礼貌、礼仪的管理，搞好员工的培训、成绩评估、激励和奖励工作，提高酒水服务质量；管理酒吧的设备和器具，检查设备和器具的保养和维修状况；负责酒吧的清洁卫生和安全管理工作；组织和计划饮料的推销活动，提高饮料的收入。

酒吧领班的主要职责是，随时掌握酒水库存状态，做好酒水控制；向调酒员和服务员布置任务，安排班次，并在对宾客服务过程中进行督导，为宾客提供优质的酒水服务；控制酒吧环境卫生状况，包括酒吧服务区域内的餐具和用品的卫生及供应状况、硬件设施的完好状况等；控制服务区域客人状况，及时解决宾客提出的问题，适当处理宾客投诉，尽量体谅宾客，与宾客建立良好的关系；营业结束后，检查并做好各项善后工作；每天认真盘点，填写营业报告和各种提货单；定期对本班组员工进行绩效评估，向酒水部经理提出奖惩建议，并组织实施对本班组员工的培训。

酒吧服务员的主要职责是，做好本酒吧的卫生工作；做好营业前的各项准备工作；迎接宾客；按规范为客人提供酒水服务；送客人离开酒吧并欢迎宾客下次再来。

关于酒吧的成本及销售控制

有些小型酒吧为节省人力，调酒师兼服务员，负责为客人订饮料，向客人提供酒水服务、填写销售记录，收取客人交付的现金并让客人在账单上签字。这些工作如果全由一个人承担而缺乏控制，常常会发生一系列经营问题。因此，要采取严格的措施管理售货员，并对酒吧销售实行控制。

如果酒吧使用收银机，要求服务员或调酒师将向客人售出的饮料数量和金额输入收银机。但如果无其他控制手段，他也可输入不正确或不足量的收入，这样他就可以将差额装入自己的腰包，所以，酒吧也应该使用书面账单。使用收银机的酒吧，服务员收到现金应立即输入收银机并打出账单给顾客，这样如果现金不对，顾客会及时发现。单纯使用账单的酒吧，调酒师为客人调制的酒水要记载在账单上。大型酒吧一般都有专职收银员，由于劳动有分工，舞弊较困难。

客房小吧是为方便客人使用饮料而设置的。为加强对客房小吧酒水销售的控制，在小冰箱上要设小吧的饮料订单，小吧内配备的饮料应有规定的品种和数量，客人饮用后，应填写在饮料订单上。每日，由客房服务员检查小吧的饮料消耗数，并在客人退房结账时，前台收银员要及时检查客人有否使用过小吧的饮料。

酒吧间的气氛和服务应当表现最高的礼貌水准，以便满足酒店住宿客人和当地客人的要求。作为大型酒店应提供一个酒吧兼娱乐中心。酒吧应为现场演出和影视播出的娱乐节目提供设施，还应有背景轻音乐。

关于酒吧的气氛布置

一间成功的酒吧，首先应当装饰优良，表现出热情、诱人、投成年人所好的气氛。每个座位达到至少占 1.4 平方米的面积，那么，什么样的装饰才能达到这样的目的与效果呢？作为酒吧的经营者，不妨从以下几个方面一试：

(1) 酒吧的入口应当引人入胜，诱人步入；

（2）酒吧的招牌应悬挂适当；

（3）应用产生柔和效果但不会给客人造成不便的方式控制灯光；

（4）用于装潢的陈设必须颜色协调、干净，处于极佳状态；

（5）酒吧的座位应当是柔软的、用软料填塞的，这样，客人坐上去感到舒适放松；

（6）酒吧室内地面材料的颜色必须和其他装饰保持一致；

（7）必须在酒吧内提供背景音乐和广播系统；

（8）现场演出或音乐的音量不能太高，相当于正常的交谈音量；

（9）由经营者决定是否提供免费小吃、冷菜，是否应设置非抽烟者座位区。

酒吧服务人员的服务标准

无论何时，全体酒吧服务人员必须表现出专业性的仪表和服务水准。

（1）专业性：礼貌，全体员工必须表现出一种使客人感到自己受欢迎的亲切有礼的态度；关心，全体员工都必须对客人的问题或要求表现出兴趣和同情；能力，全体员工应精通自身业务，有能力解决顾客任何合理的问题；行为，全体员工应以积极的态度行事，不争吵，不抽烟，不使用伤人的语言，不喝含酒精的饮料。

（2）仪表美：酒吧的服务人员必须身穿制服，制服的款式和颜色须符合酒店的标准，而且所穿制服必须是优雅的；在任何情况下，制服上必须佩戴胸卡牌；服务员的头发是干净的、梳理整齐的、中等长度的；服务员要有干净的身体、双手、手指甲和脸部；服务员所佩戴的饰物应该是有限的，并且与服务形态的仪表保持一致；此外，服务员必须遵守卫生法规，员工在工作时不能抽烟。

第三节　酒吧管理需耐心

酒吧服务员要注意自己的一言一行

酒吧是一个非常特殊的地方，顾客上门买醉或是小饮两杯，什么样的客人都有，环境非常复杂，因此在酒吧服务的人员必须要特别注意自己的言行，该说的话应该说，不该说的话绝不能乱说，并要随时注意自己的仪容仪表，保持清洁整齐的服装，头发梳洗得很整齐，指甲常剪，皮鞋一定要擦楞光亮，并随时保持工作环境的清洁，保持吧柜内外物品之整齐。

酒吧服务员对客人服务必须要注意方方面面的礼节，不要随便打断客人谈话，最好做一个聆听者。同时要能记住客人的姓名与嗜好，当客人再次光临时能叫出某某先生的名字，这样客人会很惊奇，同时会非常乐意再次光临。

当客人点酒时，酒吧服务员一定要耐心地听客人说完，绝不要将客人的话打断，总而言之，身为一个酒吧的服务人员，一定要以“顾客至上，服务至上”为原则，绝不能得罪客人，因为，只有顾客才是我们的衣食父母。所以服务员一定要处处表现出有涵养、有深度，这样，顾客才会不知不觉地喜欢你，并愿意光临你的酒吧。

酒吧管理应注意的礼仪

一间酒吧管理的好坏，直接影响到酒吧营业状况的好坏，如果一间酒吧决意达到预期的营业目标，那么，酒吧的管理是非常重要的，酒吧经理在营业之前一定要定出一套管理作业的制度。不论是采购、验收、发放、售出这一连串的流程，都必须计划得非常周详。每一个环节都不能发生漏洞，因为酒类成本很高，而且是人们想得到的东西，所以稍有不慎，就有可能失窃。

因此，作为酒吧，不管在调酒的技术方面或是一连串的管理方面，如能定出一套规范，大家共同遵守，则酒吧的营业就不会有问题。酒吧管理方面平常应注意的事项可分为事前的准备与作业的监督两方面。

（1）事前准备：在吧柜营业前，酒吧经理应要求吧柜调酒员将调酒时所需要的东西事先准备好，如酒单（Winerecipes）、调酒用的振荡器与调酒杯等酒具及标准数量的存酒等。

（2）调酒监督：调酒师在调酒时，酒吧领班须经常在柜台内外监督调酒，以使调酒师能够切记任务必须要达成，切记要遵守上级的命令。

另外还有一点应特别注意的，那就是酒吧领班或组长应随时注意调酒师的品行。如果调酒师私自带酒在吧柜出售给客人，或是在酒中掺水意图多卖出酒从中牟利，都会给酒吧造成恶劣影响，一定要注意防范。

调酒师在调酒时应注意的礼仪

调酒师调酒前先将调酒用的冰块放进搅拌器打碎，这样在调酒时冰块才能迅速融化，使鸡尾酒的浓度变淡，但也不能摇得太久，否则会冲淡酒味而使鸡尾酒无味。在使用量酒杯时，一定要准确量度，绝不能倒多或倒少，倒多时酒吧吃亏，倒少会得罪顾客，每一位调酒师一定要将酒单背熟，做到不看酒单就能调配出标准的鸡尾酒。

如果客人在吧柜要纯酒时，调酒员一定要先将酒杯放在吧柜上，然后再为客人倒酒。客人如要鸡尾酒时，调酒师一定要先把调酒用具，如振荡器、调酒杯、调酒匙、过滤器、鸡尾酒杯等所有调酒用具一一陈列在客人面前，然后才当着客人的面调酒。这样，可以让客人看得非常清楚，而且所用的材料与调酒的方法可使客人放心。

总之，吧柜是直接向顾客销售酒类与饮料的地方，调酒师在为客人服务时不管客人喝纯酒或是混合酒，都一定要抱着诚实不欺的心态为客人服务，让客人相信我们，这样，酒吧的顾客才会越来越多，生意才会越做越好，酒吧才有钱可赚。

酒吧服务须注意的礼仪

酒吧人员在服务宾客时一定要做好个人卫生：头发要清洁、要梳整齐，身体应经常保持清洁，服装仪容要整齐。服务员每天上班第一件事就是清洁自己的工作环境，如吧柜内各种用具之清洁，吧柜桌面清洁等。客人在吧柜饮酒谈天时，吧柜人员千万不要去听客人的谈话，除非客人自动与吧柜人员交谈；调酒员也只能对客人发问的事情回答，绝不能因与一个客人的交谈而影响对其他客人的服务。吧柜调酒人员对以前来过的客人，必须要认识他，了解他喜欢喝什么酒；如果知道客人的姓名，最好能直接称呼他的名字，这样，客人会感觉非常高兴，因而乐意继续来此饮酒。

客人在吧柜饮酒时，如需要服务员介绍他饮什么酒时，服务员绝不能抓住机会乱敲客人的竹杠；一定要知道客人的酒量，准备饮多少钱一杯的酒，喜欢饮混合酒还是纯酒，然后才为客人准备酒。这样客人才会感激我们处处为他着想；客人在吧柜饮酒时，虽然要求很多，但服务员绝不能表现出不耐烦的样子，因为顾客是我们的衣食父母，我们绝不能得罪他，而且服务员一定要记住“顾客永远至上”。酒吧的服务人员彼此之间应充分协调合作，并多作沟通，形成愉快而有效率的工作气氛，才能顺利完成自己的工作任务。

当吧台售货员接到电话时，应迅速表示自己的服务热情，拿起电话听筒应立刻说“早安”、“午安”、“晚安”等礼貌问候语，问候过后要说：“我能为您效劳吗?”总之，接听电话的礼貌千万不能忘记，这样才会留给顾客一个良好的印象。不论在任何状况之下，吧台服务售货员都应让顾客满意，如在欢迎客人到来、对客人进行服务或当客人离开时，都应当表现出谦逊真诚、彬彬有礼的态度，使客人乘兴而来，满意而归。

第四节　酒吧礼仪很特殊

酒吧是客人为休闲而进行消费的特殊场所，有它特定的功能。特殊场所对服务人员的礼仪要求无疑有一定的特殊性。

服务员在客人点酒时的礼仪

服务态度要温和：在酒吧服务中，不管哪位客人要酒，酒吧服务员都必须动作优雅，笑脸相迎，态度温和，以此显示自重及对客人的尊重。

递酒单服务要礼貌：酒吧服务员在向客人呈递酒单时，先要向客人问候，然后将酒单放在客人的右边。如果所呈递的是单页酒单，应将酒单打开后递上，若是多页酒单，可合拢递上，同时将当日特色菜和特别介绍推荐给客人参考。服务员在听候客人点酒点菜时，要记录每位客人的需要。在给客人开票时，要略弯腰身，站在客人右边进行记录，不可把票簿和笔放在客台上书写，写完后，要把客人所点饮料食品等复述一遍并表示感谢。

照顾客人服务要周到：酒吧服务员应随时注意你所照看的桌子，如客人已做好了选择或者希望你给予帮助时，应立即回到桌边。当服务员遇到客人有特殊要求时，例如，如果客人特别强调要你帮助选酒，那么，酒吧服务员千万要谨慎，一般不要提太多的建议，而只是回答问题和接受点酒；如果客人坚持要你帮助，那么应根据客人所点的菜的口味和爱好，提出适当的建议。

酒吧服务员接受客人点酒：酒吧服务员要把酒名、瓶子大小、年份、类型、数量等都记录下来，最好应标上存放位置的编号，询问酒与其他食品是否一起上。

酒吧服务员打开酒瓶的礼仪

在酒吧服务中，酒吧服务员开瓶一定要快捷。开瓶时应站在主人右侧，应将右腿伸入两把椅子中间，身体稍侧，显示商标以后再开塞，要注意瓶口始终不能对着客人，以防酒喷出洒在客人身上。

酒吧服务员在开香槟酒时要格外注意，因为香槟酒瓶内有压力，大部分瓶塞会被压进瓶口，上有一段帽形塞子露在瓶架并用钻丝绕扎固定着。在开瓶时要用左手斜拿瓶颈，与地面约成45°角，大拇指压紧塞顶，用右手转动瓶颈上的金属钩环并使之断裂，然后把金属丝和箔拔去，再用左手捏紧瓶塞的上段，用右手转动酒瓶，让瓶内的压力轻轻地把塞子顶出来，接着会发出一声清脆的响声。注意，酒吧服务员在开瓶时，不要拧瓶塞或拔瓶塞，以免瓶塞破裂后爆出来。当瓶塞拔出后，要继续几秒钟，让瓶身保持45°倾斜，以防酒从瓶内溢出。

酒吧服务员打开红葡萄酒瓶塞须知：如室温条件允许，当酒吧服务员将红葡萄酒呈示给客人以后，应在桌上直接开启，使酒与氧气接触，散发掉部分酸气。因而，一般红葡萄酒随主菜一起上。

关于酒吧服务员斟酒的礼仪

（1）斟酒前的服务礼仪：在斟酒之前，酒吧服务员要将瓶身揩擦干净，特别要把塞子和瓶口部位擦净。要用鼻子嗅一下瓶塞的味道，因为变质的酒有异味。如果遇到瓶子破裂或变质的酒水时，服务员需及时调换。用托盘盛放事先已开瓶的酒水饮料时，要将较高的瓶放在里档靠近胸前，较低的瓶放在外档，这样容易掌握托盘的重心。

（2）送酒时的服务礼仪：酒吧服务员送酒时要认准客人，这样可以避免送错。酒吧服务员还要彻底了解本酒吧的酒类牌号，别让客人浪费时间来询问。酒吧服务员要养成习惯，主动介绍自己酒吧里的各种酒类的牌号。

关于酒吧服务员推销酒水的礼仪

向客人推销酒水，是酒吧服务员重要工作之一。那么，酒吧服务员在向客人进行酒水推销时，应该具备什么样的礼仪呢？

首先要介绍本酒吧的优势。例如，我们酒店鸡尾酒吧与其他餐厅、酒吧有什么不同，我们酒吧的酒质量好在什么地方。酒吧服务员同时还要记住你要向客人推销的酒的名称、品种、箱号和价格等与酒吧存酒相关的信息。

其次是要向客人呈示本酒吧的酒单。有些餐厅、酒吧点酒和点菜是同时进行的，但更多的餐厅与酒吧是在客人点菜之后，才接受客人点酒。这样，作为酒吧服务员，在客人点菜完毕后，应面带微笑地将酒吧的酒单恭恭敬敬地呈递给客人。之所以要在客人点菜后才呈递酒单，这是因为，凡是进入酒吧消费的客人，大多要根据自己所点的食物来选择佐餐酒。

再次是要注意自己所服务的酒吧的声誉与影响。注意酒吧声誉并让大多数客人喝酒后都很满意，这是酒吧服务的中心工作，因此，作为一名酒吧服务员，有责任将真实的、好的情况告诉客人，可以介绍调酒的用料，也可以介绍酒的牌子。经过这么一介绍，客人就会在心理上觉得你的酒味确实很好，来这里喝酒划算，从而留在这里度过整个晚上，再不去别的酒吧了。总之，一间酒吧生意的好坏，主要还是依靠服务与质量来吸引客人的。

关于使用各种酒杯的礼仪

在西式酒吧服务中，经常使用的酒杯一般有八种：香槟酒杯，喝香槟要用长圆锥形杯子，而使用碟形杯子饮用香槟酒则是不适宜和不符合礼节的。烧杯体酒杯，这是一种杯体下部呈球状的、类似化学实验用的烧杯体酒杯，这种酒杯适合盛放烈性香味的陈酒。雪利酒杯，这是一种状似梨形的杯子，应用它来盛放高档白葡萄酒及甜酒。葡萄酒杯，葡萄酒杯分为三种：巴黎高脚杯或郁金香形酒杯，可盛放红葡萄酒或白葡萄酒，郁金香形酒杯也可盛放香槟酒。威士忌平底矮酒杯，这种直边厚底的矮酒杯，可用之盛啤酒或存贮啤酒。白兰地酒杯，这种像烧杯一样的酒杯，肚子大而杯口收缩，它能把白兰地的香味聚集到杯口。啤酒杯，啤酒杯分直筒形玻璃杯及有把啤酒杯，这种杯用于盛放发泡的啤酒。德国白葡萄酒杯，用于盛放各种白葡萄酒。

第五节 斟酒服务讲程序

关于酒吧服务前的酒具准备工作

对于酒吧来讲，所有的酒类与饮料服务用具、冰桶、细颈圆酒瓶、餐巾、蜡烛、开酒器、酒篮都必须在使用前充分准备好，以保证服务顺利进行。

（1）开酒器：由于传统的T形开酒器效果较差，软木塞常常容易搞坏。于是，专业酒吧员工便常常喜欢用杠杆式开酒器，这种开酒器的尺寸大小正好能装入口袋，在西方又称为“侍者型开酒器”。

（2）冰桶：设置冰桶的目的是冰酒。酒吧在使用冰桶时一般在冰桶放四分之三的冰和水，服务时在桶上挂一条餐巾便于服务。

（3）酒篮：只适用于红葡萄酒。

（4）葡萄酒杯：酒吧服务员在洗刷和保存玻璃杯时，应当特别小心。

酒吧常见酒的饮用方式：一般来讲，在西式酒吧里，每一种酒都有一个最佳的饮用温度，在上酒前要检查一下，酒温是否已达到标准。

下列几种酒的最佳温度应该是：白葡萄酒7～13℃，最佳为9℃；红葡萄酒5～24℃，最佳为20℃；玫瑰酒7～13℃，最佳为7℃；香槟酒3～6℃，最佳为4℃。

当然，上述酒的温度仅作参考，由于客人的酒龄不同，酒的产地品种不同，最佳服务温度也应该有所不同，酒龄越短，服务温度应越低；酒龄长的客人，酒的温度可以高些，浓郁的甜白葡萄酒的饮用温度，应该比清淡的白葡萄酒温度低些，有些酒需充分冰镇后才可以饮用。

关于服务员的站位与斟酒

在酒吧的斟酒服务中，特别讲究礼仪程序，从试酒到站位，从斟酒的姿势到斟酒的顺序，从斟酒的酒量到斟不同类型的酒，都有一定的礼仪要求与学问。

服务员在酒吧柜上斟酒，如果用一只调酒壶将酒倒入两杯以上的酒杯时，应把所有的杯子整齐地排列在一起，先将酒注到所有酒杯的一半，然后逐杯添加，要使各杯酒量相当，做到公平分配。

在酒吧服务中，服务员在为客人斟酒前，通常要先倒几滴给客人或点酒人的杯子里，待客人或点酒人同意用这种酒后，方可开始斟酒。在为客人斟酒时，酒吧服务员应站在客人身后右侧，要面向客人，左手托盘，右手持瓶，用右手侧身斟酒。注意，酒吧服务员的身体不要紧贴客人，但也不要离得过远。所有的饮料包括酒、水、茶等，都应从客人右边上，绝不可“左右开弓”。

关于斟酒时需注意的问题也应格外注意。酒吧服务员一般不要用抹布把瓶身包起来，因为客人通常都喜欢看到他们所饮酒的商标。另外，酒吧服务员还要遵守酒吧服务礼仪和相关的卫生法规，例如，服务员的手不能触及酒杯的杯口，空杯也如此。酒吧服务员在为客人斟酒时，瓶口不要碰触酒杯，但也不宜拿得太高，过高酒水容易溅出杯外。

如果酒吧服务员因自己的操作失误而碰翻酒杯时，应迅速铺上餐巾，将溢出的酒水吸干。斟酒时，要用右手抓住瓶身下方，瓶口略高于杯 1～2 厘米，斟完酒以后，应将瓶口提高 3 厘米，并将酒瓶旋转 45°后抽走，使最后一滴酒均匀分布于瓶口以免滴在桌上，斟酒完毕，服务员应用酒布擦净瓶口。

关于酒吧斟酒的顺序与斟酒量

酒吧服务员要了解斟酒的程序，要遵守适当的程序为客人斟酒。如果是宴会，要先斟给坐在主人右边的一位，即主宾，再按逆时针方向绕桌斟酒，主人的酒要最后斟。如果有携带夫人的外宾参加，要注意先给夫人斟酒，日本客人除外。高级宴会的斟酒顺序则是先主宾，后主人，再斟其他客人。

至于服务员为客人斟酒多少的问题。中餐，传统以斟酒满杯为敬酒；而西餐则不同，斟白酒最好不超过酒杯的 3/4，斟红酒不超过 2/3 为宜，斟啤酒到 1/2 杯左右即可。

当然，对于各种类型的酒，在斟法上也有不同的酒量要求：斟香槟酒要分两次斟，第一次先斟 1/4 杯，待泡沫平息下来后再斟至 2/3 杯或 3/4 杯即可；斟啤酒或其他发泡酒时，因其泡沫较多，斟酒速度一定要放慢，必要时亦可分两次斟，或将杯子倾斜，让酒沿着杯壁流下来，泡沫就可少些；斟烈性酒要在水杯内倒上冰水，在夏季还要放上小冰块，对于中国客人可以不放冰水或冰块，或根据客人的要求斟酒；斟宴会用酒时，一般情况下不宜过满；还有，在一般情况下，宴会桌上不应放酒，宾客饮用的酒应该单独放置，其他的则应撤走。

酒吧斟鸡尾酒的礼仪规范

谈到鸡尾酒的礼仪规范，就不能不追溯一下鸡尾酒的起源。鸡尾酒源于美国的说法是大家公认的，但至今还没人能够准确地说出它的起源。因此它被披上了一层神秘的色彩，在民间还流传着许多传说：

19 世纪，在美国的哈德逊河畔，住着一个叫克里福德的人，他开着一家小酒店。此人有三件事引以为豪，人称“克氏三绝”：一是他有一只威武有力、器宇轩吊的大雄鸡，是斗鸡场上的“常胜将军”；二是他的酒窖里藏有世界上最好的美酒；三是他的女儿艾思米莉是全镇最漂亮的女孩。

镇上有一个叫哈普顿的男青年，他是哈德逊河来往货船上的船员，每天晚上都爱来这个酒店喝上一杯，日久天长，他和艾思米莉双双坠入爱河。这个小伙子长得高大英俊，心地善良，工作踏实，老头子打心眼里喜欢，但总是捉弄他说："小伙子，要想娶我的女儿，先赶紧努力当上船长。"小伙子很有毅力，在经过几年的努力之后，终于当上了船长。老头子非常高兴，在举行婚礼那天，他把自己酒窖里的陈年佳酿全部拿出来兑在了一起，又用自己心爱的雄鸡羽毛将它调混成了一种前所未有的绝代美酒，并且在每个酒杯的边上都饰以一支雄鸡的鸡尾羽毛，然后为这对金童玉女干杯，大家高呼"鸡尾万岁!"从此人们就称呼这种混合饮料为鸡尾酒，并让船员们带到了世界各地，成为酒吧的精美饮品。

传说毕竟是传说。但在酒吧服务中，如果酒吧特别配有自己酒吧的特色酒，酒吧服务员就一定要重点向客人介绍，要将客人所点的鸡尾酒记录下来后，再向客人复述一遍它们的名字。酒吧服务员在上鸡尾酒时，应核对一下，以免与其他客人点的酒搞错。酒吧服务员为客人上鸡尾酒时，应从客人的右边上，把它们放在餐具的右边或底盘的前面，假如没有底盘，酒吧服务员可直接放在客人的面前。酒吧服务员在为客人上完鸡尾酒后，应该把清洁的菜单呈给客人，客人点鸡尾酒时，酒吧服务员可以让客人多点一些菜。

关于更换不同酒杯的礼仪

在酒吧服务中，如果客人所点的每一道菜不同，那么，酒吧服务员为客人配用的酒就应该有所不同，而这些不同的酒又需要不同的酒杯。那么就应该用托盘或推车将酒杯送到桌边，餐厅服务员上酒时，应该从客人的右边，把新上的杯子放在原先的杯子的左边，而后，把原先的杯子取走，如果原先的杯子里还剩有酒，而客人又希望把它留下来，服务员就不可马上拿走，除非客人有另外的要求。如果用餐完毕或客人已点了另外的酒来代替先前点的酒，那么，无论杯中是否还有酒，都可以将原来的酒杯拿走。

此外，关于给客人拿高脚杯时的礼仪也不能忽略。餐厅服务员为客人拿大玻璃杯时，要轻轻拿住靠近杯底的部分，或戴上洁白的手套抓拿酒杯。尤其要注意的是，千万不要在玻璃杯上留下自己的手纹。总之，不管拿什么杯子，都不要触摸客人与之接触的杯口边缘，这是基本礼貌。

第六节　酒吧待客有分寸

由于酒吧服务员在接待客人的服务中有一定的特殊性，与普通中餐厅、西餐厅的服务员有所不同，这就要求酒吧服务员在接待客人的服务中，要很好地把握住服务的分寸。

酒吧服务员如何对醉酒客人进行服务

首先，酒吧服务员对酗酒的客人，要温和、礼貌地进行劝阻。对酒吧服务员来说，酒吧只是一个普通环境，因为他们每天都在这个环境下工作，时间一久，也许就习以为常了，但是，对一个被日常生活中的烦恼所困扰的客人来说，酒吧却是他们逃避今日社会种种喧闹的一个“天堂”，只有了解这一点，酒吧服务员才知道如何去创造一个与客人的心境相适应的环境与气氛。

酒吧服务员要注意判断客人是否醉酒，并且对于客人是否醉酒的判断要准确，如果酒吧服务员认为客人的酒量已达到了极限，就要礼貌、温和、主动地对客人进行劝说：“先生，请你饮用一杯咖啡好吗?”或者建议客人喝一些不含酒精的软饮料，如果汁、矿泉水、可乐等。

其次，服务员如果认为自己对酗酒的客人无法劝阻，那就应该立即设法将情况报告酒吧的主管人员。如果某些客人不听劝阻继续狂饮，酗酒闹事，甚至对年轻的女服务员有越轨行为的苗头，在这种情况下，酒吧服务员可以试着去劝阻，如果这样做无济于事，而且你也没有把握平静地处理好这件事，应将事情的经过及客人的态度和行为立即告知酒吧主管，由主管来处理解决问题。

再次，酒吧服务员要对醉酒客人进行主动照料，如有的客人神志不清、站立不稳，酒吧服务员应主动搀扶，在经过酒吧主管同意后，将客人护送到酒吧休息房间。入房后，酒吧服务员可先让客人喝一杯浓茶解酒，后送凉毛巾擦脸，使之清醒。如客人呕吐时，服务员要及时清理脏物，安置客人休息。

酒吧服务员怎样与客人聊天

一般来说，凡是来酒吧消费的客人，尤其是单身客人，总希望在饮酒之余，能与服务员聊一聊天。在一些场合，酒吧服务员是饶有兴趣的，但也有些场合，特别是接待一些平庸的客人时，那会令服务员感到厌烦和无聊。这时，如果客人对酒吧服务员说：“小姐，您真美，能陪我一下吗?”在遇到这种突发情况时，酒吧服务员千万要镇静，有礼貌地对他说：“先生，您看，这么多人需要我的服务，实在对不起。”此外，酒吧服务员还要注意，尽量不要在柜台旁边与客人谈天说地。

酒吧服务员不可太随便

当酒吧服务员在离开你所服务的客人，前往柜台为客人取酒时，应向客人道歉，并请客人稍候片刻。此外，酒吧服务员在你所服务的客人面前，态度不可太随便，酒吧服务员对客人的态度应当是友好的，但不是随便。酒吧服务员要注意，不能在工作时喝酒或喝饮料，不能在客人中厚此薄彼。还有，酒吧服务员在任何时候都应该牢记，开酒吧有两个目的：一是经营者可取得利润，二是为了方便客人。

酒吧服务员要学会为客人着想

如果在一间酒吧里设有电视或音响设备，那么，酒吧服务员在选择电视频道和音乐类型时，应考虑客人爱好，而不是只考虑酒吧员工的爱好。在接受客人点菜时，酒吧服务员不要拒绝客人在点菜的同时点酒，在客人点完酒后，要主动征询一下上酒的时间。

酒吧服务员要熟知客人饮酒的最佳温度

作为酒吧服务员，一定要熟知客人饮酒的最佳温度，下面就酒吧消费的几种常用酒做个简要介绍。

（1）白酒：一般是在室温下饮用。但是，如果白酒稍稍加温后再饮用，口味则较为柔和，香气也浓郁，邪杂味消失。其主要原因是，在较高的温度下，白酒中的一些低沸点的成分，如乙醛、甲醇等较易挥发，而这些成分通常都含有较辛辣的口味。

（2）黄酒（也称米酒、加饭酒）：最好要适当地加温后饮用，这样一来，口味倍佳。但是，米酒究竟多少温度为宜，目前还没有人做过系统研究。我国古人饮用米酒时，饮酒方法便很有特点：用注子和注碗饮用。注碗中注入热水，注子中盛酒后放在注碗中。近代也有许多人用锡制酒壶盛酒，放在锅内温酒饮用。米酒的饮法一般以不烫口为宜，近代人习惯的饮用温度约为45～50℃左右。

（3）葡萄酒：不同的葡萄酒，其所适宜的饮酒温度也有所不同。白葡萄酒和红葡萄酒最佳的饮用温度为8～12℃，香槟酒、汽酒和甜型白葡萄酒最佳的饮用温度为6～8℃，新鲜红葡萄酒最佳的饮用温度为12～14℃，陈年红葡萄酒最佳的饮用温度为15～18℃。

（4）啤酒：一种低酒度的饮料酒，较适宜的饮用温度在7～10℃之间，有的甚至在5℃左右。如果客人所喝的是黑啤酒，那么温度应该更低些，较为流行的做法是，将黑啤酒置于冰箱内，待冻至表面有一层薄霜时才拿出来给客人饮用。

第七节　酒类服务有区别

关于酒吧的酒礼及各种酒类的服务规范也颇有讲究，酒吧服务员在为客人服务的过程中，一定要在实践中学习、理解与运用。

关于白葡萄酒的服务礼仪

关于白葡萄酒，在客人饮用前须经冰镇，温度应为7～13℃，过度冷却会使酒的香味减少。那么，怎样对白葡萄酒进行冰镇处理呢？首先，酒吧工作人员要将冰酒桶装1/3桶的冰和水，然后，再将白葡萄酒放入冰桶中冷却15分钟，一般可达到适宜温度。

冰镇白葡萄酒的冰桶，其位置应放在主人的右后方，千万不要放在客人的餐桌上，否则被认为是一种失礼行为。酒吧服务员在客人饮用前，要先在客人杯中倒一点酒，让客人品尝认可。对冰镇过的酒，倒酒时都要用餐巾包住酒瓶，防止酒水滴下，亦可防止酒的温度上升。

关于酒吧香槟的服务礼仪

关于香槟酒，在客人饮用前，酒吧工作人员先将香槟酒瓶放在冰桶内冷却半小时，冰镇香槟酒要比冰镇白葡萄酒的时间长，这是因为香槟酒瓶较厚的缘故。

香槟酒经过冰镇后，酒吧服务员在开瓶时要小心翼翼，开酒瓶的动作要十分优雅，先把锡箔割开、除去，再用右手将封口铁丝扭开，左手大拇指要压住软木塞顶部，假如软木塞已开始上升，则用餐巾盖住软木塞，并将酒瓶倾斜成45°角，压住软木塞，让瓶内压力慢慢将木塞顶出。这样的开瓶动作一般是在未充分冷却的情况下发生。

接着，酒吧服务员要把包住瓶口的餐巾拿开，而后，用左手拿住软木塞，右手抓住瓶底，使压力慢慢逸出。这里需要注意的是，千万不要让软木塞砰然弹出，而是要将瓶子倾斜几分钟后再除去软木塞，可以防止香槟酒喷涌。

当酒吧服务员除去香槟酒瓶的软塞后，要把瓶口擦一下，然后在主人的杯中倒入一点酒，让客人品尝，以求客人认可。酒吧服务员在倒酒时，酒瓶的商标应面向着客人，并根据现场的实际情况，决定是否使用餐巾裹住酒瓶。

酒吧服务员为客人斟香槟酒，应该和其他斟酒的服务一样，为客人倒酒每次约3盎司，服务员倒完酒后，依然把香槟酒瓶重新放入冰桶，保持香槟酒的冷却状态。

关于酒吧啤酒的服务礼仪

通常来讲，几乎世界上所有的啤酒，都是由大麦、稻米和啤酒花等酿造而成。啤酒花产生了啤酒特殊的风味。目前世界上有许多品种的啤酒，其酒精度低、爽口、易起泡。

酒吧服务员在为客人斟啤酒时，应将啤酒瓶的瓶口，对着酒杯杯口的边缘，防止啤酒外溢。如果酒杯内的啤酒泡沫太多，酒吧服务员的斟酒应稍停片刻，待泡沫消退后，再将啤酒倒满。

关于酒吧米酒的服务礼仪

米酒是由稻米酿造，其酒精含量约17%，是一种清淡的酒精饮料，我国各地都比较流行，加饭酒、花雕酒等便是典型的米酒。

客人饮用米酒可增加餐厅的喜庆气氛，还可以当作调料来增加菜肴的鲜美味道。米酒有许多品种，从烧菜用的到高档宴会用的，可谓“下得了厨房，出得了厅堂（宴会）”。

酒吧提供的是西式服务，但为了能让客人品尝到米酒的神韵，酒吧服务人员最好在客人饮用前将酒加温。米酒的加温也颇有讲究，现在一般用热水将酒烫到37.5℃左右，略高于人的体温，这样的酒温，适合绝大多数喜欢饮用米酒的客人。

关于酒吧咖啡的服务礼仪

“咖啡”一词由阿拉伯语 Kaffa 而得名，Kaffa 是埃塞俄比亚西南部的一个省份，在那里，咖啡最早被当做饮料使用。在阿拉伯传说中，有一个名叫卡尔迪的阿比尼亚牧羊人，他发现，当他的羊吃了一种植物的果实后，就变得十分兴奋，并可持续一段时间，于是卡尔迪也尝了尝这种豆的味道，没想到，自己尝过以后也感到很兴奋。最后，此事传开，许多寺院僧侣们便开始用热水浸泡这种豆子服用，这样就发现了咖啡，时间约在公元 850 年。

那么，酒吧服务员在对客人进行咖啡服务时，应该注意什么问题呢？首先，使用咖啡时要注意包装上注明的日期，注意：不要用超过有效保存期的咖啡。不要将咖啡同其他气味浓烈的食物放在一起。如果可能的话，酒吧服务员只在需要时才将咖啡豆粉碎。咖啡就像胡椒一样，一旦粉碎就会很快失去香味，使用新鲜的咖啡豆时，咖啡质量较高。为了保证咖啡的香味和质量，咖啡豆必须适当焙制，如果咖啡豆焙制时间过短，那么产品就没有特点，也比较淡，焙制时间越长，则味道越强烈、越浓郁。

咖啡的最佳冲饮温度是 96℃，并保持 90.5℃。当然，咖啡也不应煮得时间太久，否则会破坏香味。大多数酒吧都是用咖啡壶来煮咖啡，然后再倒入客人的咖啡杯中。客人喝咖啡时，除客人有特殊要求外，酒吧服务员应为客人的咖啡加奶加糖，牛奶与糖应在上咖啡前在客人的桌上准备好。在客人的右边送上，咖啡杯应放在底碟上，咖啡杯的把手应向右，咖啡勺要放在碟上，并放在咖啡杯的右边。

关于酒吧矿泉水的服务礼仪

瓶装矿泉水是营养水，专家认为，喝矿泉水比喝自来水对人体健康更为有利，这是因为矿泉水中含有许多微量元素，而且，矿泉水未用氯和钠作过软化处理。而在自来水中，某些病毒、重金属和氯的衍生物则危害着人类的健康，矿泉水对人的牙齿、骨头和血管有好处，另外，瓶装矿泉水在酒吧服务中，作为酒水类商品，还有方便、美观、得体的特点。

一般来说，酒吧用于为客人服务的瓶装矿泉水，在客人饮用前需经过冰镇处理，冰镇后的矿泉水，最适宜的饮用温度为 4℃左右。酒吧服务员应将瓶装矿泉水拿到桌上，并当着客人的面打开，然后倒入客人的杯中，除客人提出要求外，不要在客人的杯中加冰块和柠檬片。

酒吧服务员在提供上述所有的饮料服务时，有一点须注意的是：一定要注意杯子的温度。冷的饮料，杯子要预先降温，而热的饮料，杯子应预先加热。这样，用杯子盛饮料时，就不会因杯子的温度而引起饮料温度的变化，从而影响饮料的口感了。

第八节　西式酒吧讲高雅

在西式酒吧里，人们最常见的有开胃酒、佐餐酒和饭后酒三大种类。

开胃酒是饭前饮的酒，能增加人的食欲。适合做开胃酒的酒类品种很多。传统的开胃酒品种大多是味美思（Vermouth）、雪利酒（Sherry），这些酒大多加过香料或一些植物性原料，用于增加酒的风味；现代的开胃酒大多是调配酒，用葡萄酒或烈性酒作酒基，加入植物性原料的浸泡物或在蒸馏时加入这些原料。佐餐酒是在人们进餐时饮用的酒，最常饮用的是葡萄酒。在西方，人们有喝饭后酒的习俗，饭后酒的种类主要是白兰地和利口酒（Liqueur）。利口酒也是一种烈性酒，但其风味是由加入的香料决定的。制作方法主要有两种：一种是将风味料浸泡在烈性酒中，另一种方法是加入香料后进行蒸馏。都要加入糖浆作为甜味剂，所以说，利口酒都是甜酒。

在西式酒吧里，用餐饮酒的礼仪十分重要，作为餐厅服务员一定要全面了解。对于酒吧礼仪，按西方较流行的规则，有以下几个方面可供参考。

客人刚刚进入酒吧时的礼仪举止

如果客人刚刚进入酒吧，服务小姐应该立刻热情地招呼接待，不能粗鲁地去询问客人，要让客人保持安静及良好的心情，如果客人坐下时间已经超过20分钟，还没有服务员前往招待，这会使客人对酒吧产生很不好的印象，因此，酒吧服务小姐要迅速地礼貌地请客人入座。酒吧服务员要替客人将大衣寄存在酒吧寄放处或挂在酒吧的大衣架土。万不可将客人的衣服挂在椅背上，因为这样做的结果，常常会导致衣服滑在地上，如果被人踩脏便很不雅观。如果客人要在酒吧买鸡尾酒，酒吧服务小姐应尽快替客人进行安排。

酒吧服务员写单的礼仪

如果客人将菜谱合拢，放在他所落座的桌边，这时，酒吧服务小姐应知道客人已准备点酒点菜了。当客人点酒或点菜时，负责记录的服务员在写单时，不要把菜单放在酒桌上、膝盖上写单，不管它有多大，都要拿在手上站着写。

服务员工作时禁止使用手机和BP机的礼仪

手机和BP机在愉快的餐桌上是讨厌物。无论是正式的早餐、午餐，还是晚餐，只要是工作时间，酒吧服务员都不能携带手机和BP机。酒吧女服务员如果遇到客人对自己吹口哨、拍手，或做粗鲁的手势等情况，千万不能动怒，也不能张口骂人，而是要优雅地举手（不用太高），落落大方地向对方点头微笑。

酒吧服务员的穿着打扮礼仪

再昂贵的休闲服，作为酒吧服务员也不能随意穿着到酒吧上班。吃饭喝酒时要穿着得体，这是欧美人的常识。去高档的餐厅和酒吧，男士要穿着整洁的上衣和皮鞋，女士要穿套装和有跟的鞋子。如果指定穿正式服装的话，男士必须打领带。

酒吧服务员帮助客人落座的礼仪

由椅子的左侧入座，最得体的入座方式是从左侧入座。当椅子被拉开后，身体在几乎要碰到桌子的距离站直，领位者会把椅子推进来，腿弯碰到后面的椅子时，就可以坐下来。用餐时，上臂和背部要靠到椅背，腹部和桌子保持约一个拳头的距离，两脚交叉的坐姿最好避免。

酒吧服务员帮助客人选酒选菜及铺餐巾的礼仪

酒吧服务员在客人点酒时，不要硬装内行。在高级酒吧里，会有精于品酒的调酒师送酒单来。对酒不大了解的顾客，最好告诉调酒师自己挑选的菜式、预算、喜爱的酒类口味，请调酒师帮忙挑选。如果客人所点的主菜是肉类，应建议搭配红酒，如果是鱼类则建议为客人搭配白酒。若是在为客人上菜之前，不妨建议为客人来杯香槟酒、雪利酒或吉尔酒等较淡的酒。客人所使用的餐巾，应在用餐前就为客人打开，或者可以由客人自己打开使用，一般是在客人点完酒菜后，在菜与佐餐酒送来前的这段时间，为客人把餐巾打开。打开餐巾的方法是，将餐巾往内折三分之一，让三分之二平铺在客人的腿上，盖住膝盖以上的双腿部分。

西式酒吧服务中“饮”的礼仪

酒吧的酒类服务礼仪并不复杂，通常由服务员将少量酒倒入酒杯中，让客人鉴别一下品质是否有误，并礼貌地专注地等待客人的回应，如客人认可，则服务员就要正式为客人斟酒。这时，客人不要动手去拿酒杯，而应把酒杯放在桌上由服务员去倒。如见客人用手握着酒杯，可礼貌地请他不必如此。

西式酒吧服务中“吃”的礼仪

吃鱼的时候，由于鱼肉极嫩易碎，因此餐厅常不备餐刀而备专用的汤匙（这种汤匙比一般喝汤用的稍大，不但可切分菜肴，还能将调味汁一起舀起来吃。若要吃其他混合的青菜类食物，还是使用叉子为宜）。首先用刀在鱼鳃附近刺一条直线，刀尖不要刺透，刺入一半即可。将鱼的上半身挑开后，从头开始，将刀叉在骨头下方，往鱼尾方向划开，把针骨剔掉并挪到盘子的一角。最后再把鱼尾切掉。由左至右面，边切边吃。如果客人要求帮助，服务员就应热情而又郑重地提供服务。

第九节　中国的饮酒文化

关于中国的酒历史

中国的酒有5000年以上的悠久历史。在漫长的发展过程中，形成了独特的风格。中国酒有少量的果酒，主要是用粮食原料酿制而成的，以酒曲（生长霉菌为主要微生物的）为糖化发酵剂，以复式发酵、半固态发酵为特征，这成为东方酿酒业的典型代表。近代以来，啤酒在中国的发展很快，目前年产量已居世界第一位。

酒文化作为一种特殊的文化形式，在传统的中国文化中有其独特的地位。在几千年的文明史中，酒几乎渗透到社会生活中的各个领域。首先，中国是一个以农立国的国家，因此一切政治、经济活动都以农业发展为立足点。而中国的酒绝大多数是以粮食酿造的，酒紧紧依附于农业，成为农业经济的一部分。粮食生产的丰歉是酒业兴衰的晴雨表，各朝代统治者根据粮食的收成情况，通过发布酒禁或开禁来调节酒的生产，从而确保民食。

反过来，酒业的兴衰也反映了农业生产的状况，也是了解历史上天灾人祸的线索之一。在一些地区，酒业的繁荣对当地社会生活水平的提高起到了积极作用。酒与社会经济活动是密切相关的。汉武帝时期实行国家对酒的专卖政策以来，从酿酒业收取的专卖费或酒的专税就成为了国家财政收入的主要来源之一。酒税收入在历史上还与军费、战争有关，直接关系到国家的生死存亡。

中国古人将酒的作用归纳为三类：酒以治病，酒以养老，酒以成礼。几千年来，人们对酒的依赖起码还包括：酒以成欢，酒以忘忧，酒以壮胆。但酒也使人沉湎、堕落、伤身败体。历史上还有不少国君因沉湎于酒，引来亡国之祸。

总之，酒是社会文明的标志。研究中国社会的文明史，不可不研究酒文化史。中国酒文化中的丰富内涵，会给人们带来乐趣和启示。

关于中国的名酒

中国制酒源远流长，品种繁多，名酒荟萃，享誉中外。黄酒是世界上最古老的酒类之一，约在3000多年前商周时代，中国人独创酒曲复式发酵法，开始大量酿制黄酒。约1000年前的宋代，中国人发明了蒸馏法，从此，白酒成为中国人饮用的主要酒类。酒渗透于整个中华5000年的文明史中，从文学艺术创作、文化娱乐到饮食烹饪、养生保健等各方面在中国人生活中都占有重要的位置。

中国名酒主要可分为蒸馏酒、酿造酒、配制酒等三类。蒸馏酒的名酒有：贵州茅台酒、山西汾酒、四川泸州老窖等。酿造酒的名酒有：绍兴加饭酒、青岛啤酒、长城干白葡萄酒等。配制酒的名酒有：竹叶青酒、五加皮酒、北京虎骨酒等。

此外，在我国还有各类药酒及滋补酒。按最新的国家饮料酒分类体系，药酒和滋补酒属于配制酒范畴。配制酒是以发酵酒、蒸馏酒或食用酒精为酒基，加入可食用的花、果、动植物或中草药，或以食品添加剂为呈色、呈香及呈味物质，采用浸泡、煮沸、复蒸等不同工艺加工而成的酒。

配制酒分为植物类配制酒、动物类配制酒、动植物配制酒及其他配制酒。中国的药酒和滋补酒的主要特点是，在酿酒过程中或在酒中加入了中草药，因此两者并无本质上的区别。但前者主要以治疗疾病为主，有特定的医疗作用，后者以滋补养生健体为主，有保健强身作用，在中国古代，就有“酒为百药之长”的说法。这可以理解为在众多的药中，酒是效果最好的药。

关于中国的酒之最

传说中的酿酒鼻祖：杜康、仪狄。

我国最富有民族特色的酒：黄酒和白酒。

人类最先学会酿造的酒：果酒和乳酒。

我国最早的麦芽酿成的酒精饮料：醴。

现已出土的最早成套酿酒器具：山东大汶口文化时期。

现存最古老的酒：1980年在河南商代后期（距今约3000年）古墓出土的酒，现存故宫博物院。

已发现的最早的蒸馏器：东汉时期的青铜蒸馏器（现藏上海博物馆）。

最早实行酒的专卖制度的王朝：汉武帝天汉三年（公元前98年）。

酒价的最早记载：汉代始元六年（公元前81年），官卖酒，每升四钱。

记载酒的最早文字：商代甲骨文。

葡萄酒的最早记载：司马迁的《史记·大宛列传》。

最早的麦芽制造方法的记载：北魏贾思勰的《齐民要术》。

最早的药酒生产工艺记载：西汉马王堆出土的帛书《养生方》。

最早的卖酒广告记载：战国末期韩非子所著《韩非子》载，“宋人酤酒，悬帜甚高”。

我国最早的机械化葡萄酒厂：烟台张裕葡萄酿酒公司。

我国最早的啤酒厂：建于 1900 年，黑龙江哈尔滨市。

我国最早的酒精厂：建于 1900 年，黑龙江哈尔滨市。

我国第一个全机械化黄酒厂：江苏省无锡黄酒厂。

目前国产价格最贵的酒：贵州茅台酒。

目前产量最大的饮料酒：啤酒。

第十节　中国的饮酒礼仪

在中华民族几千年的文明史上，儒家的学说被奉为治国安邦的正统观点，即便是饮酒的习俗，同样也受儒家文化观点的影响。儒家特别讲究和强调“酒德”两字，其义是说饮酒者要有高尚的德行，不能像无道昏君纣王那样，“颠覆厥德，荒湛于酒”。

关于中国的酒德与酒礼

儒家的酒德集中体现在以下几个方面：“饮惟祀”，只有在祭祀时才能饮酒；“无彝酒”，不要经常饮酒，平常少饮酒，以节约粮食，只有在有病时才宜饮酒；“执群饮”，禁止老百姓聚众饮酒；“禁沉湎”，禁止人们饮酒过度。其实，儒家并不反对饮酒，用酒祭祀敬神，养老奉宾，这都是德行。

关于中国古代的酒礼。在中国，饮酒作为一种饮食文化，在远古时代就形成了一套大家必须遵守的礼节。有时，这种礼节还非常烦琐。但如果在一些重要的场合下不遵守，就有犯上作乱的嫌疑。因为饮酒过量，便不能自制，容易生乱，因此，统治者出于统治的需要，制定饮酒礼节也就显得十分重要。

我国古代饮酒有以下一些礼节：

（1）主人和宾客一起饮酒时，要相互跪拜；晚辈在长辈面前饮酒，叫侍饮，通常要先行跪拜礼，然后坐入次席；只有长辈命晚辈饮酒，晚辈才可举杯；如果长辈酒杯中的酒尚未饮完，晚辈也不能先饮尽。

（2）古代饮酒的礼仪约有四步：拜、祭、啐、爵。就是先做出拜的动作，表示敬意，接着把酒倒出一点在地上，祭谢大地生养之德，然后尝尝酒味，并加以赞扬，令主人高兴，最后仰杯而尽。

（3）在酒宴上，主人要向客人敬酒（叫酬），客人要回敬主人（叫酢），敬酒时还要说上几句敬酒辞。客人之间也可相互敬酒（叫旅酬）。有时还要依次向人敬酒（叫行酒）。敬酒时，敬酒的人和被敬酒的人都要“避席”，起立。普通敬酒以三杯为度。

（4）中国各民族中，除了信奉伊斯兰教的回族一般不饮酒外，其他民族都是饮酒的。饮酒的习俗各民族都有独特的风格。

唯高博士赚钱新招

唯高博士语录：

留住人才，就留住了创新，有了创新就有赚钱的新招，也就等于打开了一道财富的源泉。

唯高博士赚钱新招

唯高博士语录：

敢想会想，敢做会做，离成功就一步之遥了。敢想是成功的第一步，把你的想法落地，离成功就不远了。

关于中国的“喝喜酒”礼仪

中国南方的“女儿红”的最早记载为晋人嵇含所著的《南方草木状》，说南方人生下女儿才几岁，便开始酿酒，酿成酒后，埋藏于池塘底部，待女儿出嫁之时才取出供宾客饮用。这种酒在绍兴得到继承，发展成为著名的“花雕酒”，其酒质与一般的绍兴酒并无显著差别，主要是装酒的坛子独特，这种酒坻还在土坯时，就雕上各种花卉图案、人物鸟兽、山水亭榭，等到女儿出嫁时，取出酒坛，请画匠用油彩画出“百戏”，如“八仙过海”、“龙凤呈祥”、“嫦娥奔月”等，并配以吉祥如意、花好月圆的“彩头”。

千百年来，中国的“喜酒”往往是婚礼的代名词，置办喜酒即办婚事，去喝喜酒，也就是去参加婚礼，这个饮酒风俗沿袭至今。

关于满族的“喜酒”礼仪

满族人结婚时要喝“交杯酒”：入夜，洞房花烛齐亮，新郎给新娘揭下头盖后，要坐在新娘左边；娶亲时，娶亲太太捧着酒杯，先请新郎抿一口；送亲时，送亲太太捧着酒杯，先请新娘抿一口；然后两位太太将酒杯交换，请新郎新娘再各抿一口。满族人在举行婚礼前后，还要摆“谢亲席”：将烹制好的一桌酒席置于特制的礼盒中，由两人抬着送到女方家，以表示对亲家养育了女儿给自家做媳妇的感谢之情。另外，还要做一桌“谢媒席”，用圆笼装上，由一人挑上送到媒人家，表示对媒人成全好事的感激之情。

关于达斡尔族的“喜酒”礼仪

达斡尔族有“接风酒”和“出门酒”的礼仪：送亲的人一到男家，新郎父母要斟满两盅酒，向送亲人敬“接风酒”，这也叫“进门盅”，来宾要全部饮尽，以示已是一家人。然后，男家要摆三道席宴请来宾。婚礼后，女方家远者多在新郎家住一夜，次日才走，在送亲人返程时，新郎父母都恭候门旁内侧，向贵宾一一敬“出门酒”。

关于汉族的“喜酒”礼仪

“会亲酒”：这是在举行订婚仪式时要摆的酒席，喝了“会亲酒”，表示男女婚事已成定局，婚姻契约已经生效，此后男女双方不得随意退婚、赖婚。

“回门酒”：新郎新娘结婚的第二天，新婚夫妇要“回门”，即回到娘家探望长辈，娘家要置宴款待，俗称“回门酒”。回门酒只设午餐一顿，酒后夫妻双双回家。

“交杯酒”：婚礼上的交杯酒是为了表示夫妻相爱，由新婚夫妻各执一杯酒，手臂相交各饮一口。这是我国婚礼程序中的一个传统礼仪，在古代又称为“合卺”（卺的意思本来是一个瓠分成两个瓢），古语有“合卺而酳”之说，合卺又引申为结婚的意思。

在我国的唐代即有“交杯酒”这一名称，到了宋代，在礼仪上，盛行用彩丝将两只酒杯相连，并绾成同心结之类的彩结，夫妻互饮一盏，或夫妻传饮。这种风俗在我国非常普遍，如在浙江绍兴地区喝交杯酒时，由男方亲属中，儿女双全，福气好的中年妇女主持，喝交杯酒前，先要给坐在床上的新郎新娘喂几颗小汤圆，然后，斟上两盅花雕酒，分别给新婚夫妇各饮一口，再把这两盅酒混合，又分为两盅，取“我中有你，你中有我”之意，让新郎新娘喝完后，并向门外撒大把的喜糖，让外面围观的人群争抢。

关于中国重大节日的饮酒礼仪

中国人一年中的几个重大节日，都有相应的饮酒活动，如端午节饮“菖蒲酒”，重阳节饮“菊花酒”，除夕夜饮“年夜酒”。在一些地方，如江西民间，春季插完禾苗后，要欢聚饮酒，庆贺丰收时更要饮酒，酒席散尽之时，往往是“家家扶得醉人归”。

中国的春节是中国人最为注重的节日，是家人团聚的日子。大年除夕年夜饭是一年中最为丰盛的酒席，即使穷，平时不怎么喝酒，年夜饭中的酒却是必不可少的。吃完年夜饭，有的人还有饮酒守夜的习俗。正月的第一天，有的地方，人们一般是不出门的，从正月初二开始，才开始串门，有客人上门，主人将早已准备好的精美的下酒菜肴摆上桌子，斟上酒，共贺新春。新年伊始，古人有合家饮屠苏酒的习俗，饮酒时，从小至大依次饮用。据说饮此酒可以避瘟气。

关于朝鲜族的“岁酒”礼仪

我国朝鲜族同胞在“岁首节”喜欢喝“岁酒”。这种酒多在过“岁首节”前酿造。岁首节相当于汉族的春节，“岁酒”以大米为主料，配以桔梗、防风、山椒、肉桂等多味中药材，类似于汉族的“屠苏酒”，但药材配方有所不同。用于春节期间自饮和待客，民间认为饮用此酒可避邪、长寿。

中国各民族的酒德与酒礼，作为一种特殊的文化形式，在传统的中国文化中有其独特的地位。在几千年的文明史中，酒几乎渗透到社会生活中的各个领域。酒是社会文明的标志。中国酒文化中的丰富内涵，给人们带来了无穷的乐趣和有益的启示。

餐厅服务员的仪表

企业要包装才能树立形象，商品要包装才能卖出好价钱，同样，人也要“包装”。作为餐厅服务人员，必须具备相应的礼仪仪表，第一条就是，仪表端庄。

第一节　骏马定要配靓鞍

商品要包装，企业要注意形象，同样的道理，每个人也要注意自己的包装与形象，那就是端庄的仪表。

众所周知，歌唱家首先需要好的嗓子，电影导演要物色好的演员，如果你身高2米以上，就不愁当不上篮球运动员，如果你反应迟钝，弹跳力极差，那么你就不用指望去夺奥运金牌了。为什么？因为你不具备优秀运动员的素质。

同样，作为一名餐厅员工，无论你是服务员，还是中、高级管理人员，都必须具备相应的礼仪素质。那么，餐厅员工应具备哪些礼仪素质呢？对于酒店业共同规范的礼仪内容又有哪些呢？

有一则消息说，我国东北产的人参与韩国的质量可相媲美，但在国际市场上，价格只有韩国的四分之一，甚至有的外商还怀疑我国土产的人参不是真货。再以我国国产的蔬菜来说，货到了香港商人的手中，他们把菜略为整理，用上他们印刷精美的包装，摇身一变，便赚到高于国内五至六倍的价钱。

由此可见，即使有了名、特、优货品，或是企业创出了名牌产品，还要特别注重外部包装，为它穿上时髦的外衣，以内在质量与外表形式相一致，来实现名牌产品的整体价值，正像老百姓平常所讲的那样——好马也要配好鞍。

仪表，指的是人的外表，包括容貌、姿态、风度等，端庄是指举止、神情端正庄重。而餐厅员工肯定要有一定的容貌、身高、体形要求。如果是头大颈短、歪嘴巴斜眼睛、弓腰曲背、身长腿短、大腹便便，或瘦骨嶙峋，或高矮失常、罗圈腿、八字脚，或其他畸形等等，就谈不上自然形体美，谈不上仪表端庄，因此，也不适合从事酒店工作。

由此可见，不是任何人都可以从事酒店工作的。

许多餐厅酒店喜欢自己培训员工，招聘时只强调身体健康，外貌端正，口齿清楚就可以了，并且说经验并不重要，仪表仪容最重要。所以，酒店礼仪的第一条素质要求就是，仪表端庄。

人的气质是仪表的重要组成部分。气质不但是一个人智慧的体现，更是一个人内在修养的表现，气质是比较稳定的心理特征，但并不是就说它是一成不变的。人的自然本性就如饿了要吃饭、冷了要穿衣一样，是不可改变的。

人们常说“江山易改，禀性难移”就是这个道理，吃穿不但是人的本性，更是人类自下而上所必需的。但气质不同于本性，气质的形成受先天高级神经活动和后天环境的双重塑造，气质与文化素养密切相关，是从人的言谈举止中所表现出来的。

另外，气质与环境息息相关，气质受其生活经历的影响，从人们那里受到熏陶，形成了一种稳定的内在魅力，这种魅力主要来自父母或其他对孩提时代具有显著影响的长辈。气质有好的气质，也有平凡、低俗、粗鲁的气质，作为餐厅员工，想要培养良好的气质，就要多读书、多钻研。

风度是仪表不可或缺的因素。风度是一个人的气质、阅历和教养的集合，体现在每个人的言谈举止和衣食住行的各个方面。不同的人有不同的气质和性格，因此，风度也不尽相同。例如，由于人们的职业性质和生活环境的影响，自然而然地养成一种职业风度。比如，通常人们所说“学者风度”、“军人风度”、“外交家风度”、“艺术家风度”、“大学生风度”，还有什么“绅士风度”、“骑士风度”等等，风度是褒义词，只适用于高尚的人。

幽默是一种重要风度。幽默是风度的助手，生活中某些人言谈轻松、举止自然，往往能一语冲淡紧张或尴尬的气氛与场面，语言清晰是谈话的基本条件，而幽默则是人说话的最高境界。

记得 1999 年 10 月，上海市有位五星级大酒店经理主持会议，一开场他就开宗明义地宣布：“今天的会议十分重要，我们要研究公司的改革大计，所以我首先声明，大家今天要禁止讲‘普通话’。”全体员工听后都不禁愕然，因为，普通话是国家宪法规定的，必须大力推广的中华民族的共同语言，为什么今天要禁止呢？不说普通话，莫非要说方言或英语不成？

望着众人迷惑不解的目光，主持人这才缓缓解释说：“我这里所说的‘普通话’，就是指那种普通、平庸、四平八稳、不痛、不痒、没有独到见解、缺乏实际内容的套话、空话。这种话难道不应禁止吗？所以，我提议在今天的会上，大家都讲实用话，禁止讲‘普通话’。”

听到这里，众人才恍然大悟，普通话原来是普普通通的话，于是全场大笑，用鼓掌表示赞同。

看，一个精彩的开场白，既点出了会议的宗旨，又活跃了会场的气氛，这是幽默的非凡功效。

例如，有位顾客在酒店里吃饭，一吃就吃出了许多沙子，当服务员走来时，他说：“哎，怎么尽是沙子呀！”服务员微笑答道：“不对呀，也有饭粒嘛。”一句幽默风趣的话把顾客的不满情绪转移了，不由得会心一笑，服务员趁机说：“先生，来，我给您换一碗饭，真是对不起。”

一般来说，当一个人高兴时，是很容易接受另外的人或事物的，这里，服务员就利用人的这一心理特点，先否定客人的话，逗他一乐，排斥其不高兴的心理，继而不失时机地把话引入正题，达到既维护酒店信誉又使客人满意的目的。不难想象，倘若服务员直接从饭入手的话，就不能达到这一效果。幽默，转移了客人的坏情绪，也体现了服务员的风度。既消除了客人的不满心理，也体现了服务员的聪明才智，挽回了酒店的信誉。

幽默是思维敏捷、随机应变的表现，它不仅仅是酒店员工应具有的才能和风度，也是现实生活中每个人都要做到的一点。一个人要做到风度优雅，是需要长期刻苦锻炼的，只要在日常生活中常常提醒自己，从点点滴滴处着手，潜心模仿别人的优雅动作，随时纠正自己的一些不良习惯，就能够达到预期的效果。

风度，与人的文化修养、审美能力紧密相关，一个对自己充满信心的人，才能处处表现得落落大方，一个能用欣赏赞美的艺术家的眼光看待事物的人，才能使自己的举止风度达到美的标准，因此，我们要学会对人类创造力的欣赏。

第二节　神态表情要自然

餐厅员工与人接触时，神态一定要自然，不要怯生生的，也不要忸怩作态。如果神态不自然，就谈不上什么有风度了。与人说话，语气要亲切，言辞要得体，态度要落落大方，千万不可面露谄媚、低声下气的表情，如果企图以鄙薄自己来取悦对方，这样做，无异于降低自己的人格，虽然你在主观上想讨好对方，而客观上却使对方轻视了自己。只有不卑不亢，才有利于双方平等地交流思想感情，获得对方的信任和尊重。

那么，作为服务人员，究竟用什么样的神态和表情才是合乎礼仪的呢？我们知道，表情是人的心理状态的外在显现，有什么样的心理状态就会产生什么样的表情。

表情类型通常有三种

第一种是面部表情。“面部是思想的荧光屏”，各种复杂的心理活动无不在面部呈现出来。面部表情能反映出人们瞬间的心理与情绪，有时转眼即逝，因此，在交际和酒店服务过程中，就要随时注意对方面部表情的变化，特别是眉宇间的细腻而微妙的变化。作为餐厅服务人员，一门最基本的课程就是，一定要学会“察言观色”，善于观察客人的心理和习惯，做到有针对性的服务，只有学会“察言观色”，才能更好地了解客人的需要，了解客人什么时候高兴，什么时候不高兴，从而更好地接待客人、关心客人，更好地为客人服务。

第二种是身段表情。在现实生活中，我们常常有这样的经验和体会：你往往不看一个人的面孔，只观察一下他的姿态，就明白他的心理状态了。如果他低头不语，很有可能表示不快或深思；如果他拍胸握拳、猛一扭身，很有可能表示不满；如果他大摇大摆、大大咧咧，很有可能表示满不在乎；如果他低头用手摸下巴，很有可能表示他在动脑筋。

第三种是声音表情。在社会生活中，我们从打交道的对方声音里，也就是说，从说话人的语调里，可以知道他的内心状态。一个有才能的演说者，是最懂得用语调来征服人心的。讲话也像唱歌一样，不仅要吐字清晰，要抑扬顿挫，还必须注意韵律、节奏和声调，也就是说要充满着感情。

心理学研究表明：人的上述三种表情，即面部表情、身段表情和声音表情，是相互联系、密不可分的，一个人不可能以愤怒的面部表情和动作姿态，说出轻柔缠绵的话语，要想表达某一种情感，三种表情必须协调一致。

由此看来，作为餐厅服务人员，只有掌握了人的各种表情特征，即掌握了客人的心理状态，才能更好地为客人服务。同时，餐厅员工在为客人服务的过程中，也要注意自己的表情，千万不要面无表情，呆若木鸡，或不可一世地板着脸，令人望而生畏，大煞风景。

服务人员在为客人服务时，万万不得流露出厌烦、冷淡、愤怒、僵硬和恐惧的表情，不得忸怩作态、做鬼脸、吐舌、眨眼，而应该表情从容、自然、和蔼、面带微笑。比如在喜庆、祝贺、联欢等宴会或者婚宴上，服务员就一定要春风满面，笑逐颜开，以适应欢乐的气氛，千万不可愁眉苦脸或唉声叹气，弄得客人不高兴。另外，餐厅员工在工作、打电话、与客人交谈时，如有客人走近，应立即示意，以表示已注意他的来临，不得无所表示，等客人先开口。

第三节　不良习惯须克服

世界著名科学家富兰克林说："一个良好的生活习惯，就好比存在银行里的一笔钱，不断收到利息，但如果一个坏的习惯，就好比欠了一笔债，要不断付出利息。"这话无疑是一句至理名言。

人们在社会生活的交际与交往中，保持良好的生活习惯是十分必要的。例如，广东省汕头市某医疗机械厂，要从美国引进大输液管生产线，本来，该机械厂与客商谈判已结束，第二天将正式签订合同。可巧就在此期间，厂长陪伴美国客人到这间工厂的车间参观，在带领客人参观过程中，这位中方厂长竟然随意向墙角吐了一口痰，然后用鞋底擦去，岂知，这一口痰不要紧，竟会吐掉一项已基本谈成的项目。"为山九仞，功亏一篑"，实在可惜。

在这位中方厂长看来，随地吐一口痰实在微不足道，然而他却不知，在社会生活的人际交往中的一举一动，任何微不足道的小细节，都是其内心世界、个人修养、处世态度和精神面貌的体现，甚至还是其生活背景和周围环境的反应。

那位美国商人后来写文章，是这样评论中方厂长随地吐痰的："一个厂长的卫生习惯，可以反映一个工厂的管理素质，更何况这家工厂所生产的是用来治病的输液管？小事不小，人命关天，不可随便。"

有一位美国华侨，到湖北省武汉市洽谈合资企业，谈了好几次，最后一次在来中国之前，他曾对朋友说："这是我最后一次会谈了，我要跟他们的最高领导谈，谈得好，就可以拍板了。"

过了两个星期，他又回到了美国。朋友们问他："先生，您与中方谈成了吗?"他说："没谈成。"朋友问其原因，他回答："对方很有诚意，进行得也很好，但是，我最终还是放弃了。之所以没谈成，就是跟我谈判的这个主要领导毛病太多。他坐在我的对面，当他跟我谈判时，他不时地抖着他的双腿，这使我觉得我还没有跟他合作，我的财都已经被他抖掉了。"

我们从这个例子不难看出，凡是有各种不良习惯的人，是很容易引起人们的反感甚至厌恶的。因此，我们无论在日常生活中，还是在社会交往中，都一定要注意自己的仪表，养成良好的习惯，表现出最佳的自我形象。

那么，与人相处交谈时，应注意什么呢?

(1) 不要总是摸自己的后脑勺。有的人，当他在与人交谈时，总觉得自己的双手是多余的，交谈中也总是下意识地挠后脑勺，这是一种习惯性动作，可是，对方却认为你不成熟，没有社交经验。

(2) 要注意克服手爱动的习惯。有些人在交谈或开会时，手中总想拿点什么东西摆弄着，这种习惯很不好，是对对方不尊重的行为。还有些人，他们在讲话时总喜欢拍打对方一下，这种轻浮的动作，对方是很反感的。

(3) 不要老抖动自己的腿。有些人在坐着时，两腿不停地摆动，或者是一条腿压在另一条腿上，也在不停地摆动着，特别是脚尖摆动得还很有节奏，这会使对方对你产生很高傲、不好接近的感觉，同时也是一种缺乏修养的行为。

有些香港和台湾的人认为，这是一个不好的习惯，会把财气抖掉，从而引起反感和厌恶。中国古代，人们很迷信，对这种小幅度的身体动作叫做"穷神的呼唤"，所以人们相当忌讳，应尽量避免这种动作。然而，如果以现代科学来分析，这种动作大多是由于神经质的精神不安引起的。虽说抖腿是由于精神上不安与紧张造成的，但女性如果出现这种没有风度的习惯，一定是有某种阴影压在心上。

(4) 避免做脸部"动作"。有些人无论是坐着、站着或者与人交谈时，不知不觉地总喜欢用手挖鼻孔，或挖耳朵，或揉一揉鼻子，其实什么东西也没有挖出来，只是一种习惯性的脸部动作。和人谈话时用手摸摸脸，摸摸鼻子和头发的人，因为他要求心理安定，想对自己的身体存在感加以确定，尤其是处于某种不安的状态之时。

举两个当世名人的例子：一个是美国前总统尼克松，为"水门事件"接受记者采访时，由于本身心情不稳定，所以一面说话，一面用手去摸摸脸，摸摸下颌；第二个例子是日本前首相田中角荣，当他因政治丑闻而遭到记者逼问时，也不时不自觉地用手巾来擦拭脸部。而尼克松和田中角荣也都因此遭到新闻界的讽刺与嘲笑。

(5) 讲话时举止要大方。有些人讲话时总喜欢越讲越与对方靠近，有时甚至和对方身体靠上了，也有些人在交谈时，对方一有不同意见时，就摇头摆脑地乱晃，这会令对方感到你这个人怎么像小孩子一样，太不成熟了。

因此，讲话时要特别注意社交距离，有一幅漫画，名叫《习惯动作》，讲的是一个人平时就爱凑到别人耳根说话，见到张三："有人说你的坏话。"见到李四："有人背后拆你的台。"有一次上街，他忘了戴手表，见到一位女同志，习惯动作又出来了，凑前去问："同志，请问现在几点了?"吓得女同志连连退避三舍。

凑前去说话，这就是不好的习惯动作，违反了社交中的界域距离，显得很不礼貌，因此，说话时一定要养成良好的习惯，举止大方，与对方保持一个适当的距离。

从礼仪上说，说话要保持适当的距离。说话时，如果与对方离得过远，会使对方误认为你不愿向他表示友好和亲近，甚至是厌恶他。然而，日常经验又告诉我们，如果在较近的距离与人交谈，稍有不慎就会把唾沫溅到别人脸上，而这是最令人讨厌的了，有些人因为有凑近别人交谈的习惯，又明知别人忌讳被自己的口沫溅到，于是先知趣地用手捂住自己的口，再凑过去和人说话，可惜这样形同"交头接耳"，样子比较难看，也不够大方。因此，从礼仪角度来说是不可取的。如果对方是异性，这样做不仅有可能引起对方的戒备，而且在客观上也挺惹人注目，甚至会被人误解，这是不足取的。

(6) 不要过分地关心别人。发生在我们身边的事很多，我们不一定什么事都要知道，特别是有些个人生活的事，不需要别人知道，我们就不要刨根问底，更不能到处向别人打听，这样传到那位同志的耳朵里就会造成同志间的不团结，如果餐厅员工到处打听某个客人的奇闻逸事，也容易引起客人的不满。

(7) 不要事事总表现自己。在社会交往中，特别是在人多的情况下，不要什么事都往前跑龙套，总想表现自己，把自己摆在中心的位置，又打手势又指挥别人，甚至有时用手拍一拍说话人的背说："你等会儿再说，让我先说。"这些都是很不礼貌的行为习惯。

(8) 不做别人忌讳的事。每个人都有自己一定的生活方法，喜欢什么，忌讳什么，有自己的个性，在社会交往中，对别人忌讳的事要避开，不要触犯。

例如，几年前，在深圳就发生了这样一件让人哭笑不得的故事：有一家酒店住进了少数民族的旅游团，旅游团中，美丽的少女们都戴着一个很漂亮的鸡冠帽。有个酒店男员工与之混熟了后，出于好奇，用手摸了一下一位少女的帽子。结果，麻烦来了："摸帽子"之事一下弄到族长那里去，族长以为酒店男员工是爱上了那位少女，向这位少女求婚。

原来，在这个少数民族的历史上，曾在一夜间受到外族的入侵，恰巧一公鸡鸣叫唤醒了人们，才免去了一次灭族之灾。之后，为了纪念这只公鸡，村子里的美丽少女都戴上鸡冠帽，只要有男子一触及就表示求婚。

深圳这家酒店的男员工，由于不了解别人的忌讳，出于好奇才摸了帽子。后来，经酒店领导出面与族长多次调解，这位男员工与那位少女最终以兄妹相称，才了结了这场麻烦。因此，我们要了解别人的忌讳，不做别人忌讳的事，免出差错。

除了上述八个方面需要我们注意外，其他方面的问题也应引起重视：

一是要给对方讲话的机会。有些人讲话不看对方，不管对方喜欢不喜欢，只是自己一个劲地在那儿说，就像机关枪似的不给对方插话的机会。

二是不要打断别人的话题抢说话。有些火气盛的青年同志，在与别人交谈时，感觉对方讲话慢，没有把话谈到点子上，迫不及待地抢说话，这就很容易打乱对方的思路。其实，语言这东西，不同的人有不同的表达方式，有些人先铺路后讲观点，有些人先亮观点后解释，这两种讲话方法都比抢说话文明礼貌。

三是不要轻率下断言。双方交谈总是较为复杂的，各自都有一定的想法，一定要让对方把话说完，听一听对方的意见后再下断言，千万不要只听开头，就忙着结论，即使你对对方讲的话比较了解，也要等对方把话讲完，这是社交中的一种礼貌。

第四节　微笑里面有学问

微笑也是一种风度，酒店员工要经常保持笑容，要微笑服务，没有微笑的服务，实际上是丑化了酒店或餐厅的形象，它给人的印象是没有教养、没有文化、没有礼貌的表现，足以使“宾至如归”变成一句空话。

笑的种类多种多样。人们的笑大致可分为几种类型：狂笑、奸笑、冷笑、傻笑、苦笑、娇笑、阴笑、大笑、耻笑、嘲笑、谄笑、皮笑肉不笑等等，而餐厅服务中所提倡的是微笑。

俗话说：“出门看天色，进门看脸色。”实践证明，如果我们服务员以热情的话语、和蔼的态度、亲切的微笑来接待客人，就会使你的餐厅宾客盈门、买卖兴隆，这一切告诉我们，诚招天下客，客从笑中来，笑脸增友情，笑脸出效益，笑脸赚钱财。有人说：“微笑，是通向世界的护照。”它是打动客人心弦的最美好的语言。

纽约一家大酒店的人事部主任曾经说：“要是一个女孩子经常发出可爱的微笑，那么，她就是小学程度我也乐意聘用，要是一个哲学博士，老是摆个扑克牌的面孔，就是免费来我们酒店当服务员，我也不要。”看来，微笑确实不是个人的事，它关系到企业的形象，关系到酒店事业的兴旺发达。

要以微笑征服客人

号称美国“旅馆之王”的希尔顿大饭店，是世界上非常有名气的酒店，是国际酒店的第一管理者，也是酒店经营时间最长久的一个。从1919年到1999年，在80年的时间里，希尔顿旅馆从一家小饭店扩展到100多家，遍布世界五大洲的各大城市，成为全球最大规模的旅馆之一。90多年来，希尔顿旅馆生意如此之好，财富增加得如此之快，其成功的秘诀之一，就在于服务售货员微笑的魅力。

1930年，西方经济危机，也是美国经济萧条的一年。在这一年，全美旅馆倒闭了80%。希尔顿的旅馆也一家接一家地亏损，曾一度负债50亿美元，困难重重、举步维艰，但是，希尔顿旅馆老板唐纳·希尔顿并不灰心，还充满信心地对旅馆员工说：“目前旅馆正处于靠借债度日时期，我决定强渡难关，我请各位记住，千万不可把愁云挂在脸上，无论旅馆本身遭遇的困难如何，希尔顿旅馆服务员的微笑永远是属于旅客的阳光。”

从此，他每天必定向服务员提出的总是：“今天你对客人微笑了没有?”正是微笑形成了希尔顿旅馆独特的良好形象，最终使其渡过难关。事实证明，当年美国仅剩下的没有倒闭的20%的旅馆中，只有希尔顿旅馆服务员的微笑最美好。萧条一过，希尔顿旅馆就率先进入了繁荣鼎盛时期，跨入了经营的黄金时代。希尔顿问下属最多的一句话便是：“今天你对客人微笑了没有?”这句话如今已成了世界酒店管理中的名言，正是微笑征服了客人。

要让你的微笑使客人满意

记得上海《文汇报》曾刊登过一则关于微笑服务的故事，大意是：有个法国旅游代表团，由于飞机误点，直到下午1点才到达上海虹桥国际机场，当时，旅客们午饭也未来得及吃，加上旅途中的其他不顺当，全团旅客就像一只快要爆炸的“火药桶”，大有一触即发之势。

接待他们的是某五星级酒店的一位颇有经验的翻译人员，他意识到：此时此刻，任何解释都无济于事，首要的是行动，友善的微笑必不可少。于是，他立即送客人回酒店用午餐，并要求餐厅想方设法把饭菜做得精美可口一些。因为客人均来自“吃在法国”的欧洲。让客人吃好、休息好，加上热情微笑的服务，美味可口的菜点，舒适幽静的环境，这些客人的情绪开始平静下来，脸色由“阴”转“多云”到“少云”。临别时，客人说，尽管以前有不愉快的插曲，但上海之行总体是很满意的。这样，微笑服务既满足了客人，又为酒店赢得了声誉。

曾有人访问上海商业战线上的老劳模安根娣：“一天之中要接触那么多的

客人，始终如一坚持微笑服务，是否疲劳?”她说：“我把客人当亲人，微笑服务是对他们的热情与尊敬，我对他们微笑是应该的，这样，我坚持微笑服务，越笑心里越舒坦，不觉得疲劳。假如找是奉命微笑，强作欢颜地笑，10分钟也会觉得疲劳。”她还说，“老劳模也是一个普通的人，我也有自己的喜怒哀乐，我生活中也有酸甜苦辣，但是我一上岗就把个人的一切烦恼不安，统统置于脑后，振作精神，笑容满面地接待每一位客人。”可见微笑服务一定要发自内心，也是完全可发自内心的。

微笑是自信的象征

在酒店服务中，如果你有什么地方使客人误会了，或不小心得罪了客人，他气势汹汹地找你算账，这时，你满面笑容地迎接他，他就会慢慢地把火气平息下来。有道是“伸手不打笑面人”，微笑是自信的象征。

有些人有自卑心理，认为餐厅服务工作是伺候人，低人一等，别人坐着你站着，别人吃着你看着，别人玩着你干着。社会也许存在着一些偏见，于是有些酒店员工不喜欢自己的工作，他们在工作中的反应是努力做到不伺候人，对客人是冷冰冰的一副“铁面”，用简单生硬的语言接待客人。其实，这是对自己在社会上所扮演的角色没有正确的认识。一个人只有充分尊重自己、重视自己、有理想、有抱负、充分看到自身存在的价值，必然重视强化自我形象，青春常驻，笑脸常开。

微笑是礼仪修养的充分展现。一个有知识、重礼仪、懂礼貌的人必然尊重别人，即使是陌路相逢，也不吝啬把微笑当作礼物，慷慨地奉献给别人。印尼人就认为“笑口常开”是社交的一种礼貌，新加坡也提倡“真诚微笑”的处世之道。新加坡人待人接物总是笑脸相迎，如果用完公用电话，就会笑着对等候的人说：“对不起，让您久等了。”甚至街头宣传文明礼貌的宣传画上也都印着一个笑容可掬的人像和一些口号，路边警察对违反交通规则的人处以罚款时，也总是笑眯眯的。因而，新加坡人幽默地说：“我们就怕警察笑，一笑就得掏腰包。”正因为到处都有笑脸，所以，外国人到新加坡总有“宾至如归”之感。

微笑是和睦相处的反应

现实生活丰富多彩，既有风和日丽、鲜花盛开的暖春，也有风雪交加、百花凋谢的寒冬，人生旅途，既有坦途，也有坎坷。但是，只要我们脸上充满微笑，乐以忘忧，就会让身处人生这个大舞台的人们都感到愉快、安详、融洽、平和。

微笑是心理健康的标志。一个心理健康的人，定能将美好的情绪、愉快的心境、温暖的盛意、善良的心地水乳交融，变成微笑。

快乐与烦恼不请自来，没有烦恼，心灵会变得脆弱，烦恼太多也会提前衰老。人活着就要活得舒服，潇洒走一回。同时，要学会调节自己的心理、情绪，学会化解忧愁，学会享用快乐，经常微笑。

微笑对自己的健康也有好处，表达对别人的尊重和友善，表示愿意与他人分享成功的欢愉，表明愿意分担他人的不幸与忧伤，减轻他人的痛苦。正如瑞典一句有名的谚语所说的："与人分享的快乐是双重的快乐，与人分担的痛苦是减半的痛苦。"一举两得，何乐而不微笑呢？

微笑服务的"九个一样"

微笑服务要始终如一，人人重视，坚持在接待服务的全过程，落实到每个接待服务员的身上，应做到九个一样：①领导在不在场一个样。②内宾外宾一个样。③本地客与外地客一个样。④生客熟客一个样。⑤大人小孩一个样。⑥生意大小一个样。⑦吃与不吃一个样。⑧购物与退货一个样。⑨主观心境好坏一个样。

"九个一样"体现了对客人要一视同仁，服务工作一定要遵循"优先为先到的客人服务"的原则。对年轻美貌的女客人、老年客人、白人、黑人，都应当一视同仁。厚此薄彼最易引起客人的反感，而且违反酒店员工应有的职业道德。

毋庸置疑，要做到上述"九个一样"，并非易事，特别是主观上的心境好坏不影响微笑服务是有一定的难度，它要求我们对影响微笑的不良情绪要有自控能力，一上岗，就把个人的一切烦恼、不安统统置于脑后，振作精神，笑容满面真诚地接待每一位客人。只有微笑、真诚地为客人服务，才能在餐厅员工与客人之间建立良好的关系，使服务获得成功。

客人如果在进餐期间被劣质服务所激怒了，就无法使他们回家时感到愉快和满足。我们在生活中谁都会遇到不愉快的事情，但有良好职业道德的餐厅员工，尤其是餐厅管理人员，绝不会把这种坏情绪转嫁到客人身上。

微笑适可而止

一般来说，餐厅员工在接待客人时，如果能笑脸相迎、彬彬有礼、言语恭敬、态度和蔼，那么生意成功的可能性就大，善于经营的人都明白"和气生财"的道理。和善可亲的笑脸是不下本钱便能获利的法宝。

然而，微笑也要掌握分寸，如果在不该笑的时候发笑，或者在只应微笑时大笑，有时会使对方感到疑虑，甚至以为你是在取笑他。这显然也是失礼的，所以不可不慎。

有一个西欧旅游团，深夜到沈阳市某酒店，由于事先联系不周，客房已告客满，只好委屈他们睡在大厅的临时加铺。全团人员顿时"哗然"，扬言要查每一个房间，看看是否真的无房。此时此刻，西装革履、风度翩翩的客房部经理出现在他们面前，该经理脸上露出微笑，客人说是“矜持的微笑”，面对客人连珠炮似的责问，他又微笑地耸耸肩膀，表示无可奈何，爱莫能助。谁知这一笑更坏事了，客人本来就因住不到房间而满肚子气，又认为客房部经理的笑是尖刻的讥笑，是对他们的蔑视，这批教养有素的西方客人竟愤怒地拍着桌子大声吼道：“你再这样笑，我们就揍你！”

因为不合时宜的微笑，竟闹到这般剑拔弩张的地步，是这位经理所未料到的。由于在场的翻译们再三解释“打圆场”，这场风波才避免了事态的进一步扩大，但已给客人留下了极其恶劣的印象，也给客人的旅途中带来了不愉快的阴影。

九种微笑方式

微笑服务，它既是一种职业要求，又标志着餐厅服务水平的高低，同时也是服务员本身素质文明程度的外在表现。要做好微笑服务，必须加强职业道德和笑的艺术两方面的修养。辽宁省大连市渤海饭店有个优秀服务员，她总结了九种微笑方式为我们提供了很好的学习范本：

（1）对年长宾客，发出尊敬的微笑。

（2）对年轻的宾客，发出热情、稳重的微笑。

（3）对女同志，发出贴心、关心的微笑。

（4）对农民宾客，发出朴实、诚心的微笑。

（5）对工人宾客，发出诚挚的微笑。

（6）对年轻的伴侣，发出祝愿的微笑。

（7）对儿童，要有欢快、爱护的微笑。

（8）对知识分子，发出文雅、大方、自然的微笑。

（9）对无理取闹的宾客，发出自信、自重的微笑。

看来笑也能笑出文化、笑出修养。实际上，微笑只是表面的，真正的含义是对客人的诚意和爱心，如果你有主人翁精神和高度责任感，你就会把微笑当成一种法宝，当成酒店竞争的力量。外交家的微笑，展示友好；运动员的微笑，展示自信，一往无前；演员的微笑，和观众情融心汇；服务员的微笑，让人感觉宾至如归，温暖如春。

微笑操作练习

在生活中，有些人不注意修饰自己的笑容，如：拉起口角一端微笑，使人感到虚伪；捂着嘴角笑，给人以不大方的印象。其实，微笑是可以学习、可以练习的。练习的步骤是：

第一步：“念一”。练习时，要使双颊肌肉用力向上抬，口里念“一”音，用力抬高口角两端，但要注意下唇不要用力太大。

第二步：口眼结合。眼睛会“说话”，也会笑，如果内心充满温和、善良和厚爱时，那眼睛的笑容一定非常感人。眼睛的笑容一是“眼形笑”，二是“眼神笑”，这也是可以练习的：取一张厚纸遮住眼睛下边部位，对着镜子，心里想着最使你高兴的情景。这样，你的眼睛便会露出自然的微笑，然后再放松面部肌肉，嘴唇也恢复原样，可目光仍旧含笑脉脉，这就是眼神在笑。学会用眼神与客人交流，这样的微笑才会更传神、更亲切。

第三步：笑与语言结合。微笑地说“早上好”，“您好”，“欢迎光临”等礼貌用语。

第四步：笑与仪表、举止相结合。餐厅员工男女都双脚并拢，双手交叉放在背后，右手放在左手上，面带微笑，亲切、自然、神气。

日本航空公司的空中小姐，只微笑这一项，就要训练半年时间。可见，冰冻三尺非一日之寒。每个员工都可以清晨起床后对着镜子冲自己来一个动人的微笑，念一声“一”，这不仅可作为一天的良好开端，也可以琢磨自己怎样的微笑才使客人看了舒服。

另外，时时保持健康快乐的心绪，遇有烦恼不发愁，以乐观的态度正确对待，这样才会笑得甜美，笑得真诚。同时，把自己比做一名出色的演员，当你穿上制服走进岗位时，要清醒地意识到自己已进入角色，进入工作状态，生活中的一切喜怒哀乐全抛开。

第五节　个人卫生要讲究

餐厅员工每天要接待来自四面八方的客人，因此，必须讲究个人卫生。个人卫生是酒店向客人提供优质服务的基础和前提，个人卫生也是良好的个人仪容所必须具备的基本要求，它可以反映社会的文明程度，体现社会风尚。每一个员工都不应轻视它，要自觉地讲究卫生，以促进个人身心健康。讲究个人卫生，要注意：

第一是身体卫生。员工在工作前，要把身体收拾干净，在任何时间里，服装要保持整洁、合身，服务员上岗必须穿工作服，有围裙的要系好，戴工作帽，要穿工作鞋，鞋袜要清洁、无味，内衣、外衣都要经常保持整洁。在工作前、便后、抽烟后和准备食物前，均应用肥皂热水洗净手。勤剪指甲保持指甲洁净，切不可涂指甲油。

第二是仪容卫生。必须经常保持头发清洁、梳理整齐，做到勤理发、勤洗澡、勤换衣，尤其男子不要留长发。不要在工作时用手指去抓头皮、搓脸和揉眼睛，不要当众搔痒，不要用餐厅抹布擦脸和手臂。在工作时，禁止吸烟、吐痰和嚼口香糖；打喷嚏和咳嗽，要用手帕或纸巾将口遮住。在对客人服务时，留心不要把手指伸入盘子或碗中。

第三是食品卫生。工作前不得食用葱、韭菜、大蒜等有强烈刺激性气味的食品，必要时可含上一点菜叶或茶叶，以防臭味。不吃异味、腥气的食物，不喝含酒精的饮料。早晚要刷牙，饭后要漱口。品尝食物时，要使用清洁的叉、匙。品尝流质食品，应先打一些放入盘中或小碟里，然后再品尝。

第四是吃饭卫生。员工吃饭时，每餐不宜吃得过快、太饱，避免在接待客人时发出不雅声响，失之大雅。有些人在大庭广众中，不断打哈欠或连连放屁，竟然毫不脸红，这样就是不好的卫生习惯，应注意改正。

第五是气味卫生。每天应该洗澡，有体臭、口臭的员工，应及时进行治疗，并采取相应的防范措施，如使用除臭剂。治愈前，原则上不得从事直接接待客人的工作。

第六要经常体检。餐厅员工要定期检查身体，至少每年进行一次健康体检。如发现传染病，应立即停止工作，在家休息。如感冒这种传染病，仅仅通过呼吸就可以传染给客人，原则上，治愈后方可上班。当发生刀伤或烫伤事故时，应立即进行急救。当手指割伤或戳伤时，应立即用止血胶带包扎好。

除此之外，还有化妆等问题。女员工上班要淡妆打扮，以保持皮肤的细润，显得年轻有活力。男员工不化妆，但要经常修面、剪鼻毛。钢笔、圆珠笔、铅笔应当放在较低的口袋中，防止弯腰时掉进食品中，绝对不允许将笔含在嘴中或别在耳后。

第六节　一团和气会生财

接待客人要热情，这是对餐厅员工的最基本要求。“热情”二字的含义就是要表达出心灵中真诚的感情，要求餐厅员工在接待客人的时候，和蔼谦恭、满腔热情、态度亲切、感情真挚、笑脸相迎、待客如宾，像对待自己的亲人一样对待每一位客人。

热情是一种对待客人的最佳态度。任何人都有这种体验，自己在与某个人交往时，这个人对自己的态度，往往会决定自己对这个人采取何种态度。同样，如果我们想使对方对我们个人及餐厅产生好感，并建立良好的关系，那么我们就应端正对客人的态度，做到热情、周到、友好。

热情其实也是一种关心。客人一进门，餐厅服务员就应该主动招呼，客人一落座，服务员主动倒茶送水，这都会使客人如沐浴春风，因此使客人也会对餐厅倍感亲切。

热情是对对方的尊重。据现代心理学的研究，渴求得到尊重是人的一种最基本的心理需要，为人热情就是使对方这种心理需要得到满足，如果为人冷淡甚至傲慢，必然会压抑人们这种心理需求，人们也必然会对餐厅员工产生不满，热情还是与对方有效交流的一种姿态，它传达的信息是：我和我的餐厅很乐意我们双方的交往，我们是有诚意的。因此，这种交往必然会得到对方相应的回音。

白居易在《琵琶行》中有这样的名句："千呼万唤始出来，犹抱琵琶半遮面。"这样的态度，对古代女子来说也许十分可爱，可对餐厅员工却绝对行不通。近些年来，商战烽烟越燃越旺，在激烈的市场竞争中，客人被"炒"得炙手可热，用"顾客就是效益"、"顾客就是上帝"等口号来强调热情礼貌待客。

据报载，澳大利亚一家酒店的老板别出心裁，为了协调员工和客人的关系，设立了一个"怠慢顾客奖"。规定说：客人无论是到商务中心看货、购货、退货，或者在客房受到员工的怠慢，总之，凡遇酒店员工失礼之处，只要向老板提出，酒店将给客人一笔"怠慢顾客奖"。倘若某员工在一周内被客人再次提意见，这笔奖金就从这位员工的薪水里扣除，若有三次，员工将被辞退。有道是"喊破嗓子不如做出样子"，自从"怠慢顾客奖"设立以来，该酒店服务质量投诉为零，销售额成倍增长。我们不妨借他山之石，用于攻吾之玉。

首先，热情是展示自我魅力的一种有效途径。

在人际交往中，人人都希望自己是最有魅力的，人人也都希望展现这种魅力，但魅力只是一种自我内在性与对方心理认可的共同产物。单就某一方面的某一特征来看，是无所谓魅力而言的，只有这种特性刚好是对方所期待的，它才会产生迷人的魅力。许多人不懂这一点，他们只是着眼于自己，一个劲地打扮自己、谈论自己、赞美自己，以为这样就能展示自己的魅力，殊不知这恰恰损害了自己的魅力，因为它贬抑了对方，没有满足对方的心理需求。许多人际关系专家与公共关系专家都反复说明了这样一个道理，要使自己有魅力，就要首先展示对方，这是人际交往的一条规律。所以，对对方热情，是展示自己、使对方也热情的最佳方法。

其次，热情是一种敬人与自尊的结合。

热情表现了对对方的尊敬，但这种尊敬不能以损害自己的自尊为代价。热情是对人、对自己、对人际之间交往的一种积极态度，一种价值肯定。有些人待人热情是为了求对方与自己做笔生意，为自己帮个忙，这种热情在目的上是一种功利的追求，在行动上又常常是点头哈腰、低声下气、唯唯诺诺。

这种热情只是一种极其低下的气质，不能产生任何魅力，而且它本身也不能持续很长时间，一旦对方不能满足他的需求，或已经满足他的需求，他们的热情就会烟消云散。

我们在商业服务中常常可以看到这样的情形：有些服务员开始还是热情洋溢、有问必答、有求必应，要什么拿什么，可一旦弄明白了客人只是看看，或者客人挑选一番后，未能选中满意的商品，决定不买时，他们独自站在那儿，要么故意把货物收拾得“啪啪”作响，还不时地自言自语：“唉，白费了十分钟!”使客人有一种负疚感；要么干脆指着客人的鼻子叫：“你不买就别来，寻开心还是怎么的?”这种态度不但无礼，也是对自己的作践。

因此，热情不但包括了对对方的尊重，而且也包括了对自己的尊重。它不但是一种气质的表现，对于餐厅而言，还是一种功利的手段。

最后，热情还是一种能力的表现。

在《韩非子》书里记载着这样一个寓言故事：有一位男子拉着车，想要过一座拱桥，因为坡太陡，爬不上去，他便坐在车辕子旁，开始以优美的声音唱起歌来，吸引了很多人围到车旁，有的人从后面推，有的人从前面拉，车子很快就轻易地过了桥。

在这场友谊赛后面，韩非子紧接着写道：如果这位男子缺乏用唱歌来打动人的技术，那么即使自己再多费力气，以至力尽而死，也不能过桥。现在自己不至于太费力气，就能过桥，这是因为他精通动人之术。

热情同样要与能力相结合。如果没有一定的语言能力与知识储备做基础，热情也不能成为高雅的气质而产生迷人的魅力。广州有家星级酒店的一名服务员，她虽然待人热情，但就是不会说外语，遇到外宾总是一个劲地笑，弄得外宾连连要求换人，可见，热情要以能力为基础。

另外，酒店员工要有较好的语言表达能力。假如在迎来送往中，总想用恰当的语言来表达友好的情意，增进双方的关系，表达对客人到来的欢迎，可绞尽脑汁也找不到这样的话语，结果不是丧失了信心，就是陷入尴尬的境地，显得很失礼。

还有一种是乱说话，餐厅服务员在和客人答话时，由于不了解对方的风俗习惯，触犯了对方的禁忌，本来是想体现热情礼貌服务，结果却弄得客人很生气，造成不好的影响。可见能力的重要性，也就是说：“巧妇难为无米之炊。”

现在中国是世界旅游热点之一，越来越多的欧美人、日本人、韩国人到中国旅游，他们对中国的文化非常感兴趣。过去，世界上大多数游客到国外是为了度假、休息、享受，但是，到了20世纪80年代以后，客人出游的目的主要是为了领略他国的社会风情、获取异地知识。

针对这一情况，餐厅及酒店员工要相应地培养对人类艺术的欣赏能力，这对于每个员工的气质、兴趣和性格等都有着重要的影响，对做好酒店服务工作有重要作用。如中国传统的艺术有书法、绘画、雕塑、建筑、手工艺、音乐、舞蹈、曲艺、杂技等，历史悠久，品种丰富，并在长期的发展过程中形成各自独特的艺术风格。同时还要不断提高自己的外语水平，丰富自己的历史、文化、科学、政治、宗教、法律、民俗、美学、心理学等知识，只有能力与热情相统一，才能使客人感到热情与满足。

餐厅及酒店的重要任务之一，是接待中外旅游客人，旅游餐厅、酒店的员工应掌握一门以上的外语，起码应达到能同客人交谈的程度。语言是表达思想的工具，餐厅及酒店员工如果不懂外语，同客人之间语言不通，在思想感情上就很难得到交流，要达到高质量的服务，显然是不可能的。

一位管理学家曾经说过："没有思想的服务是粗陋的服务。"因此，掌握外语业务会话能力是搞好餐厅及酒店服务的重要条件。现在，在酒店管理者中，不识 ABCD，不知 Excuse me 的还大有人在。深圳有家酒店，有每个员工都必须挂胸卡的规定，胸卡上写明姓名和职务，该酒店的总经理挂了几天之后，就在前厅公开场合下不肯再挂胸卡了，究其原因，原来他不懂外语，当外国人一看胸卡知道他是经理后，老是找他要求解决问题，于是，每次总搞得他面红耳赤，由于他一句话也回答不上来，急得外国客人双手一摊直摇头。

第七节　主动耐心加周到

餐厅服务员接待客人要主动，这就是我们所指的"主动服务"。主动服务就是我们在心理学层面上所说的人的自我主观能动行为。

它的具体体现是：

（1）主动招呼。客人进店要主动打招呼，以礼相待，主动询问客人的要求，主动介绍餐厅及酒店的服务项目、菜肴价格、收费办法等等，餐厅员工要主动为客人介绍食谱，当好客人参谋。

（2）为客人着想。餐厅酒店员工要牢固树立全心全意为客人服务的思想，设身处地为客人着想。特别是对年老体弱客人的特殊需要，应想方设法尽量满足，主动帮助客人排忧解难。

（3）尽职尽责。切实执行岗位责任制，要以企业主人翁的态度，负责任、守纪律、严格履行自己应尽的职责，主动把各项工作做好。

（4）要有创见。餐厅服务员要有创见精神，主动研究改进工作，不断提高服务质量。为了全面地做好服务工作，餐厅员工要切实地掌握服务工作规律，真正做到时时、事事、处处主动，"来有迎声、问有答声、走有送声"，把服务工作做到头，做到"接一答二联系三"。

耐心，是指餐厅服务人员接待客人要耐心。"耐心"就是不急躁、不厌烦，服务员在接待服务工作中对客人要耐心，就是要做到百问不厌，百事不烦，介绍详尽，解释清楚，不计较客人言语轻重和态度好坏，处处表现耐心，事事使客人满意。

在武汉，有一家酒店一天中午来了三位客人，他们一进餐厅就随手把烟头扔在地上，服务小姐马上微笑地过去拾起。但服务员小姐的微笑与行动没有取得他们的理解，他们又在地上连续吐了几口痰，这无疑是非常失礼的，服务小姐心中虽然很委屈，但一想到“顾客至上”的店规，便立即拿起纸巾擦去地上的痰迹。当三位客人进餐即将结束时，服务员小姐发现其中一个客人面色苍白，一副难受的样子，估计是喝酒过量，马上为他泡了一杯浓茶，不一会儿，又见他呕吐不止，马上又为他倒了一杯白开水，并递上一块毛巾，微笑着送到了这位客人手中。

看，在整个接待过程中，这位服务员始终“待之以礼，动之以情”，客人很是感动，人非草木，孰能无情。当他们离开时，以十二分感谢的心情对服务小姐说：“刚才的一切请原谅。”并从口袋里取出100元以表心意。服务员小姐谢绝了，在旁的其他客人也都对这位服务员小姐耐心、热情的服务精神赞叹不已。

有位哲人说过：“如果你赢得了一场争吵，你便推走了一位朋友。”我们也可以说：“如果服务员赢了客人，那无异于在客人脸上打一记耳光，把客人赶走。”在一流的酒店里，客人与酒店员工是很少发生摩擦的。一般而言，那里的酒店员工大都是有耐心而且有礼貌的。

谈到周到服务，是指服务员根据客人的不同爱好，细致周到地提供服务，尽量使客人感到称心舒适。在兰州，有个服务员小姐，被分到某酒店A楼做洁房员，这是无缘和客人见面的工作，一天，因工作需要，她暂时做值台。由于她洁房已有数日，自我感觉良好，因此认定，只要照服务规程做就是万无一失的、周到细致的，值台工作也是这样。

这天，两位香港客人住A楼，她立刻迎上去接过他们的行李，微笑着说：“欢迎你们住A楼，请跟我来。”然后领他们入住客房。然后，她又沏了两杯茶送进房间，说道：“先生，请用茶！”并以手示意：“这是床头控制柜，这里是空调开关。”

未等她说完，两位客人便用粤语交谈了几句，其中一位对她说：“知道了！”另一位则掏出钱包，拿出一张十元面值的港币不耐烦地递给她。瞬间，她糊涂了，感受到被拒绝的滋味和被误解的屈辱，心情坏到了极点。她甚至开始怀疑值台服务规程是否行得通，比如介绍房间设施等周到服务是否显得多余。

她涨红了脸对客人说：“对不起，先生，我们不收小费，谢谢。如果没有别的吩咐，那么我告退了。”离开房间回到服务台，不想说一句话，想不到初次值台就有此遭遇。客人在拒绝她的服务的同时，又深深地刺伤了她的自尊心，要知道她并非为那一点小费，她只想干好工作。

对这件事，我们应该这样来看待。服务规程作为一种章程本身并没有错，不可因自己的一次遭遇而对它产生怀疑，甚至反其道而行，客人拒绝某一项服务并不说明客人对你的服务不满意，他给你小费，本身就是对你工作的肯定，证明你所做的并没有错，我们仍要坚持周到地为客人服务。

文明礼貌问题万万忽视不得。接待客人要有礼貌，要以礼待人。

一次，广州某大酒店的李总经理，在事先没打任何招呼的情况下，来到武汉江汉饭店的中餐厅进餐，餐厅一位女服务员在上菜的同时面带微笑，很有礼貌地给客人介绍："李总，这是你喜欢的一道菜，请品尝！"客人当时只是表示了谢意，然而，过后李总见到该店的童总经理时却大加赞赏：

"我觉得奇怪，你们的服务员怎么知道我姓什么呢？以前我在你们酒店也没吃过几次啊？无论如何，这足以表明你们的服务是一流的。"

得到同行的称赞当然难得，我们从中也可以得到一些启示：服务员应当尽力满足客人最细微的需要，细微之处显真情。如那位员工能叫出别人的姓氏，客人立即产生了一种被重视、被尊重的亲切感，也更加体现了文明礼貌待客的原则。

通过上述例子，使人又联想起世界酒店业人们比较熟知的一件事：

一位纽约商人在周五住进泰国曼谷的东方饭店，他发现饭店把他安排在二楼靠近楼梯的地方，这使他感到非常高兴。因为，基于宗教的原因，他不能在周五乘坐电梯。你看，人家的服务可谓服务到家了，连客人的宗教习惯也一清二楚，难怪这位商人以后就成了该店常客，也难怪曼谷东方饭店连续10年被评为全世界最佳饭店之一。

因此，主动、耐心、周到的服务态度，其本身就会给餐厅及酒店创造价值。那么，良好的服务态度，到底能值多少钱？我们可以说，服务态度本身既是无价，又是有价的。例如，有一家酒店的宴会厅正在举行酒会，突然，一位外宾失手打碎了一只青花小盘，经理立即派人又加了一道菜，并声明是免费赠送，因中国有句老话："岁岁（碎碎）平安，大吉大利。"这使全桌的冷场化为乌有，所有客人欢喜如初。

例如，一次，一位港商到某酒店餐厅请客，点菜时有一道"沙嗲鸡翅"，菜单上明明是这样写的，上桌时经理却当众介绍说：这道菜的名字是"飞黄腾达"。于是主人大喜，兴头上连订了两桌酒席，头道菜就是"飞黄腾达"。客人对这里的服务态度非常满意，并表示下次还要住在这个酒店。

再例如，一位美国贵夫人去巴黎旅游，预订了希尔顿饭店的一套高级套间。这位夫人抵达饭店不久后出门拜客。在这段时间，经理将夫人所居住房间的灯罩、床罩、窗帘全部都换上大红颜色，夫人回来后，见此情景非常满意，高兴之余额外付给饭店1万美元作为小费。

由上可见，优质的态度给予客人温暖、关怀、友爱，这种高尚的感情是用多少金钱也买不到的，这种态度是无价的。优质的态度吸引了慕名而来的众多客人，酒店营业额直线上升，酒店利润成倍增长，这是客人对酒店所投的信任票和奖励，而这时的服务态度又是有价的。

第八节　迎来送往讲姿态

我们这里所谓的“姿态”，是指餐厅服务员在服务过程中所表现出来的举止仪态，也是构成餐厅礼仪的重要因素。

要有优美的站姿

所谓站应该有个站相，站姿是生活中基本的造型动作，优美而典雅的站姿是发展不同质感动态美的起点和基础，在一个人所有姿态中，最根本的是站姿，如果站姿不标准，其他姿势便谈不上优美。

那么，服务员正确的站姿应该是什么样的呢？古人有一句话叫“立如松”，意思是站立要如同挺拔的劲松，刚毅英武。人的正确站姿也就是人在自然起立时的姿势。其基本要求是：

从正面看，其身形应该正和直，头颈、身躯和双腿应当与地面垂直，两肩相平，两臂和手在身体两侧自然下垂，眼睛平视，环顾四周，嘴微闭，面带笑容。从侧面看，其下颌应微收，眼平视前方，胸部稍挺，小腹收拢，整个形体显得庄重、平稳。

正确的站立能够帮助呼吸和改善血液，减轻身体疲劳。酒店餐厅服务员大多数是站立服务的，因此，更要注意自己的站姿。

相反，错误的站姿对酒店人士来说又是最忌讳的。例如，东倒西歪的站姿：工作时东倒西歪，站没站相，坐没坐相，很不雅观。例如，耸肩驼背的站姿：耸肩驼背，或者懒洋洋地倚靠在墙上或椅子上，这些将会破坏自己和酒店餐厅的形象。例如，双手乱放的站姿：将手插在裤袋里或交叉在胸前，这是不允许的。例如，做小动作式的站姿：下意识地做小动作，如打开打火机、吞烟盒、玩弄衣带、发辫、咬手指甲等，这样不但显得拘谨，给人以缺乏自信的感觉，而且有失庄重。

女服务员的站姿要求：女服务员的站姿有两种，一是双脚呈V字形，即膝和脚后跟要靠紧，两脚张开的距离约为两拳；二是双脚并拢，即可双脚并拢直立或是把重心放在一脚上，另一脚超过前脚斜立而略弯曲。女性站姿要有女性的特点，要表现出女性的温顺、娇俏、纤细、轻盈、娴静、典雅之姿，给人一种“静”的优美感。

男服务员的站姿要求：男服务员站立时，双脚可并拢，也可双脚叉开，叉开的幅度是，双脚与肩同宽，身体不东倒西歪，站累时脚可以向后或向前半步，但上体仍需保持正直，不可把脚向前或向后伸得太多，甚至叉开很大。服务员站立时如果空着手，可双手在大腿前后交叉，右手放在左手上，各餐厅酒店可根据自身情况而定。但是，有一点须注意，男性的站姿要有男性的刚健、强壮、粗犷、英武、威风之貌，给人一种“劲”的壮美感。

服务员站立服务时的姿态也颇有讲究。服务员为客人服务时要注意，应面对着客人，而不应背向客人。这一条原则，同样适用于后面所讲的坐姿。背对客人是极其失礼的。

那么，怎样练习站立姿势呢？很简单，把身体背着墙站好，使你后足跟均能与墙壁紧密接触，这说明你的站立姿势是正确的，假若无法接触，那就是说你的站立姿势不正确。

要有正确的坐姿

所谓坐也要有个坐相，服务员的坐姿一定要端正。优美的坐姿让人觉得安详舒适，而不是一副懒洋洋的模样。坐姿给人端正、稳重之感，这是“坐如钟”，坐要如同稳重不动的大钟，这是体态美的重要内容。

那么，正确坐姿是什么样的呢？坐姿大有讲究，中国古代就有端坐、危坐、跪坐和盘坐之分，当然，我们现代人不必模拟古人、沿袭旧习，但是，坐“正”则是必要的，从医学角度来说，正确的坐有利于健康，从交际角度来讲，有利于你的形象，从礼仪角度来讲，也是对自己、对别人的尊重。

餐厅服务员的正确的坐姿是：在其身后没有任何依靠时，上身应正直而稍向前倾，头平正，两肩放松，下巴向内收，脖子挺直，胸部挺起，并使背部与臀部成一直角，双膝并拢，双手自然地放在双膝上，或放在椅子上。这样显得比较精神，但不宜过于死板、僵硬。

如果背后有依靠时，在正式社交场合里，也不能随意地把头向后仰靠，显出很懒散的样子。在谈话时，可以侧坐，此时上体与脚同时转向一侧，双腿靠拢，脚跟靠紧，眼平视，嘴微闭，面带笑容。女服务员在穿裙子时，可能侧坐比正坐姿势优美，但在“答礼”时必须正坐。

正确的坐姿体现了对客人的恭敬和尊重，是必备的餐厅礼仪。那么，怎样坐才算是美的姿态呢？下面，我们把美的姿势和不良的姿势作说明比较：

服务员刚坐时的姿势：①当你刚落座时，就要注意先把双足的脚跟合拢。把右脚尖向前斜出，这样显得比较悠闲但不呆板。②把腿斜放的坐法可以保持身段均衡的自然美。还可以把左腿稍稍翘在右腿上，这样可以给人一种落落大方的感觉，但是不要翘得过高，不然会有失风度。③刚坐下时脚尖相对，双脚成内“八”字形。而双脚张开，就会拢成外“八”字形，比较难看。④

把双脚交叉，会表现出很懒散厌倦的样子，给人一个不良的印象。而把足尖翘起，或把衬裙露出，容易招人议论，给人一种轻浮的印象。

入座应该注意的事项：

(1) 入座时要轻要稳。入座时，走到座位前，从左边进，从容不迫地慢慢坐下。动作要轻而稳，不要“扑通”猛坐下，以免发出响声或被沙发弹簧颠起来，这样不雅观。

(2) 女子入座后应首先把裙子理好，入座后把右脚与左脚并齐。女子入座要娴雅，用手把裙子向前拢一下，再坐下。有的女孩子不太注意，坐下时裙子没有理好，裙子散开，很不文明，这样会让别人看不起自己。尤其注意的是，在天热时，女子切忌以裙代扇取凉。

(3) 不要坐满椅子。餐厅酒店可就座的服务员，无论坐在椅子或沙发上，最好不要坐满，只坐满椅子一半或三分之二。注意，不要座椅子边上。站立的时候，右脚先向后收半步，然后站起，向前走一步，转身走出房间。

(4) 切忌两膝盖分得太开。男子坐下后可膝盖分开，女子坐下则双膝并拢。但无论男女，无论何种坐姿，都切忌两膝盖分得太开，两脚呈八字形，这一点对女性尤为不雅。女性可以采取小腿交叉的坐姿，但不可向前直伸，切忌将小腿架到另一条大腿上，或将一条腿搁在椅子上，这是很粗俗的。

(5) 切忌脚尖朝天。最好不要随意跷二郎腿，因为东南亚一些国家的客人忌讳坐着跷二郎腿。即使跷二郎腿，也不可跷得太高、脚尖朝天。跷脚坐时，脚尖朝天，在泰国会被认为是有意将别人踩在脚下，认为是盛气凌人，是一种侮辱性举止。

(6) 不可抖腿。坐立时，腿部不可上下抖动、左右摇晃。在社交过程中，腿部动作经常会自觉不自觉地露出人的潜在意识，如小幅度地抖动腿部，频繁地交换架腿的姿势，用脚尖或脚跟拍打地面，脚踝紧紧交叠等动作，都是人紧张不安、焦躁，不耐烦的情绪反应。

(7) 交谈时注意姿势。与人交谈时，勿将上身往前倾或以手支撑着下巴。

(8) 坐下后应该安静。不可一会儿向东，一会儿向西，像患了小儿多动症一样。

(9) 双手自然放好。双手可相交搁在大腿上，自然放在大腿上，或轻搭在沙发扶手上，但手心应向下，手不要随心所欲地到处乱摸。有的人有边说话边挠痒的习惯，有的人喜欢将裤腿捋到膝盖以上，这些动作要绝对避免。

(10) 不雅观的坐姿。在椅子上前俯后仰，或把脚架在椅子上，或架在沙发扶手、茶几上，都是极不雅观的。

(11) 可以侧坐。端坐时间过长，会使人感觉疲劳，这时可变换为侧坐，坐的时间长了而想靠在沙发背上是可以的，但不可把腿一伸、半躺半坐，更不

唯高博士名人介绍

张敏杰

广州唯高餐饮咨询管理公司总经理

姓名：张敏杰

性别：男

出生年月：1962 年 7 月

户籍所在：广东省广州市

现任职务：广州市唯高餐饮策划咨询公司总经理

教育背景：

1974 年–1977 年　就读于广东省广州市第四中学

1982 年–1986 年　就读于广东省广州市中等专业技校

2002 年　就读于中山大学岭南学院 MBA 课程

专业职称：

1984 年　获粤菜二级厨师职称

1985 年　获粤菜一级厨师职称

工作经历：

1978 年–1982 年　入职广州市矿泉别墅

1988 年–1990 年　任陕西省西安宾馆粤菜行政总厨

1990 年–1994 年　任广州市黄浦酒店餐饮部经理

1994 年–1996 年　任广州市天天渔港总经理

1996 年–1997 年　任湖南湘潭金豪大酒店总经理

1997 年–1998 年　任广州市华安大酒店总经理

1998 年–1999 年　任广州市南海城酒楼总经理

1999 年–2000 年　任上海金粤渔村投资管理有限公司总经理

2000 年–2002 年　任上海金粤渔村投资管理有限公司副总裁

2002 年至今　任广州唯高餐饮策划咨询管理公司总经理

唯高博士名店介绍

广州唯高餐饮咨询策划管理公司

公司经营理念 Corporate Philosophy

电话:010-68279096　15601113538

公司创立之宗旨是结合经验丰富、培训俱佳之专业人士,共同付出心力为休闲产业提升人力资源,增加管理效率以及创造竞争优势,给予企业的生命力添加多一份附加价值。

将这一群专业人士聚集在一起的核心价值观(Core Values)是:

◘资源整合(Integration):我们相信个人单打独斗的时代已过,行业间之资源整合及信息共享才是未来经营主流。

◘以人为本(People Focus):我们相信人不再仅是财务报表上的变动费用。人更是企业内值得投资的重要资产。

◘开发创意(Innovation):我们相信个人与企业要不断学习与成长。由此来打破旧有的思维、激发无限的创意。

我们的服务项目

我们提供整套专业服务可分为 4 个阶段

(一)为投资人提供餐馆投资前期完整的市场调查及可行性研究分析

(二)为投资人提供餐馆开业前的整体规划与技术支援和筹备管理

(三)为投资人提供餐馆开业后之运营管理和市场推广

(四)不良企业的经营管理诊断,改革与重组可歪歪斜斜地摊在沙发或椅子上。

（12）另外，在社交和会议环境里，入座时要轻柔舒缓，起座要端庄稳重，不可猛坐猛起，弄得座椅乱响，造成紧张气氛，更不能带翻身边的餐具，以免被动难堪，最好不要发出声音。

要有悦目的走姿

作为餐厅服务员，一定要有令人赏心悦目的“走姿”。古人有“行如风”的说法，意思是行要如同吹拂的微风，洒脱飘逸。这里要注意的是，男子有男子的步伐，女子有女子的走姿，在走姿上，男女有别。

男女有别的走姿：男子走路以大步为佳，女子走路以碎步为美。男子的步伐刚健、有力、豪迈、稳重，好似雄壮的“进行曲”，坚定、刚毅、洒脱、气势磅礴，具有阳刚之美。女子的步伐轻盈、柔软、飘逸、玲珑，宛如柔婉的“小夜曲”，恬静、柔情、娇俏、贤淑，具有阴柔美。

男子走路的姿态应当是昂首、闭口、两眼平视前方，挺胸收腹直腰，上身不动，两肩不摇，步态稳健，显出刚强、雄健、英武、豪迈的男子风骨美。女子走路的姿态应当是头部端正，不宜抬得过高，不然人家见了会奇怪地问，这个人走路怎么总是抬高头呢？所以，头端正即可。目光平和，直视前方，上身自然挺直，收腹，两手前后摆动的幅度要小，以含蓄为美，两腿并拢，碎步行进，走成直线，步态要自如、匀称、轻柔，显示出端庄、文静、温柔、典雅的女子窈窕美。

走姿属于动态美。身体每一个部位的生理运动器官，都积极参与这一活动。餐厅服务员在行走前进时，身体重心可以稍向前，有利于挺胸、收腹。此时的感觉是身体重心在身体的大脚趾、二脚趾上。

理想的行走线径是：脚下对前方所形成的直线，脚跟要落在这条直线上，上体正直、抬起头、眼平视、面有笑容，双臂自然前后摆动，肩部放松，走路轻而稳。

步位和步度。服务员走路时步态美不美，决定于步位和步幅。步位就是人走路的脚踏在地上以后，应该落在什么地方。一般来说，两只脚所踩的应是两条平行线，两脚落在地上的横向距离大约 3 厘米左右。步幅就是每走一步，两脚间的距离标准：如果左脚一步，迈出落地，脚跟离合，脚步恰好是一个脚长。如果穿礼服、裙子或旗袍时，步幅要轻盈优美，不可跨大步，若穿长裤，步幅可稍大些，这样才显得活泼生动。

走姿需要注意的是：

（1）行走切忌晃身摇头、上体左右摆动，给人以庸俗、无知和轻薄的印象，脚尖不要向内或向外，晃着“鸭子”步，或者弯腰弓背，低头无神，步履蹒跚，给人以压抑、疲倦、老态龙钟的感觉。

(2) 双手不可乱放。无论男女服务员，走路的时候，不可把手插在衣服口袋里，尤其不可插在裤袋里，也不要弓腰或倒背着手，因为这样不美观。

(3) 目光注视前方。走路时眼睛注视前方，不要左顾右盼，不要回头张望，不要老是盯住行人乱打量，更不要一边走路，一边指指点点地对别人评头论足，这不仅有伤大雅，而且极其不礼貌。

(4) 脚步干净利索。走路脚步要干净利索，有鲜明的节奏感，不可拖泥带水，抬不起脚来，也不可重如打锤，砸得地动楼响。

(5) 切忌奔跑。如果碰到有急事，可以加快脚步，但切忌奔跑，特别是在楼里。

(6) 几人同行不要排成行。几个人在一起走路时，不要勾肩搭背，不要拍拍打打，多人在一起走的话，不要排成行。

(7) 走路要用腰力。走路时要用腰力，要有韵律感。走路时腰部松懈，会有吃重的感觉，不美观，拖着脚走路，更显得难看。走路的美感产生于下肢的频繁运动与上体稳定之间所形成的对比和谐，身体的平衡对称。要做到出步和落地时脚尖都正对前方，抬头挺胸，迈步向前，穿裙子时要走成一条直线，使裙子下摆与脚的动作显出优美的韵律感。

号称“健美皇后”的著名影星简·方达，在走相上从不含糊，她认为挺胸、昂首、大步疾走并用腰部很利于形体健美，所以她年近半百而体态苗条，身姿敏捷。我国有句俗话：“立如松，坐如钟，行如风。”这是对人们举止仪态方面形象化的规范。

一个人要有良好的站姿、坐姿、走姿，最关键的是身体健康，性格开朗，自然就会注意自己的姿势，才能养成好的习惯。

第九节　手势千万莫乱用

人们在说话时，为了加强语气，强调内容，通常用富有表现力的手势配合语言，以加强效果。凡是有较高文化修养的人，在交际场合都很注意手势的作用。

手势有辅助说话、表达说话内容的作用，但手势不宜过多，也不宜重复，多了显得指手画脚不稳重，令人生厌；反复做一个同样的手势显得单调、乏味，缺少艺术性。因此，交谈时要留心控制自己的两手，不随便乱动，以保持高雅的风度。

那么，手势在交际中能起什么作用呢？

首先能独立表达意思。例如，翘大拇指就有不同的意思。在英国、澳大利亚和新西兰等国，翘大拇指是搭车旅游者示意搭便车的手势，这是一种善意的信号。英美人士还习惯于将两个大拇指不停地有规律地互相绕转表示自己目前无事可做，闲极无聊之意。

意大利人从 1 数到 5 时，他们用拇指表示 1，食指就成了 2。西方人还用拇指朝下指表示“坏”。在希腊，急剧地翘大拇指，意思是要对方“滚蛋”。

在中国翘大拇指是个积极的信号，通常指高度的称赞、夸奖、了不起、“老大”的意思；翘小拇指则表示蔑视、贬低、“差劲”之意。如果一个中国人按着本国习惯使用这一手势去夸奖一个希腊人的话，那就会闹出笑话或产生不愉快的结局。

在日本，翘大拇指是表示“老爷子”，翘起小拇指是表示“情人”。

“V”形手势所表达的意思。相同的手势在不同的国家和地区，有着不同的甚至完全相反的意思。中国人伸出食指和中指表示“二”。

而这个动作在欧美表示胜利和成功。第二次世界大战时，英国首相丘吉尔曾在一次演讲中伸出右手的食指和中指，构成“V”的手势来表示胜利，从此，这一手势就广为流传。凡庆祝胜利或成功时，人人都喜欢打这个手势，然而在丘吉尔当时使用这一手势时是手心向外，在世界其他地方，现在人们往往把手背朝外。其实，这一手心朝外的“V”手势，在英国却是万万使用不得的，因为它所表示的意思不是胜利，而是伤风败俗。

在希腊，打这一手势时千万不要把胳膊伸得太长，否则就是对人不恭了。

招呼别人的手势也有讲究。中国和日本招呼别人过来，是伸手，掌心向下挥动，但在美国，这是唤狗的手势。欧美国家招呼人过来的手势是，掌心向上、手指来回钩动，而在亚洲，这却是唤狗的手势。

关于圆圈 O 和另外三个手指。用大拇指和食指构成一个圆圈，再伸出其他三指，这是起源于美国的“OK”手势，表示赞扬和允诺等意思。这一手势在欧洲也被普遍采用，在学生中间更为流行，潜水员在水下也使用。

然而在法国南部、希腊、撒丁岛等地，这一手势的意思恰好相反。法国南部的葡萄园工在向客人斟献葡萄酒时，要是看到客人的“OK”手势，他马上会露出不悦之色，因为这一手势在这里不是夸耀酒的醇美，而是表示劣等品的意思。

要是到了马耳他、希腊等地，这一手势所表示的意思就更糟了，它是一句无声而恶毒的骂人话。而在日本，这个手势是表示钱的意思，在巴西，是引诱女人或侮辱男人的意思。在中国内地，OK 手势是零的意思。

难怪一位西方客人在内地做此状表扬一位女服务员，这位女孩子不解其意，误解为评价她的工作等于“0”，而急得当场要哭鼻子了。

关于搔头皮的手势。有些服务员初次遇到较正式的场面，或没有思想准备而出现在一些人面前时，往往有点不知所措，便不由自主地会用手去搔头皮，这种下意识的手势动作反映了人的窘迫心理，在中国是表示为难，在日本是表示愤怒，在西方大多数国家表示不懂或不理解，示意对方重新予以解释。

关于紧握双手举过头顶并摇晃的意思。20世纪60年代初，前苏联领导人赫鲁晓夫访问美国时，面对美国人，他把紧握拳的双手举过头顶，不停摇晃，他的本意是想用这个手势同美国人传达苏联人民的友情和问候。

但是，由于这个手势在美国是拳击运动员在击败对手后表示胜利时做的动作，再加上以前赫鲁晓夫曾在苏联国内发表过要埋葬帝国主义之类的话，这便使许多美国人误以为赫鲁晓夫以胜利者自居，在对美国宣战，从而对他十分反感。

关于“WC”手势的意思。日本人用大拇指与食指组成一个有缺口的圆形，其他三个手指张开，表示WC，这是向伙伴示意，表示上厕所的意思。

关于敲额头的意思。在德国，人们常常喜欢用食指敲敲额头，以表示某人的思想或行为不正常。但这一动作并不是所有的地方都这样，在荷兰，意思恰恰相反：用食指敲敲额头，你越敲他越高兴，因为荷兰人敲他太阳穴是表示很有头脑的意思。

关于四指压着大拇指作拳头状的意思。在德国，人们喜欢用其他四指压着大拇指这种拳头状的动作来表示祝愿某人幸福或成功。在亚洲则表示向人示威。

关于手指放在喉咙上的意思。俄国人手指放在喉咙上表示“吃饱”。日本人做这动作表示被人家“炒了鱿鱼”。

关于鼓掌的意思。日本人和欧洲人同样鼓掌，但其意思各不相同。日本人鼓掌用手指击拍，表示欢迎。在英国看戏听音乐会，如果也是这样鼓掌，则意味着演出不受欢迎，最好还是及早退场。

关于双手与头并齐，掌心向观众的意思。在英、美等国的公共场所演讲，演讲人要想使听众保持安静就得举起双手与头并齐，掌心向着观众。可是，这种手势要是在希腊照样做，那就会被人们认为是投降的姿态，是最丑恶的现象。

关于摸胡子的意思。一个处于青春发育期的外国客人对于自己的胡须可能会洋洋自得，要是他在希腊、南意大利和南撒丁岛得意时摸摸胡须，那么，他是要吃亏的。在主人请吃饭后，一看到这个动作就不会给他斟酒，因为这个动作，是在表示“够了，我不要了”的意思。

综上所述，作为餐厅服务员，万万不可乱用手势，在社交礼仪中，应当注意自己的手势，不可乱用，宁缺毋滥。接待新的客人应格外留神，最好事先了解清楚客人家乡的风俗习惯与忌讳事项，因为万一搞错，便会产生误会，甚至会酿成大错。

有人曾向许许多多日本朋友问过一个相同的问题。在你和中国人交际时，如果那个中国人说的日语中有许多语音、语法方面的错误，或者他做出一些令日本人感到不可思议的动作，那么你觉得语言、语法错误难以容忍呢？还是那些不可思议的动作难以容忍？回答的一致性令人吃惊：几乎百分之百的日本人认为，语言、语法错误可以容忍，因为对方毕竟是外国人，但对奇怪的身体动作则难以容忍，因为那可能是不礼貌的。

总之，不同的手势传递着不同的信息。在餐厅礼仪中，手势动作的准确与否、幅度的大小、力度的强弱、速度的快慢、时间的长短，这些都很有讲究。人们的内心思想活动和对待他人的态度、热情和勉强等等，都可以在手势上明显地反映出来。

第十节　服务举止要得体

餐厅酒店员工的言行举止要求稳重大方，举止稳重的反面是冒失，在现实生活中，确有些人举止粗鲁，行为莽撞，被人们称之为“冒失鬼”。这说明他们在个人礼仪方面，还有所欠缺，那么他们要克服哪些冒失行为呢？

（1）不可随便讲话。在庆典仪式、报告会或者宴会讲话的时候，还有就是看演出的时候，不可随便讲话，交头接耳。

（2）不可用手指指点点。在与人交谈中，讲到自己时，不要用手指指着自己的鼻子尖，而应将手掌按在自己的胸口上，这会显得端庄、大方、谦和。这里特别强调的是，在人际交往中，在酒店里为别人指路的事是常常有的，当别人向你问路时，可以大大方方地用手势给人家表示一下，指路时，一定要用手指表示，千万千万不要用手指指点点，这是很不礼貌的。另外，也可用笔杆指客人或为客人指示方向。

（3）在客人面前注意自己的言行举止。在客人面前要注意自我控制，随时注意自己的言行举止。当着客人，不要掏耳、擦眼睛、修指甲、剔牙、挖鼻孔、抽烟、吃东西等等，这些不文明、不斯文的动作，会使你的形象在客人眼里一落千丈，客人也会认为餐厅酒店员工的素质太差，从而影响酒店的形象。当你和客人在一起，需要打哈欠、打喷嚏、咳嗽的时候，要把身体转过去，用手或手绢捂着，擦干净以后，转过身来的时候要说声对不起，表示道歉。在客人面前不要交头接耳，更不能小声讲、大声笑。不能乱丢乱碰物品，发出不必要的声响。不得经常看手表，不得将任何物件夹在腋下，不得当众整理个人衣物。

（4）注意要先敲门。餐厅服务员在任何时候进入客人的房间或办公室的时候，要先敲门，征得客人的同意以后，再开门进去。

（5）入屋后不可乱翻。未征得客人的同意，随便在屋里乱翻乱动，甚至拉开主人的抽屉，阅看私人的书信或文件，这些都是非常失礼的。酒店员工特别注意，不可不经主人同意，擅自拿客人的东西来用，拿起客人的食品就吃，这些也是失礼的行为。

（6）注意打招呼。打招呼无论用点头、手势还是眼神，都应该看着对方的脸，露出笑容，打招呼的动作，幅度要小，如点头只要轻轻点一点即可。

（7）在公共场所的举止。在公共场所遇到客人要主动让路，非急事不能超越客人，更不能从客人之中穿过。如需超越时，应说“对不起”。如果因急事要乘坐客梯，也要让客人先入或先出。另外，引领客人时遇到转弯处要伸手示意，在接待工作中应迎客引领在前，送客在后。禁止穿工作服在公共场所如大厅、商场、酒店闲逛，禁止服务员互相之间肩并肩，手拉手，边走边说、边唱歌、边笑，如三人以上则要分散行走。

（8）尊重客人的风俗习惯。对新客人的风俗习惯，对奇装异服、举止特殊、相貌奇特的客人，不得议论、嘲笑和模仿，不要给客人起绰号或以房号代替客人，严禁与客人开玩笑。

（9）取低处物品要注意。拿取低处物品或捡起落在地上的东西时，不要弯下身、翘臀部，要利用蹲或屈膝动作，具体的做法是脚稍分开，站在要拿或捡的东西旁边，蹲下屈膝去拿，而不要低头，也不要弯背，要慢慢地蹲下。

（10）关于递物须知。递物的要领是：双手拿物品在胸前递出，物品尖端不可指向对方，一只手拿东西直接往对方手里递也属缺少风度。

（11）关于餐厅服务员相互的称呼。

例一，当我们对一个人喊道：“小王，请来一下。”这一声“小王”就吸引了注意力，就知道小王是谁了。

例二，甲对乙说：“爸爸，您在哪儿吃午饭？”句中称呼就表明了甲乙两人是父子或父女关系。

例三，比方说有一位姑娘爱上一位叫王小国的小伙子，开始她随大家叫他“王小国”，或者是“小国同志”，这当然看不出多少感情色彩。但随着双方感情的加深，她当众叫他“小国”，省去姓氏，就显出他们的关系非同一般，再发展一步，只喊“国”，或许这时候他们两个已经结婚了。这几次称呼的变化，从王小国同志、王小国、小国到国，都意味着爱情的升华，显示出双方的心理距离在不断地缩短。虽然是简单的一声称呼，但它却是量度人际关系的一把尺子。

餐厅环境：独特的“餐饮产品”和“礼仪商品”

环境对于餐厅来说，可谓举足轻重、至关重要。一个良好的就餐环境，在某种意义上讲，它就是礼仪、就是金钱，它可以直接为经营者带来滚滚财源。

我们知道，人们外出就餐，一般来说都有自己独特的要求。环境，作为一项独特的“餐饮产品”和“礼仪商品”，从顾客的角度来看，本身就是一段“就餐经历”，并且，这段经历质量的高低，不仅仅取决于盘中佳肴的味道如何，而且取决于一些外部条件。

这里所指的“外部条件”，就是“包装”。现代社会是一个讲究“效率”、重视“包装”的社会。如今，“包装”一词已经渗透到社会的各个层面，并且已经引起了全社会的广泛重视。有时，一件商品，即使质量再好，如果不重视外部“包装”，也不能卖出个好价钱来，这一点几乎已成社会共识。

作为餐厅，营造一个良好的、赏心悦目的外部环境，本身就是对消费者的尊重。这就像我们每个人一样，如果注意穿着打扮，体面干净地去拜访客人或接待客人，这在礼仪角度来说，本身就是对对方的一种尊重。反之，如果我们的穿着打扮疲疲沓沓，那就是对对方的不尊重。

因此，作为餐厅的经营者，要想吸引顾客到餐厅来就餐，并使客人就餐乘兴而来、满意而去，不仅要备有美味佳肴，还要进行餐厅外观推销、餐厅环境推销、餐厅气氛推销、餐厅服务推销等一系列推销活动。

第一节　千万起个好店名

为你的餐厅起个好店名，这是餐厅“外观推销”的第一步。一个好的餐厅名，必须适合其潜在目标顾客的消费层次，并且适合餐厅经营的宗旨和情调。只有这样，才能为你的餐厅树立起美好的外部形象，以便增强对顾客的吸引力。

从这个意义上讲，餐厅的名字必须易读、易记、易听和易念。

关于易读和易记

餐厅名的选择，首先要考虑它的易读性和易记性。只有这样，你的餐厅名才能在公众心目中留下深刻的印象，并创出名气来。而要想使你的餐厅名易读和易记，就必须符合以下条件：

(1) 笔画要简洁。大凡笔画太多的餐厅名，一般来讲，从远处看，都很难分辨。这样做的结果，一定会失去一部分潜在的顾客，特别是那些驾车寻觅餐厅的顾客，若要到近处才能见到餐厅名字，那么，人家早已经掉转车头去别处就餐了。

(2) 字数要少。据有关部门统计，中国内地的饭店店名，绝大多数都是2～5个字，有人曾用速示器作过一项试验，以千分之一或千分之二秒瞬间时间，让受检者看广告，测试他们能看到、看懂多少字。结果表明：一般人的记忆以5个字为限。因而，餐厅的名字最好不要超过5个字。

（3）文字排列要避免误会。用中文书写的招牌上，餐厅名字的排列一般分“直排”与“横排”两种方式。如果直排，需要注意的是，上下两个字连在一起是否会给人误会，例如“一”与“十”直排容易被误为“千”。如果横排，一定要避免采用自左向右念与自右向左念让人分不清名字的现象，以免混淆不清，让人丈二和尚——摸不着头脑。

（4）字体设计要美观。现代世界是一个讲究设计的世界。设计一种美观而且适合餐厅特色的字体，能引起顾客注意，加深印象。但需要注意的是，在进行字体设计时，仍要注意让顾客能清楚地分辨，否则效果会大打折扣。

（5）具有独特性。餐厅名字的含义必须清楚，并且要与众不同，千万不能人云亦云、千人一面、千篇一律。只有这样，才能在公众心目中留下鲜明的印象，如果每个城市都有几个甚至十几个“广东餐厅”，这样的名字就很平淡，不易给人留下印象。

关于易听和易念

对于餐厅而言，顾客往往会通过电话来预订餐桌，人们也常常利用餐厅、饭店来举行聚会，或将之作为商谈业务的场所，店名易听和易念便于电话预订和联络。此外，客人如在餐厅就餐满意，会自动宣传餐厅，而易听易念的名字的最大好处就是不会使人搞错。

易听和易念的餐厅名字要求是：①要选择不易混淆的词来作餐厅的名字。有谐音或可联想其他字的词，容易造成混淆，这一点千万注意。②一定要注意发音容易问题。一些发音困难或连在一起念起来不顺口的词汇，一定要避免。③一定要避免难词，要尽量选用常用的字词。不要为追求所谓“独具一格”而选一些很多人不认识的生僻的字。这样会增加对顾客的困扰，甚至会因念不出店名反倒敬而远之。

第二节　招牌制作要醒目

招牌是餐厅十分重要的宣传工具。因此，作为餐厅经营者万万不可忽略。在餐厅的招牌制作上，一定要大、要醒目，不但要使招牌的可见性大，而且要让坐车经过的人，远远就能看见。

夜晚，餐厅的招牌要有灯光照明。设计人要试验从马路的各个方向观察，并且还要在晚上观察，注意能否清楚地见到招牌。在饭店中的餐厅，不仅要有明显的招牌，并且要在过道及客人从大堂到客房的路经之处立有明显的标志。

有一个例子，就充分地说明了招牌的重要性：广州市天河区有一家餐厅，从 1997 年 8 月开张后到 1999 年 8 月，整整两年时间，生意一直不佳。1999 年 9 月，饭店经理采纳了一位前来就餐的某报社记者的建议，将餐厅的标志加大，并避开挡住客人视线的物体，同时，还在夜晚加设灯光指示。结果，短短的 3 个月内，“奇迹”发生了：这家餐厅在“除了变化招牌，其他都没变”的状况下，前来就餐的客人居然翻了一番，因为入住这家饭店的客人，往往许多是第一次光顾，如果他们见不到餐厅的标志，肯定就会去别处就餐。

那么，制作招牌有什么秘诀吗？制作招牌需要注意什么呢？

一般说来，常见的招牌有以下几种：

（1）直立式招牌。直立式招牌是在餐厅门口或门前竖立的带有餐厅名字的招牌。这种招牌比贴在门上和门前的招牌更能吸引顾客。直立式招牌有各种形状，有竖立长方形、横列长方形、长圆形和四面体形。为增加可见度，招牌的正反两面或四面都应设计餐厅名称。

在餐厅门口设一块直立式招牌，既可以增加餐厅名的可见度，使两边及正面往来的人们都能远远可见。同时，它不像门上招牌那样受篇幅的限制，而且在直立式招牌上可设计美丽的图案。一块精致的招牌，能起到点缀餐厅、加深对餐厅印象的作用。

（2）人物、动物造型招牌。以动物或人物造型制作的招牌，具有较大的趣味性，能吸引人。在这些招牌上可列出餐厅的名字和一些特色菜。人物和动物的图形要明显地反映餐厅的经营风格，使人在远处就能看到前面是什么类型的餐厅。餐饮店门口竖立人物造型招牌，还能明显地活跃店面的气氛，增加餐饮店的情趣。这类招牌多半用于具有轻松气氛的非正规的餐饮店中，例如：风味餐厅、咖啡厅、酒吧等。

（3）霓虹灯、灯箱招牌。在晚间，霓虹灯和日光灯招牌能使餐厅明亮醒目，增加餐厅在晚间的可见度，同时，这些招牌能制造热闹和欢快的气氛。

一般来说，霓虹灯和灯箱招牌的设计要新颖，独具一格。它们可被设计成各种形状，采用多种颜色。灯光巧妙的变色和闪烁能产生一种动态的感觉。比起一成不变的静态灯光来说，这种灯光更能活跃气氛，更富有吸引力。

（4）壁式招牌。壁式招牌是贴在墙上的招牌。我们知道，一块小小的、不起眼的壁式招牌难以吸引顾客。这类招牌由于贴在墙上，其可见度不如其他类型的招牌大。要使它们吸引人们的注意，要设法将这种招牌从周围墙上突出来。招牌的颜色要能形成明显的对照，但又要与墙的颜色协调。招牌的设计要有独创性，千万不要只是枯燥的一行字。如果壁式招牌还能配合餐厅的主题，配上卡通人物，有反映就餐气氛的文字，这样一来，会使招牌生动地从墙上凸显出来。

(5) 悬吊式招牌。悬吊式招牌是挂在餐厅门口的招牌。悬吊式招牌挂得高，比较突出并且一般双面都印上餐厅名，可使两边往来的人们都能远远地就见到招牌。悬吊式招牌不一定只印餐厅名。为吸引客人，可印上就餐方面的图案。悬吊式招牌，一方面可制作出厨师人像的图形；另一方面，还可印上餐具和食物的图案，使人在没见到餐厅名前，光凭图案就知道这是一家餐厅。

第三节 橱窗设计要美观

橱窗，是餐厅的脸面，脸面的好坏直接影响就餐者的心情。因此，“脸面问题”万万忽视不得。一般说来，餐厅的外观设计要美观大方，例如，餐厅门口和橱窗通常可种植或摆放一些花木或盆景。

橱窗的四周一定要注意保持清洁卫生，花木或盆景更应保持卫生，哪怕是树木的叶子，也千万不能沾满尘土。只有清洁的外观，才能使人相信餐厅的环境和食品是清洁卫生的。在餐厅门前橱窗上，可以列出餐厅供应的特色菜及价格，而高档餐厅不必列出价格。为了吸引那些追求经济实惠的顾客，餐厅还不妨在外面列出价格，这样做的目的，不但可以消除顾客的疑虑，也能使顾客安然踏进你的餐厅愉快就餐。

一般说来，对于那些非固定的顾客，他们是不愿去一家客人稀少的餐厅就餐的。因此，餐厅一定要训练迎宾员（南方餐厅也叫“咨客”）将客人引到窗边的座位，这样做的目的是显而易见的：可以使那些举步观望、尚在犹豫之中的顾客从外面望去似乎餐厅生意兴隆，因此，使他们产生到你的餐厅就餐的欲望。

另外，餐厅靠窗边的座位，其周围环境布置一定要讲究，可巧妙地放置一些花木盆栽，使就餐的客人，和外面观望犹豫的客人产生一种舒适感。

第四节 清洁是重要商品

餐厅内部的环境、气氛和情调，不但是餐厅的一种无形资产，更是组成客人就餐经历的重要组成部分。这些因素直接影响客人的就餐情趣和满意程度。那么，对于一间餐厅，在内部环境的布置方面，有哪些基本要求呢？

清洁无疑是第一要素。现代餐饮业在内部环境要求，有个不容忽视的方面：那就是要把“清洁”当作视觉上的商品。清洁，不但是餐饮店的命脉，它更是顾客选择餐厅和餐厅争取回头客的基本要素。餐厅的清洁卫生包括各个方面。

比如，外观要整洁，招牌颜色要鲜艳，文字要清晰，灯光不能有破损，盆景不长杂草，餐厅内部的地面、桌椅必须光洁整齐，墙纸干净、无剥落，餐具清洁卫生。餐厅的后台——厨房也必须保持清洁卫生。注意：卫生间往往是被管理人员忽视的场所。

广州市海珠区有一位餐厅经理，他曾对顾客作过这样一项调查，询问"你就餐最重要的因素"是什么时，出乎意料的是，认为卫生间清洁为最重要因素的顾客人数居然最多。因此，餐厅要改变卫生间是不洁之地的观念。餐饮业管理人员要将卫生间当做顾客"休息处"的标准来维持清洁卫生。

目前，许多高档饭店的卫生间都配备明亮的大镜子、干净的垃圾桶、别致的香皂，并摆设绿叶盆栽、鲜花，并喷香水制造清新芳香的环境，即使是小餐厅的卫生间也要干净整齐，以免因卫生间脏乱而破坏客人食欲。

既然我们认识到"清洁"也是一种商品，那么"清洁"的制造过程就不应轻易让客人看到。一般来说，餐饮店的清扫，每天最好分两次进行。每天早上开业以前，为创造一个清爽舒适的环境迎接顾客，要将桌椅擦洗干净，盆景要浇水和修整，门窗和招牌要擦拭干净。在每日停业后，要及时清扫进门踏垫、地板、卫生间等。千万不要在客人用完餐以前就动手打扫卫生。这种做法不仅会在客人面前损坏餐厅的形象，并且似对客人下逐客令而引起客人的反感。在餐厅营业时要随时清除客人留下的废弃物，以保持餐厅的清洁整齐。

想要经营好一间餐厅，还应该记取的一点是：设法制造适应经营范围和经营方式的气氛和情调。经营外国风味的餐厅，如法式餐厅、意大利餐厅、日本餐厅等，要制造出"异国情调"的氛围来。在"异国情调"的设计上，要布置各个国家在会客、就餐时的家具，有时，还要在桌上摆放各国的国旗，周围陈列各国的民族工艺品，在餐厅中播放各国的名曲与民歌。

例如，富于日本情调的餐厅，可以铺上榻榻米，使用整套日式餐具，供应日本菜，播放日本民谣，服务员应该身穿和服，口说日语等。

对于经营风味特色菜的餐厅，也要通过环境来制造气氛和情调，例如上海锦江饭店的海鲜餐厅，它的顶部是蓝色波浪形天花板，迎面墙上有一幅大海与海洋生物的图画，餐厅中陈列的玻璃水槽里养着漂亮的鱼、虾和贝壳类生物。服务员身穿蓝色工作服。在灯光照耀下，使客人感到犹如走进了海底龙宫。

另外，儿童餐厅的环境和气氛，要适合儿童心理、受儿童的喜爱。例如，麦当劳经营的特色就是在环境、气氛上，充分考虑到了儿童心理，这也是麦当劳之所以特别受儿童喜爱的重要原因。

在中国台湾，一些儿童餐厅以动画片和著名的童话故事为背景来装饰餐厅，例如以匹诺曹、白雪公主的背景来布置；将餐厅装潢成太空世界，超现代的宇宙飞船也很吸引人；餐厅中放一些儿童的游乐器械，如木马、电子游戏机，对吸引小顾客也很有效。

综上所述，餐厅的气氛和情调由多种成分组成。它通过餐厅的装潢和布局、家具与陈列品、照明与颜色、餐厅中的人和音乐等烘托出来。

第五节　店面广告需推销

餐饮店为扩大影响、增加销售，常常需要印刷一些广告宣传品立在桌上或放在柜台上。餐厅外部挂着推销产品的彩旗，门厅口竖立招贴广告，橱窗上贴着产品宣传画。这些推销广告，毫无疑问，是餐厅经营过程中一个不可或缺的重要组成部分。

那么，对于餐厅店面广告的设计制作，应该具有什么样的要求呢？

要创造自己的品牌形象

餐饮店各种推销广告的内容和外观设计，要突出餐厅的经营风格，以增强餐厅的情调，创造和强调餐厅的形象。众所周知，一家高档饭店，是不能用一张普通的白纸写上蹩脚的大字来做广告的，这样会破坏餐厅的情调和形象。

为了让餐厅树立起鲜明的形象来，餐厅的各种广告推销品，要在形式上有某种一致性，例如采用同一种字体，使用某一种特殊的颜色，出现某一种统一的图案等等，使这些广告品突出和加深餐厅的形象，互相产生累积效应。使人远远一看便知道是该餐厅的宣传品。

要宣传餐厅提供的产品

在餐饮店的门口，或店内的墙上，或餐厅橱窗里，布置一些招贴广告品，能够明显地介绍餐厅提供的主要产品和特色菜。这种宣传让顾客一目了然，以吸引顾客到店内就餐。如果餐桌上、墙上等处无任何介绍，直等到客人要菜单时，服务员才慢吞吞地拿出来，这样的经营方法，是难以与同业竞争的。

一定要不断宣传新产品

有时，一些餐厅也不断推出新鲜的时令菜，或在酷热的夏天推出清凉可口的新产品，但是销售效果并不好。我们如果认真究其原因，很可能是这家餐厅只将新产品编入了菜单，而没有用漂亮的图案，也没有在明显的位置张贴广告进行宣传。或者将新产品与其他菜单品种混在一起，根本未能突出。

通常，一间餐厅在推出新产品时，可印制成帐篷式广告卡立在餐桌上，或设计美观的招贴立在门前，或贴在墙上，写成横幅标语挂在彩旗上，以招徕顾客。

广告价格和优惠策略

当餐厅提供价格折扣或各种赠品、优待券，进行促销活动时，千万注意的是，要同时配合店面广告，才能达到吸引更多顾客的目的。例如，一间餐厅对下午两点以后就餐的顾客赠送礼品的信息，要以漂亮的招贴向公众告示，以吸引顾客。

对于饭店中餐厅的广告，要适合饭店的特点

为吸引住客人多到餐厅就餐，饭店的店面广告可以放在大堂中、电梯里，在餐厅门口做广告，要与饭店的环境相协调。

例如广州的许多大酒店，就在大堂的醒目位置，以十分精致的日光灯招牌印上餐厅诱人的菜肴的彩色照片，这样，便能吸引客人前去用餐。又例如天津的凯悦饭店，就在餐厅门口陈放餐厅菜品宣传卡，在宣传卡反面，是当月的月历。月历上注明该餐厅该月餐饮推销活动的日志，这种月历，对出门在外的客人安排自己的活动，也具有实用性，提高了宣传效果。

还有，饭店餐厅还可以在客房中陈放餐饮推销品和餐厅菜单。通常，客房送餐菜服务单，会放在客房的书桌上，与《饭店服务指南》放在一起。这样做的话，客人往往不易注意到。如果客房服务员能够在夜间服务时，将早餐送餐菜单放在枕头上，客人就不会忘记订早餐了，这也是应该引起餐厅经营者注意的事情。

第六节　服务推销讲技巧

餐厅服务员要树立推销意识，积极地推销饮料、高价菜，这对提高餐饮收入具有很大意义。服务员要注意提高服务过程中的推销技巧，推销技巧也是服务礼仪的重要组成部分。

(1) 主动招呼，热情迎宾。主动招呼对招待顾客具有很大意义。比如有的顾客走进餐厅，环视一下餐厅四周就转身走了。这时，如果有服务员主动上前招呼“欢迎光顾”，同时引客入座，顾客即使对餐厅环境不十分满意，也不会轻易退出。

例如，有的顾客走近餐厅正在打量餐厅考虑是否选此餐厅就餐时，如果一个面带笑容的服务员主动上前招呼，顾客就不好意思退出了。可见，主动招呼能对吸引顾客起很大作用。

当然，主动招呼不等于生拉硬拽。我们出差时常常见到，许多火车站附近的小餐馆，专在门口设一个服务员，拦住过路人，硬拉进去就餐，这不但会引起顾客的强烈反感，更会令客人避而远之。

（2）熟悉产品，适时介绍菜品。负责订菜的服务员要熟悉菜单上的每一个菜品，熟悉各种菜品的配料、烹调方法和味道。如果餐厅为客人提供新产品，可以让客人先尝一尝，给客人呈上菜单后，服务员应稍后退几步，让客人选菜。看到一些客人不熟悉异国菜或想了解菜品的特点时，要主动上前介绍菜品，并判断客人的特点推荐一些相应的菜品和饮料。

在进行推荐时，服务员要根据客人的特点，尽量推销高价菜。有的客人订菜不是完全理智的，往往经过服务员对菜的配料、烹调特点和厨师巧妙的介绍，会使顾客改点高价菜和增加点菜。

如果顾客没点酒水、饮料和甜点，服务员可略介绍几种提醒客人去订。但是，如果客人表示不想订，服务员切不能强行推销，以免使客人难堪。

服务员在介绍菜品时，要能调动顾客的购买心理。介绍时，除了介绍菜品的配料外，要强调菜品的烹调特点，强调菜品由哪位名厨烹调，使客人产生品尝的欲望。如果菜品名带些典故和来历，服务员一定要结合菜名的典故，作有声有色的生动介绍，以引起顾客的兴趣，这样推销效果比较好。

例如，浙江杭州市某家餐厅的菜单上，有一个名为“宋嫂鱼羹”的菜品，许多客人见后会问“宋嫂鱼羹”是道什么样的菜？服务员若熟悉该菜典故，便能娓娓道来：“传说古代宋高宗赵构有一次闲游西湖，遇见一位名叫宋嫂的妇人在卖鱼羹，宋高宗命其上船，吃了她做的鱼羹，十分赞赏。后来宋嫂鱼羹成了驰誉京城的名肴。该菜的配料是新鲜桂鱼、熟火腿、笋、香菇、鸡蛋黄等，特点是颜色亮黄，味似蟹羹，这是杭州的传统风味名菜。”这种介绍具有趣味性，会引起客人的好奇和购买品尝欲望。

菜品的介绍，不仅要有趣味性，还要有针对性，要根据顾客的特点和心理来介绍和推荐。如果老年客人嫌蔬菜嚼不动，可以向他们推荐和介绍餐厅里“炸得很酥的油焖茄子”。

西餐厅服务员要熟悉什么主菜应配什么酒水，以便根据客人点的菜来推荐酒水。菜品的介绍要强调“新鲜”和“独特”。在介绍产品时要注意推销菜品的“新鲜”，要介绍“这是本季节的时新菜”、“这是本餐厅的最新产品”等。

另外还要强调菜品“独特”，要设法告诉顾客，某菜为本餐厅独有；或烹调方法与众不同；或者介绍某菜品由名厨师掌勺，味道独特等。以“新鲜”和“独特”取胜，并且影响和引导顾客对菜品的评估。因为人们对菜品的品尝和评估往往不是很客观的，它常常会受到各种介绍的影响。

菜品的介绍要简单。服务员给客人呈上菜单后应后退几步，等待客人选菜，因为有些客人不喜欢服务员作介绍。服务员应当看到有些客人需要帮助时再上前介绍，并且，在介绍时要尽可能简洁明了，过多的介绍，反会使客人感到乏味。

餐厅为了增加销售，一定要设法提高销售档次。一般来说，餐厅有三种销售类型：

一是自动销售，即顾客主动上门要求点菜，服务员被动地接受订菜。这种方式不通过介绍、推荐菜品来影响顾客的选择，也不用通过服务以增加销售机会。因此，这种销售最简单，服务员对推销所作的贡献也最少。

二是提高档次销售，即顾客对产品的选择不是完全理智的，往往要经过服务员的推荐和介绍而改点高价菜和饮料。在餐饮业，高价菜和饮料的毛利大，所以，服务员应尽量推销高价菜和饮料，这对餐厅的利润贡献也大。如果客人订低档菜或饮料，服务员可以这样推荐说：“某某菜是本餐厅特级厨师烹调的特色菜，要不要尝尝?”或者说：“本餐厅最近从法国进了某某名牌葡萄酒，要不要换换口味?”这种推销方式无疑能为餐厅增加收入。

三是制造性销售。顾客本来没有想（或犹豫）购买时，如果服务员略加推销，顾客很有可能就购买你的产品。但是，这种推销需要服务人员的推销技巧和切实努力。例如，在客人点菜时，如果客人忘记或没有点酒水和甜点，服务员若不作任何推销，就失去销售机会。这时，服务员若选择几样饮料和甜点加以推销，很多客人会补点。

服务员要主动服务，以抓住销售机会。在客人就餐时，服务员要注意观察客人有什么需要，要主动上前服务。例如，有的客人用完一杯葡萄酒后想再来一杯，他环顾四周，但服务员却没主动上前，客人因怕麻烦而不再要了，结果餐厅丧失了一次销售机会。

所以，服务员要注意客人的咖啡杯、酒杯等，空了以后，立即上前问客人是否再来一杯。在宴会、团体用餐、会议用餐的服务过程中，餐厅要多多地准备酒水饮料，只要客人杯子一空，马上斟满，往往在用餐过程中会有多次饮酒高潮。服务员若不注意斟酒，这一餐的酒水销售会减少。

另外，不同场合有不同的推销技巧。在不同场合，略施推销小技，会增加餐饮销售。在客人宴请时，服务员要注意将酒瓶中最后一杯酒斟在主人的杯里，接着顺便问主人是不是再来一瓶。

在推销饮料等产品时，注意不要以“是”与“否”的问句提问，不要问

“先生，您要饮料吗?”这种问句的答复往往是要或不要。若问“先生，你要什么饮料?”如果客人不知道餐饮店供应什么酒水，有时也会丧失销售机会。如果问：“先生，我们有椰汁、芒果汁、可口可乐，您要哪一种饮料?”这样，客人的反应是选择一种饮料，而不是考虑要与不要。尤其注意的是，如果是在为情侣服务时，要抓住大凡恋人讲究体面的心理，推荐一些高价菜并多多推荐饮料，往往不会受到拒绝。

第七节 潜在顾客要研究

确定目标顾客，这是一间餐厅能否成功的前提性工作。通过对餐厅市场区潜在顾客群体的状况和竞争者状况的调查，并根据企业的投资预算和财力的实际情貌，确定你餐厅的目标顾客群体。

一般说来，顾客群体按就餐程度、就餐动机、人口特点等方面，可细分成不同的类别。

按顾客就餐程度分：第一类是“尝试者”群体。这类顾客愿意到各处新开业的餐厅去尝试，并判断该餐厅是否可接受。这类群体的顾客一般年纪不太大，是经济比较宽裕，敢冒险的美食家。一家新建餐厅应该设法吸引这类顾客，并注意第一次就让他们吃得满意，以便靠这类顾客为餐厅作口头宣传，扩大餐厅的知名度。第二类是“尝试者的朋友”群体，这类群体往往是经尝试者推荐而来就餐的。这类群体常外出就餐，经济状况高出一般人的水平。他们的意愿容易变化，也可能到新开业餐厅试吃一两次就再也不回头。第三类是“多数人”群体，这个群体只有在餐厅经营成功并出名后才去就餐，若满意会成为常客，一旦成为常客便会十分忠于餐厅。这类群体的经济状况属一般水平，年纪较大，他们有外出就餐的习惯。他们比较保守，总要等等看看，往往在餐厅开业一年半载之后，才会去光顾尝试。第四类是“稀客”群体，这类群体不常外出就餐，经济不甚宽裕，一年内只外出就餐一二次，只是到了庆祝周年、生日或一些特殊场合下，才会外出就餐。

但是，一家餐厅想要经营成功，就必须想办法吸引住前面这四类群体，否则，只能吸引少数人或不经常光顾的客人，餐厅是难以生存下去的，只有回头顾客群体经常光顾，生意才会兴隆。

如果按顾客的就餐动机分，可分为这样几种类型：一是充饥，人们因外出办理公务、求学，无法返回家中而不得不在外就餐时，他们对就餐环境和服务状况一般并不追求，只要求环境清洁卫生，食品可口，价格实惠就行。二是美食，出于“美食”动机的顾客，外出就餐是为自己改善生活或款待亲友，这种人外出就餐是为了享受。因此，这种顾客希望餐厅提供的产品具有独特风味，要不同于并高于家庭或食堂的饭菜。为了享受，他们要求餐厅的环境不仅要清洁卫生，还要具有享受的气氛，他们比较讲究服务的态度、技巧和方法。为了享受，他们也愿意支付较高的价格。三是会议和旅游团队用餐。人们为开会或旅游必须在外用餐。团体用餐是由组织机构统一订餐和付款，因而餐厅提供的产品要符合大多数人的口味，同时要求制作简单，使饭菜在较短的时间内大批量供应。就餐环境要求宽敞、明亮、干净。饭菜价格不宜过高，服务要求迅速。四是宴请，人们办理商务需要宴请各方合作者，这种宴请一般由单位付款，并想借此给被请者留下良好的印象，人们也常为私事举办宴请活动，比如结婚宴请、生日宴请等。他们希望这些宴请搞得体面、欢快。因而要求餐厅的环境要豪华，气氛要热烈，服务要一流，菜品和餐具要高级、漂亮，当然产品的价格可以贵些。

由于顾客不同的就餐动机，因此，对餐厅的环境和气氛、对菜单的计划和定价、对服务的要求都各不相同，所以，设立餐厅前首先要确定要招待哪类就餐动机的顾客，以便对餐厅的经营范围和宗旨做好决策。

如果按经济收入将顾客分类的话，不同经济水平的顾客对餐厅档次的决策、菜单的计划和定价都有很大的影响。如果按职业分类的话，不同职业群体的就餐习惯不同，对餐厅的要求也不同。作为餐厅经营者，到底选择哪一类顾客群体，决定着餐厅的菜单计划、档次决策和餐厅的环境设计。如果按年龄分类，不同年龄组的人对就餐环境、菜品选择和价格要求都不同。这就要求经营者在进行经营宗旨决策前，要按人口特点作好目标顾客的选择。

管理人员在选择好目标顾客群体后，要进一步了解目标顾客的就餐习惯与外出就餐次数，要了解他们喜欢什么样的菜肴，他们对餐厅环境和服务有什么要求，以及他们每餐大约愿意支付多少费用。

在估算该地区每日潜在顾客人次以后，管理人员根据对竞争者调查的餐座数，竞争者吸引目标顾客的人次数，以及竞争者吸引目标顾客的优势和弱点，分析拟建的餐厅有哪些优势和劣势，估计能吸引顾客的潜力和吸引目标顾客的人次数。这种分析对餐厅确定餐座需要具有十分重要的意义。

第八节　科学决策不可少

科学的估算对确定餐厅的经营宗旨有重要意义。我们只有在确定餐厅目标顾客的基础上才能决定餐厅的经营宗旨。实际上，目标顾客的选择是企业经营决策的一部分。餐厅的经营宗旨包括餐厅的主要服务对象和主要经营范围。它涉及设立何种类型的餐厅、提供什么主要产品、具备哪些经营项目和办成哪种档次的餐厅。

餐厅类型决策

餐厅的类型分为正规式餐厅、风味餐厅、自助餐厅、专门化餐厅等。

(1) 正规式餐厅。正规式餐厅按地区可分成中餐厅、西餐厅。中餐厅又可按地方菜系分成川菜餐厅、粤菜餐厅、淮扬菜餐厅、京菜餐厅、东北菜餐厅等。按民族特色，中餐厅中又可分成宫廷菜餐厅，清真菜餐厅等。

西餐厅是反映西方国家烹调特色的正规高档餐厅，如法式餐厅、德国餐厅、意大利餐厅等。也有反映东方国家烹调特色的餐厅，如日本料理餐厅、朝鲜餐厅。西式餐厅中还有较经济的咖啡厅。它们反映各国西式烹调的特色，品种较多、营业时间较长、服务迅速。

(2) 风味餐厅。风味餐厅是提供某种特色的餐厅，例如蛇菜餐厅、烤鸭店、海鲜餐厅、烧烤餐厅、砂锅居餐厅等。这类餐厅以某一类菜肴或某一种烹调法为中心。风味餐厅容易创出独有的特色，菜肴的品种有一定的限制，服务也具有相应的特色。

(3) 自助餐厅。自助餐厅属经济性的快餐厅。这种餐厅菜单上的品种一般比较少，菜品的制作很简单，餐厅不提供桌边服务。餐厅经营的特点是：人工费用节约，薄利多销，顾客追求服务迅速和价格便宜。

自助餐厅英文名称为 Snack Bar 或 Cafeteria，它不同于一些餐厅中提供的自助餐 (Buffet)。自助餐在任何类型的餐厅都可采用，一般将餐桌根据需要排列成各种形状，上面陈列各种菜肴和食品，让顾客自由选择，餐厅按人收款。自助餐厅是由服务员将菜品盛到餐具中，由顾客自取，然后通过收银机计价、收款。服务员只负责收拾桌子和餐具，有的餐厅使用一次性餐具。

(4) 专门化餐厅。当前，国际上一些有名的连锁餐厅集团，如麦当劳、汉堡包餐厅、肯德基家乡鸡餐厅等，已经打入中国的餐饮市场，这些集团很快取得了成功。这种专门化餐厅的异军突起，似乎已经成为一种餐饮业的发展“趋势”，意味着专门化快餐店的崛起有坚实的社会基础，不易动摇，会继续发展。

一般来说，人们外出就餐的动机无非有三点：一是“应酬”，如婚丧喜庆、商业会谈等宴请；二是“美食”；三是“充饥”。由于当代家庭结构的变化，小家庭增加，家庭就业人员增多，家中缺乏专司烹调的人员，因此在外就餐人员的比例增加，同时由于地理上的原因，一些在外工作、求学的人不易返家就餐，因而为解决充饥而就餐的人员增加。这类就餐人员因经常在外就餐，不像应酬，他们希望“简单”，希望“干净”。“干净”是现代餐饮的新

“商品”，是人们就餐的基本需要；他们希望“价廉”以期减轻负担；他们希望就餐“迅速”，以利工作和学习。

由于现代西式快餐店符合这些要求，因此麦当劳、肯德基等餐厅所代表的西式快餐店精神无疑是一种发展趋势。这种专门化快餐店的特点是：

一是标准化。这种连锁店提供的产品和服务、餐厅的环境、烹调的方法和使用的设备都具有统一的标准。它们的管理方法和程序、成本控制和定价也有一定的标准。

二是具有特色。餐饮行业虽不是技术性很强的行业，但如果餐厅的产品和烹调技术不具有独特的特色，如果成本控制不好而价格昂贵，便会被其他竞争者打败。所以专门化餐馆的经营都具有自己独特的特色。

三是价格便宜。专门化餐厅专营某种产品，提供菜品种类少，这样原料库存少，企业需要的库存管理费和占用的流动资金就少。并且由于产品能大批量生产，厨房设备与工作人员的需要量也相对较少，服务人员的配备也较少。因此餐厅的经营成本和费用较低，产品的价格也相对低廉。

四是服务简单。大多数专门化快餐店只有少量的服务，许多餐厅使用一次性餐具，顾客采取自我服务，服务迅速，就餐时间短，餐厅的座位周转率可以很高。当前，西式快餐集团在中国各地迅速发展，集团的规模日益壮大，越来越主宰着餐饮市场。它们在餐饮业中占据着越来越重要的地位。这种西式快餐店迅速改变着人们外出就餐的习惯，特别是年轻人的就餐习惯。

经营项目决策

餐厅的经营宗旨还包括餐厅的经营项目。例如餐厅提供哪些必要产品、配备哪些服务项目，管理人员在开设餐厅前要决定餐厅是提供以顾客自我服务为主的快餐，还是具有桌边服务的散餐；要决定除散餐外，餐厅是否还开设宴会服务和团体用餐服务，是否开设自助餐服务，加套餐服务，是否还提供外出就餐服务等。同时，还应初步计划一下餐厅供应哪些主要菜品。管理人员要根据餐厅的投资额、目标顾客的就餐要求及竞争者经营的项目，慎重地作好经营项目的决策。这对餐厅面积和设备要求、餐厅环境的设计和菜单的计划有很大的影响。

餐厅档次决策

经营者在决定餐厅的档次时，要对目标顾客进行市场调查。餐厅的档次取决于目标顾客的经济收入水平和外出就餐所愿支付的消费额，同时取决于餐厅的投资预算额。餐厅的档次决策对餐厅的建筑和装潢，厨房和餐厅设备与家具的购置、服务员的配备、菜单的计划等都具有指导作用。管理人员要决定是设立高档、中档、经济型餐厅还是非正规的外卖店。

按不同档次，餐厅大致可分成以下几类。第一类：小型外卖店。这种餐厅不提供就地供餐的服务，而是将食品烹调好，盛在饭盒里向顾客销售。餐厅不需要就餐面积和餐厅服务员，这样可大大减少投资和节约人工费用。如今，这种店在西方国家中越来越流行，其英文名称为“Take－away”。第二类：小吃店。这种餐厅的环境简朴，服务简单，较多地依赖顾客的自我服务。餐厅的菜单品种少，做工简单，产品价格便宜。第三类：中低档餐厅。这类餐厅的菜单也较简单，菜品一般不需要精细制作，只提供较简单的桌边服务即可。第四类：中高档餐厅。餐厅环境较讲究，菜单品种齐全，菜肴需要较高烹调技术，服务全面、价格偏高。第五类：高档餐厅。餐厅的建筑和装修需要较高投资额，餐厅环境高雅，就餐气氛豪华，菜单讲究，食品饮料制作精细，服务要求严格而正规，产品的价格昂贵。

第九节　餐厅选址细考量

餐饮产品与制造业的产品不同，餐饮产品不是将产品从生产地向顾客消费地输送，而是将顾客吸引到餐饮店内来就餐，因而餐厅的地点对餐饮经营的成败有很大的影响。从这个意义上讲，餐厅所售卖的产品是“服务”。所以，经营者必须首先考虑餐厅的“大环境”问题。

在餐厅选址时，除了要以市场分析的资料为依据外，还要考虑收集一些与市场数据相关的信息。正是因为存在如此多样的食品服务设施，所以就不得不特别以目标管理的方式而对餐厅的具体位置进行分析。适合餐桌服务餐厅的地点，可能并不适合其他类型的餐厅。现在，国内外许多餐饮连锁集团管理已经开始考虑他们顾客的背景材料，并试图发现能够吸引同种类型顾客的地点了。那么，对于餐厅选址问题需要考虑哪些因素呢？

众所周知，影响餐厅选址的因素很多，其中的地理因素、经济因素、市场因素是主要因素。在区域规划上要考虑潜在地点因素，潜在地点的最佳状况是在用途、限定和筹建服务设施所需的执照要有确定的保证。否则，就要在更换地区或获取必要的执照上花费可观的时间和金钱。

区域规划往往会涉及建筑的拆迁和重建。如果未经分析，餐厅就盲目上马，在成本收回之前就遇到了拆迁，这家餐厅无疑会蒙受很大损失，或者失去了原有的地理优势。所以，在确定餐厅位置之前，一定要向有关部门提出咨询。

接着是地区经济因素，要注意收集和评估周围商业快速增长地区的数据，这些主要靠掌握各地区的商业发展的方向来完成。

竞争因素不可忽略，对于竞争的评估可以分成两个不同的部分来考虑，提供同种类型的食品服务的餐厅可能会导致直接的竞争，这会被认为是消极的因素，非直接的竞争包括提供不同菜品和不同服务的餐厅。其所选地点，缺少任何一种形式的竞争都是值得考虑的。这可能意味着一个潜在的绝好的地点，也许会是个很糟糕的地点。

小地貌问题。表层土壤和下层土壤的情况，坡度和表面排水特性，这都是一个地点建筑物的重要特征和组成部分。土壤钻孔可以判定土壤能够承受的容量和安排可行的地下排水区域。设施中还要有排放废弃物的设施。

规模和外观问题。餐厅的潜在容量大到可以容纳停车场和其他的必要设施。一般来说，餐厅位置的地面形状以长方形、方形为好。三角形或多边形除非它非常大，否则是不足取的。因为长方形和正方形的土地利用率较高。在对地点的规模和外观进行评估时也要考虑到未来消费的可能。

地价和能源供应问题。拥有许多个人满意的特征的潜在位置，可能会因为过多的费用而从议题中被排除，地价在总的费用中是逐渐上涨的。这是在可行性分析的财务部分中被评估的一个因素。能源主要是指水、电、天然气等经营必须具备的基本条件，基本的标准是“三通一平”。如果这一最基本的条件尚未达到，那么，这一位置是不能选的。在这些因素中，水的质量尤为重要。因为，水质的好坏直接关系到烹调的效果。

街道形式与旅游资源。这两个因素主要考虑到街道和交通的形式，能否吸引人们到这个社区来，还是他们因旅游而使人口发生移动。这一因素主要影响着过往行人的多少，旅客的种类等。因此对旅游资源一定要仔细分析，综合其特点，选择适当的位置和餐厅的种类。

地点特性与交通状况。地点特性显示出活动相关的位置，开餐厅要考虑和购物中心、商业区、娱乐区的距离和方向。往往能在距离餐厅几里以外的地方，还能对餐厅的推销产生影响。关于目标地点的街道交通状况信息，可以从公路系统和当地政府机关获得。如果交通的数据最近还没有被统计出来，那么可以选取样本数据作为参考。交通状况的计算往往在中午、周末的晚上和星期天。在一段几天时间内统计的数据应去除那些带有偏见的结果。

交通状况是指车辆的通行状况和行人的多少。交通状况往往意味着客源。当然客源绝不等于交通的频繁程度，因为有的地区尽管交通频繁，但是旅客却没有购买的机会或欲望，国外在选择餐厅位置时，通常要获得本地区车辆流动的数据以及行人的分析资料，以保证餐厅建成后有充足的客源。

餐厅可见度问题很重要。所谓餐厅“可见度”，是指餐厅位置的明显程度。也就是说，无论顾客从哪个角度看，都可以获得对餐厅的感知。餐厅可见度是由从各地驾车或徒步旅行者来进行评估的。这对于坐落在拥挤交通的高速公路旁的地点是重要的。餐厅的可见度往往会影响到餐厅的吸引力。

当地人力与服务问题。保安、防火、垃圾处理和其他所需的服务，都是餐厅能否开设的重要因素。目标地点所需服务的设施、费用和质量都是应该被评估的。关于人力问题，要考虑其“可用性”，这个因素中包括对目标地点人力的技术、年龄、工资的考虑。当然，除了远离城市中心的地区之外，这个因素通常不是那么关键。

那么，在餐厅选址方面有什么要诀可寻觅吗？有！一般说来，在餐厅选址上必须遵循以下原则：

一是餐厅不应设在餐馆成群的地方，更不要门对门地经营，这对营业收入必然造成影响。

二是专门经营午餐的餐馆应该尽可能方便餐馆的顾客，一般的午餐馆应设在顾客走几分钟路或开几分钟车便可到达的地方。在大城市，大多数在外面吃午饭的人都只有半小时到一小时的午餐时间。商务午餐的时间一般要宽裕得多，除用餐外还饮酒。快速午餐供应点必须临近顾客的工作地点，最好在同一幢大楼里。

三是位于公路旁的餐馆是为方便旅行者而开设的，因此必须设在离旅行者很容易到达的地方，否则，即使餐馆离公路不远，对餐馆来说，也是不利的。

四是快餐馆最理想的位置是紧靠某条主要街道，繁华的商店区或某个公寓区。

五是对于那些以独特的气氛、特色或特殊环境见长的餐馆来说，位置稍偏僻问题不大，因为顾客总会找到它们。就销售额而言，世界上最为成功的餐馆之一是波士顿的安东尼四码头餐馆。去这家餐馆并不方便，但濒临港口的位置却为它增添了魅力。

六是位于饮食娱乐区的餐馆总是能吸引大批顾客。例如在美国洛杉矶附近的雷伊小船坞，一下便聚集了50多家餐馆。于是，人们渐渐把该地区看作娱乐和上馆子的好去处。

七是选址时要注意交通的状况。餐厅面临交通繁华区，不仅可以增加销售量，也容易让顾客知晓。此外，还要注意餐厅附近是否有停车场。在交通繁华处，如果没有停车场，对于那些有消费能力的顾客来说，是无法就餐的。

第十节　餐厅气氛讲温馨

餐厅的气氛是餐厅设计的一项重要内容。气氛设计的优劣，直接影响着餐厅对顾客的吸引力。无数餐厅经营成败的经验证明，很多餐厅之所以倒闭，就是因为没有进行气氛的最优化设计。认真地研究餐厅气氛的设计及其相关的因素，对搞好经营，必然有一定的指导意义。

我们首先要了解餐厅气氛的基本概念

气氛是指一定环境中给人某种强烈感觉的精神表现或景象。餐厅的气氛，就是指餐厅内顾客或用户所面对的环境。餐厅的气氛包括两个主要部分：一种为有形气氛，例如餐厅的位置、外观、景色、内部装潢、构造和空间布局等方面；另一种是无形的气氛，例如服务人员的态度、礼节、能力以及让顾客满意的程度。有形的气氛要依靠设计人员和管理人员的协作，无形的气氛主要是餐厅经理的责任。

餐厅气氛的作用

餐厅有形气氛，是餐厅整体设计的重要组成部分，有形气氛设计的优劣对顾客有很大的影响，从而直接关系到餐厅经营的成败。要知道，餐厅有形气氛与餐厅的其他设计，能共同组成一个有机的整体，从而反映出餐厅经营的主题思想。

餐厅气氛的主要作用在于影响消费者的心境。所谓心境，就是指顾客对组成餐厅气氛的各种因素的反应。优良的餐厅气氛，能给顾客留下深刻的印象，从而增强顾客的惠顾动机。餐厅气氛设计是占有目标市场的良好手段。顾客的职业、种族、风俗、习惯、社会背景、收入水平、就餐时间以及偏好等因素，都直接影响餐厅的经营。

因此，餐厅的气氛设计既要考虑到消费者的共性，又要考虑到目标市场消费者的个性，所以说，针对目标市场特点进行气氛设计，是占有目标市场的重要条件。另外，餐厅的气氛，能影响消费者的行为，从而加速或延缓顾客就餐的时间。

总之，餐厅的气氛，对餐厅经营的影响是直接的。要想进行优良的气氛设计，就要考虑到“舒适”和“温馨”这一标准。由于“舒适”和“温馨”的含义是抽象的，况且不同的顾客对“舒适”、“温馨”又有不同的理解，因此，要想达到“舒适”、“温馨”，就必须深入地了解顾客的心理因素。这些心理因素通常是指顾客对餐厅的光线、色调、音响、气味、温度等方面的感知。优良的餐厅气氛，则是这些因素的最佳组合。

餐厅气氛的构成

餐厅的气氛是由内部气氛和外部气氛所组成的一个整体，餐厅的内部气氛，就是指能够影响消费者心理的各种因素。内部气氛的设计要比外部气氛的

唯高博士名店介绍

电话:010-68279096　15601113538

(一)为投资人提供餐馆投资前期完整的市场调查及可行性研究分析

1.完整的市场调查
2.详尽的市场分析
3.适当的项目规划
4.正确的市场定位
5.稳健的投资策略
6.准确的投资预算
7.明确的周转预测
8.初步回报的预计
9.专业的行动计划

(二)为投资人提供餐馆开业前的整体规划与技术支援和筹备管理

1.项目的深化构思。

2.卖点的创新特色。

3.总体概念,基建及设备的标准,作出咨询及专业意见提供。

4.初步机电工程规划方案,作出咨询及专业意见提供。

5.室内设计师的设计概念,图纸与用料方案、作出咨询与专业意见提供。

6.前线与后勤地方规范要求,对顾客流程,员工流程,物料流程,交通流程与送餐流程,作出咨询与专业意见提供。

7.于筹建施工中,监督质量与协助竣工验收。

8.编制与扫行开业前筹备管理计划与开支预算,并建立管理机制。

9.编制规章制度,财务政策与程序,各部门操作手册。

10.编制组织架构与预算,执行招工与培训计划。

11.编制业务计划、经营策略与预算、执行企业开业前推广与促销活动。

12.编制物料计划、采购政策与预算,执行选货与定货。

唯高博士名店介绍

电话:010-68279096　15601113538

(三)为投资人提供餐馆开业后之运营管理和市场推广

1.建立经营预算目标,替企业争取最大的经济效益。

2.国内外市场拓展、推广、促销及预定。

3.推动企业已定之运营机制。

4.制定及执行有效的运营策略与促销方法。

5.建立良好的形象及国内外市场上建立知名度。

6.为投资者维持物业处于常新状况及保护财产。

7.建立与服务规范和出品质量。

8.建立适当的管理队伍及发挥其团体力量。

9.建立正确的工作作风、环境气氛、维持高昂之员工士气。

10.编制与提供每月的经营管理报告及财务报告。

(四)不良企业的经营管理诊断,改革与重组

1.企业文化的分析与重整。

2.经营成功的分析与财务理顺。

3.企业组织架构的分析,精简与重组。

4.检讨作业流程与运营政策的调整。

5.整体服务质理的提升。

6.设备设施的调整。

设计具体得多，其作用也大得多。成功的内部气氛设计，完全能够控制顾客的情绪和心境。内部气氛的设计是餐厅气氛设计的核心部分。要想达到良好的内部气氛设计，通常要考虑如下几项基本内容：

光照问题：光照是餐厅气氛设计应该考虑的最关键因素之一，因为光照系统能够决定餐厅的格调。餐厅使用的光照的种类很多，如烛光、白炽光、荧光以及彩光等。不同的光照又有不同的作用：

烛光是餐厅传统的光照。这种光线的红色焰光能使顾客和食物都显得漂亮。它比较适用于朋友集会、恋人会餐、节日盛会等。

白炽光也是餐厅使用的一种重要光照。这种光最容易控制，食品在这种光照下看上去最自然。而且，调暗光照，能增加顾客的舒适感，从而延长顾客的逗留时间。然而，白炽光的成本较高，一般适用在较为豪华的餐室。

荧光是餐厅使用最多的光照。这种光线经济、大方，但缺乏美感。因为荧光中蓝色和绿色要强于红色和橙色，而居于主导地位，从而使人的皮肤看上去显得苍白、食品呈现灰色。美国宾夕法尼亚州大学饮食管理系的副教授卡罗琳·兰特博士认为，荧光会缩短顾客的就餐时间。她说："尽管餐厅有舒服的桌椅、柔和的音乐和周到的服务，然而光照（荧光）的效果却不一样。这些相互作用的因素必须综合考虑。"

此外，不论光照的种类如何，光照的强度对顾客的就餐时间也有影响。昏暗的光照会增加顾客的就餐时间，而明亮的光照则会加快顾客的就餐。

彩光是光照设计时应该考虑到的另一因素。彩色的光照会影响人的面部。红色光对家具、设施和绝大多数的食品都是有利的。绿色光和蓝色光通常不适合。红色、乳白色光线和琥珀色光线可用来增加热情友好的气氛。

第十一节　色彩音乐要和谐

色彩是餐厅气氛中可视的重要因素。它是设计人员用来创造各种心境的工具。不同的色彩对人的心理和行为有不同的影响。有些人认为，红、橙之类的颜色有激励的效果，其他如蓝色等冷色，则有镇静的作用。

一般说来，颜色对人的心境有如下影响：

颜　色	效　果
红色	振奋、激励
橙色	兴奋、活跃
黄色	刺激、紧张
绿色	宁静、镇静
蓝色	自由、轻松

紫色	优美、雅致
棕色	松弛、悠闲

不仅颜色的种类对人的心理和行为有影响，而且，颜色的强度也有此效果。例如，明亮的蓝色有相同于红色的激励作用。

在快餐厅气氛设计过程中，要想提高顾客的流动率，餐室里最好使用红绿相配的颜色，而不要使用诸如橙红色、桃红色和紫红色等颜色。因为橙红、桃红和紫红等颜色有一种柔和、悠闲的作用。在快餐馆的气氛设计中，鲜艳的色彩十分重要。这种色调配合以紧凑的座位、窄小而又不大舒适的桌子和座位、明亮的灯光和快节奏的音乐，这样，过分鲜艳的色彩和太大的嘈杂声，就会使顾客无暇交谈，促使他们就餐后快速离开，以提高客人的就餐效率。

如果想要延长顾客的就餐时间，就应该使用柔和的色调、宽敞的空间布局、舒适的桌椅、浪漫的光照和温柔的音乐来渲染气氛，从而使顾客多待一会儿。

色彩还能够用来表达餐厅的主题思想。例如，美国以前的海味餐厅大多都画着帆船、航海图，或在房梁上悬挂着船灯、帆缆，甚至有救生艇。但是，现在的餐厅则打破了原有的传统。设计家们多用冷色的绿色、蓝色和白色，微妙地表现了航海的主题。

颜色的使用还与餐厅的位置有关。例如，在纬度较高的北方寒冷地带，餐厅里应该使用暖色调，如红色、橙色、黄色等等，从而给顾客以一种温暖的感觉，在纬度较低的南方地带，绿色、蓝色等冷色的效果则最好。

餐厅的家具配置也非常重要，因为家具的选择和使用，是形成餐厅整体气氛的一个重要部分。在选择家具之前，首先要考虑目标市场的顾客。如果目标顾客是高阶层的人员，那么，传统的家具效果较好。如果您想要招待的是忙碌了一天的业务人员，那么现代化的家具——包括宽大而舒适的椅子和沙发比较好，这会创造出一种非常舒适的气氛。如果想让顾客彻夜狂欢，那么舒适的睡椅或长沙发最为理想。如果想要促使顾客频繁地流动，最好使用坚硬的塑料椅和塑料桌面。

除了家具的种类之外，还应该注意餐桌的高度和椅子的高度以及斜度。要想鼓励顾客交谈和增加舒适的气氛，餐桌和椅子的高度必须合理搭配。一般来说，餐桌和椅子高度不宜过高，长度不宜过长。

餐厅设计家的经验证明：如果想让顾客快速离开餐厅，可以利用改变椅子斜度的方法。可以让椅子的倾斜度减少，使顾客就有一种快要滑下去的感觉。这样，顾客就餐完毕后，会很快地离开餐厅。当然，除了桌椅之外，餐厅的窗帘、壁画和餐厅的布局等，都是应该考虑的因素。

关于餐厅内部的温度、湿度和气味问题。温度、湿度和气味是餐厅气氛的另一重要方面，它直接影响着顾客的舒适程度。温度太高或太低，湿度过大或过小，以及气味的种类都会给顾客带来极快的反应。

顾客因职业、性别、年龄的不同，对餐厅的温度有的要求也不同。通常，妇女喜欢的温度略高于男性，孩子所选择的温度要低于成人，活跃的职业使人喜欢较低的温度。此外，季节对餐厅的温度也有影响。夏天，餐厅的温度要凉爽，而冬天要温暖。一般来说，餐厅的最佳温度应保持在21～24℃。

温度还能影响顾客的流动性。很多快餐馆利用较低的温度来增加顾客的流动率。同样，豪华的餐厅应该用较高的温度来增加舒适程度，因为较温暖的环境给顾客以舒适、轻松的感觉。

湿度会影响顾客的心情。湿度过小，即过于干燥，会使顾客心绪烦躁，从而加快流动。反之，适当的湿度，能增加餐厅的舒适程度和活跃程度，减缓顾客的流动。

气味也是餐厅气氛中的重要组成因素。气味通常能够给顾客留下极为深刻的印象。顾客对气味的记忆要比视觉和听觉记忆更加深刻。有时，烹饪的芳香弥漫餐厅，立即会让顾客引起食欲。然而，餐厅气味如果不能严格控制，餐室里充满了污物和一些不正的气味，必然会给顾客的饮食造成不良的后果。

还有一个不可忽略的问题，就是餐厅的背景音乐。音乐分乐音和噪音。噪音大多是由烹调、顾客流动和餐厅外部所造成的。不同种类的餐厅对噪音的控制有不同的要求。对于招待忙碌了一天的企业人员或顾客的餐厅来说，就需要安静和幽雅的环境。因此，对噪音的控制较严。但是对于学生食堂就不一样。由于学生在宁静的教室上了一整天的课，喧闹的食堂反而会起到放松和休息的作用。

现代研究已经证实，音乐确实对顾客的活动有一定的影响。明快的音乐会使顾客加快就餐，相反，节奏缓慢而柔和的音乐会给顾客一种放松、舒适的感觉，从而能延缓顾客的就餐时间。因而，不同种类的餐厅一定要进行不同的音乐设计。

餐厅的外部气氛是指餐厅的价值、名称、建筑风格、门厅设计场景和停车场等方面的因素。外部气氛的设计要能够反映出餐厅的种类、经营特色，同时还要考虑到对顾客的吸引力。外部气氛要与内部气氛相辅相成，共同形成餐厅的整体气氛。由于餐厅的外部气氛涉及的内容很广，也很复杂，这里不展开阐述。

总之，餐厅的气氛是餐厅设计的重要任务。要想达到优良的气氛设计，必须深入研究目标市场以及各种因素对顾客心绪和活动的影响。同时，要注意到这些因素之间的相互联系。餐厅管理人员必须与设计师、建筑师和环境顾问密切配合，共同创造出一种理想的餐厅气氛。

第十二节　餐厅布局有学问

对餐厅经营者而言，餐厅布局大有学问。因此，在考虑餐厅布局时，除了考虑餐厅家具外，应重点根据就餐人数、就餐类别、餐厅的档次和服务方法，来确定餐厅面积以及餐座的数量和摆法。

餐厅的家具的摆放

（1）摆方桌的学问：中餐厅一般采用方桌和圆桌。方桌规格通常为 85 厘米×85 厘米或 90 厘米×90 厘米，高 75 厘米，这种方桌的使用功能最多，它既可以当圆桌面的桌腿，又可以拼成会议桌、中心菜桌、酒吧桌、水果桌、点心桌等。由于这种桌子用途很广，如果能供 300 人同时进餐的话，一般需要 50 张方桌。

（2）摆圆桌的学问：圆桌分为大小两种，直径为 110 厘米的小圆桌可设 4～6 个餐位，直径为 150 厘米的大圆桌可设 10～12 个餐位。圆桌的大小与人数的关系以每人占 60 厘米边长为最低限，否则就显得拥挤。

（3）摆长桌的学问：西餐厅多采用方桌和长桌，长桌分为两种，长的一种长为 110 厘米，这个长度正是两张方桌的长度，宽为 42.5 厘米，是方桌宽度的一半。短的一种长为 127.5 厘米，相当于一张半方桌的长度，宽为 42.5 厘米，也是方桌宽度的一半，高度均为 75 厘米，这种长桌在必要时很容易和方桌并拢，一物多用，拼成长餐桌。

（4）放转盘的学问：餐桌转盘放置在圆桌中央，目的是为方便客人用餐，标准转盘的直径为 85 厘米，根据不同的使用需要，转盘的直径可大至 150 厘米或小至 50 厘米。电动餐桌转盘也在酒店出现，按动电源开关，转盘便以每分钟一转的速度旋转，美味佳肴机会均等地缓缓送到每位客人面前。

（5）摆落桌的学问：落台既是储藏柜又是工作桌，柜内存放餐具，柜面作上下菜时的中转桌，酒水和其他用品也放在柜面。常用中转桌的规格，长为 100 厘米，宽为 48 厘米，高为 80 厘米。

（6）摆酒柜的学问：餐厅为了向客人推销和介绍餐厅准备的各类产品，设长条形酒柜或立式玻璃酒柜供客人观赏和挑选，它对餐厅也起到一种装饰作用。

（7）摆餐椅的学问：餐厅用的椅子要与餐厅的整体风格相协调，一般要求椅子灵巧，便于搬动；椅子与椅子能叠放在一起。餐厅用椅，除了木椅、铁椅外，还有竹椅、藤椅、漆椅等。在高规格的宴会厅旁边，一般设有休息厅。里面有沙发、茶几、古玩橱柜、花盆架等设备。

餐厅的通道布置

餐厅动线的安排学问：客人动线应以从大门到座位之间的通道畅通无阻为基本要求，一般说来，采用直线为好，因为任何迂回曲折都会使客人产生混乱感。服务人员动线，餐厅中服务人员动线长度对工作效益有直接的影响，原则上愈短愈好。在服务员动线安排中，需要注意的是，服务人员道路作业动线不要太集中，尽可能排除没有必要的曲折。可以考虑设置一个区域落桌，这样一来，既可摆放餐具，又有助于服务人员缩短行走路线。

在餐厅的布局中，不但要考虑充分利用营业面积，还要考虑方便客人进入和离开，又要避免打搅其他客人。在餐厅通道中，一个人能够舒适地走动空间大约需要 95 厘米宽，两个人舒适地走动空间大约需要 135 厘米，至少需要 110 厘米宽，三个人舒适地走动空间大约需要 180 厘米宽。

餐厅座位的布局

一般地说，每一餐座面积均需要量的确定。在计划餐厅区时，要考虑客人的身高，客人就餐时的舒适度，餐饮服务的类别和质量等因素。小孩就餐时，座位只需要 0.74 平方米的面积，而成人至少需要 1.1 平方米的面积，宴会每座至少需要 0.9 平方米的面积，而豪华餐厅每座起码需要 1.9 平方米的面积。另外，需要指出的是，在上述面积需要量中，包括餐厅中除餐座外的其他服务设施、交通通道等空间。

要使客人感到舒服，餐厅必须有合适的空间。大多数人讨厌拥挤。但不同类别的顾客和餐厅对拥挤度能容忍的程度不同。年轻人较年岁大的更能容忍拥挤。成本低、快速服务的餐厅比高档餐厅更能接受拥挤现象，但无论是年轻人还是年长的人，就餐时必须有移动手肘及摆放菜品和饮料的足够的空间。

在餐厅中，除餐座外，还需要其他一些空间，如有的在餐厅外部设候座和存放衣帽的空间。在餐厅中用于非餐座的面积大多会增加建筑面积。餐厅的宽度和长度，桌子和椅子的尺寸，座位的安排方法，以及餐厅装饰所用的物件都会影响餐厅面积的需要量。

桌子的大小对顾客的舒适度和利用效率也有影响。在快餐厅中，顾客用餐盘就餐。该类餐厅最好使用长桌子，桌子的长度应适宜放下一定数量的餐盘，长形桌子的最小尺寸应为 120 厘米×76 厘米。若用四餐座方桌，则使用 122 厘米×122 厘米的桌子比使用 91 厘米×91 厘米或 109 厘米×109 厘米的桌子更为合适些，不用餐盘的餐厅使用 61 厘米×61 厘米或 72 厘米×72 厘米的方桌可节约空间。但个子大而胖的人坐着不舒服，这种桌子只宜用于经济的快餐厅中。餐厅中宜用相同宽度和高度的桌子，这样便于拼在一起，使餐桌的安排较为灵活。对于宴会厅和多功能厅，火车厢位布局使用的桌子宽度应为76厘米左右，连餐座在内，一行桌椅的宽度为155厘米。桌子长度不能超过122厘米，否则会给服务带来不方便。柜台式餐桌最小宽度为41厘米，最大宽度是61～76厘米，每个餐座所需柜台的长度为51～61厘米。

餐座不同的安排影响着每餐座面积的需要量。菱形安排较正方形安排的空间利用效率高。当客人就餐完毕推座起身时，正方形安排比菱形安排餐座对通道的障碍大。火车厢位式安排最节约空间。餐厅以方桌或圆桌安排时，两行餐桌的椅子之间最窄的通道不得小于46厘米，桌子之间需相隔122～152厘米，如需要通过餐车或其他设备，它们的距离要根据这些设备的宽度来计算。如果有服务员通过，两行餐桌的椅子之间的通道需要91～122厘米宽。

第十三节　餐座确定要科学

餐座数量，是根据某段时间内需要接待的就餐人数与该段时间内最大座位周转率来确定的。餐座数量一般要能满足高峰时间接待顾客的需要。因而，就餐人数的预计和座位周转率的计算，就是根据高峰时间的数据。

座位周转率取决于客人食用的食品和饮料的数量、服务的复杂程度以及就餐时间的长短。早餐的座位周转率一般高于午晚餐。简单的快餐比涉及许多道菜、服务讲究的豪华餐的座位周转要快。正式餐厅中的客人起码要用20％～50％的时间等菜，而快餐厅的客人不用等待，马上可以就餐。

此外，餐厅座位周转率的高低还取决于：①供餐服务的速度；②客人选菜的速度，这个速度取决于菜单项目的数量和菜品介绍的清楚程度；③餐厅布局的方便度；④客人的类别，通常，青年人较年长的人就餐快，公务客人较度假客人就餐快；⑤供餐的类别，宴会比零点餐、零点餐比自助餐的座位周转率慢。

在一般餐厅中，早餐的平均就餐时间为15～25分钟，午餐为20～35分钟，晚餐为35～60分钟。在高档餐厅中，客人平均就餐时间需要更长，特别是晚餐和宴会，因为这时就餐大多是聚会和商谈公务。

在计算座位周转率时，要留出一定的空位率。采取桌边服务的餐厅必须留出20％的空位率；咖啡厅要留出12％～18％的空位率；柜服务式餐厅要留出12％的空位率。因为许多因素对空位率有影响：例如，客人到达时间不同，有些客人不愿与陌生人同使一张餐桌等，因而，餐桌的尺寸和安排会影响空位率，大多数餐厅客人的伙伴人数为2～8人，餐桌最好能临时拆拼，能根据伙伴人数灵活安排。有些餐厅有许多独自就餐的客人，对这样的客人，使用靠墙的单桌椅可节省空间。在计算座位周转率时，还要考虑服务员撤桌摆桌的时间。

在确定餐厅中的座位数量时，有必要预测餐厅中的就餐人数。餐厅就餐人数的预测取决于市场区中目标顾客外出就餐的人次数，这要通过对市场和竞争者的调查来估算。如果餐厅不希望高峰时间使客人等待，在计划座位数时要采用高峰时间的就餐人数。

餐厅的座位数要有一定的灵活性。人们不愿在拥挤不堪的餐厅中就餐，也不喜欢选择生意清淡的餐厅就餐。餐厅中顾客稀少会产生一种菜肴不受欢迎的疑问。餐厅中不同餐别需要的餐座数是不同的，这是由于不同餐次的座位周转率不同，不同的餐别的顾客人数也有差别。许乡餐饮企业和饭店开设多个餐厅，企业可根据不同餐次座位的需要量开放餐厅，对餐座需求少的餐次关闭部分餐厅。

有的餐厅可附带一些隔间或包房，平时隔间不使用，只有在客人多时才用隔间，餐厅还可以带些屏风或隔板。如果客人稀少，可将餐厅隔开，留出服务最方便的空间经常开放，而隔开的阳台、后间等其他不理想的隔间只在客人多的时候才开放，这样，餐厅客人稀少时也不会给人生意清淡的感觉。

宴会厅、功能厅的座位应该灵活地安排，通常使用一些可折叠的隔板，根据接待活动的性质和预计就餐人数，将宴会厅或多功能厅隔成合适的场地，在宴会厅和多功能厅中，使用的餐桌和餐椅的尺寸要灵活，要有多种类别，或使用折叠桌以适应不同接待活动的需要。餐桌和餐椅的数量和安排，也要根据接待活动的类别和人数作适当的计划。

后　记

当你读完这本书的时候，你一定会有很多感受：或很好，或一般，或美中不足，或很差；或收益良多，视之为良师益友；或无动于衷，束之高阁……

我们真诚盼望能听到你们的宝贵意见或建议，甚至是毫不留情的批评。因为读者就是我们的“上帝”，因为我们希望日后继续充实《唯高餐饮经典书库》，让每一本书都是精品。在这里先讲句多谢了！

每一本书都是编写人员汗水和心血的结晶，是他们贡献给社会的财富。为了把书写好，他们反复深入餐饮一线采访，取得了大量的第一手资料；他们牺牲了一个又一个节假日的休闲，舍弃了一次又一次与家人共聚的天伦之乐，或泡图书馆，或通宵达旦地在电脑前、在原稿纸上挥洒着智慧和心力……无论如何，我们都得感谢他们吧！

餐饮界的许许多多朋友更是为《唯高餐饮经典书库》的建设倾注了极大的热情，对着打破砂锅问到底的采访人员，他们百问不烦，百讲不厌，无私地把自己的心得、经验、技术和盘托出，有些甚至拿起笔来，满腔热忱地参加到创作队伍中来。没有他们的奉献，这一个又一个的高质量精神产品，是不可能问世的。我们是不是对他们也应该讲一声多谢，并衷心希望他们继续努力呢？

所有的谢意，已会聚成强大的推动力，鞭策着我们前行，我们唯有以更大的投入，换取更精的“出品”去报答读者们的关爱，与他们一起，共创中国餐饮业繁荣的又一个高潮。

编　者

2014 年 2 月

《唯高餐饮经典书库》

序号 2:《第一次开餐馆》

内容简介:

餐饮市场的红火,吸引着大量的投资者,而在这众多的投资者中,有相当一部分是从未开过餐馆的,因此,《第一次开餐馆》是众多投资者的必读书。

开本:16 开　　定价:29.80 元

序号 3:《第一次当主管》

内容简介:

当好餐饮企业的各级主管,必须具备领导才能和丰富的从业经验,阅读本书对第一次当主管的读者充实自己、掌握管理技巧大有好处。

开本:16 开　　定价:29.80 元

序号 4:《餐饮业经营管理实用图表》

内容简介:

本书所列举的图表是许多从事餐饮业多年的人士实践经验的总结,实用性很强,是科学管理必不可少的工具书。

开本:16 开　　定价:36.00 元

序号 6:《从侍应到主管》

内容简介:

从侍应到主管是人生的成长期和发展期。本书讲述了在这两个时期面对的问题、应掌握的技能、如何积累、成功晋升等,无论您是刚刚入行,还是在现在的岗位上已经小有起色,读后都会令您有惊喜的收获。

开本:16 开　　定价:29.80 元

序号 7:《把餐饮做大做强的经典礼仪读本》

内容简介:

服务员应如何接人待物、如何笑迎宾客,《把餐饮做大做强的经典礼仪读本》一书全面教您如何成为一位出色的服务员。

开本:16 开　　定价:29.80 元

序号 8:《第一次当厨师》

内容简介:

新厨师从烹饪学校毕业到社会,差异万千,怎样提高厨师的经营理念,如何提升厨师的烹饪技艺,本书较全面地从实战的角度展开论述。

开本:16 开　　定价:29.80 元

序号 9:《刀工》

内容简介:

精美的刀工是厨师十八般武艺中上乘的“武功”,细细研读此书,您便能获得“闯荡江湖”的本领。

开本:16 开　　定价:29.80 元

序号 10:《顾客应对技巧》

内容简介:

各级主管、服务员在日常工作中应如何接待顾客、处理好与顾客的关系,本书详尽教您如何做一位好主管、一位好服务员。

开本:16 开　　定价:29.80 元

序号 13:《开一家赚钱的茶餐厅》

内容简介:

本书从选址、开业、管理等八个方面告诉读者如何开一家赚钱的茶餐厅,随着茶餐厅在内地的崛起,相信本书对有志开店创业的人会有所帮助。

开本:16 开　　定价:29.80 元

序号 14:《创品牌为餐馆赚钱》

内容简介:

品牌是餐饮业发展的必由之路。本书从品牌魅力、食品、环境、服务等各方面揭示了品牌在餐馆赚钱之路上的重要意义,文笔质朴,语言流畅,值得一看。

开本:16 开　　定价:29.80 元

序号 15:《餐饮业留客实例分析》

内容简介:

本书介绍餐饮企业如何培养自己的经营意识,如何运用别具一格的创新特色,以一流的管理和服务,吸引并留住客人。

开本:16 开　　定价:32.00 元

序号 17:《火候》

内容简介:

俗话说“南火北刀”,南派厨师讲究火候,即锅气。火候的掌握是厨师的基本功,本书介绍了各种烹饪技法、各大菜系的烹制火候,是培训和自学的必要参考。

开本:16 开　　定价:29.80 元

序号 19:《餐馆楼面管理》

内容简介:

本书涉及餐馆楼面管理,广度与深度相结合,横向与纵向相联系,力图让读者轻松而高效地抓住做好楼面主管的真谛。

开本:16 开　　定价:29.80 元

序号 22:《开一家赚钱的西餐厅》

内容简介:

本书介绍了经营风格独特、环境幽雅、价格公道的西餐厅成功之道。

开本:16 开　　定价:29.80 元

序号 24:《餐馆服务实用英语》

内容简介:

本书是一部让餐饮服务人员轻松与外宾交谈、自如应付外宾用餐需要的英语学习用书。书中精选接待外宾用餐中常用的句式和词汇,简单易学、实用性强。

开本:16 开　　定价:20.00 元

序号 26:《餐馆经营得失谈》

内容简介:

本书以大量餐馆经营成功与失败的实例,启迪读者如何避免失败。具有较强的实用性和可操作性。

开本:16 开　　定价:29.80 元

序号 27:《餐饮业员工心理行为分析》

内容简介:

本书可以帮助餐饮业管理者了解员工的心理,挖掘他们的潜能;同时也可以帮助员工认识自己、分析自己、找到适合自己的位置。

开本:16 开　　定价:36.00 元

序号 28:《餐饮市场消费心理分析》

内容简介:

本书结合现代餐饮市场消费心理特点,对国内餐饮市场消费状况、顾客消费心理与行为规律进行分析,并提出相应经营策略和处理方法,兼具理论性和实用性。

开本:16 开　　定价:29.80 元

序号 30:《餐馆经营管理实战与培训》

内容简介:

开餐馆应如何经营和管理?本书由拥有 20 年餐馆经营实践经验的专业人士编写,作者不但经验丰富,而且对实践与培训有独到的见解和过人之处。

开本:16 开　　定价:29. 80 元

序号 31:《餐馆持续发展百问百答》

内容简介:

餐馆是许多人认为赚钱的行业,也是许多人跃跃欲试的门槛。但是,有人做得红红火火,餐馆持续发展;有人却经营惨淡,最后关门停业。为什么?《餐馆持续发展百问百答》将逐一为您解答这些问题,想开餐馆的朋友真的不可不读。

开本:32 开　　定价:22. 80 元

序号 32:《高中低餐馆赚钱 250 则》

内容简介:

本书将教您如何开各种类型的餐馆,同时,也是一本适合高、中、低不同档次餐馆的经营和从业人员阅读的好书。

开本:32 开　　定价:28. 00 元

序号 33:《怎样提高餐馆人员商业素质》

内容简介:

提高餐馆从业人员的素质,是餐馆持续发展的重要保证,本书将教您如何提高自己的素质。想开餐馆的朋友不妨一读。

开本:32 开　　定价:26.00 元

序号 34:《餐馆财务百问百答》

内容简介:

财务是企业的命脉。开餐馆面临的如何进行财务预测与分析、如何制作餐馆财务报表、如何做好财务资金管理、如何创收、如何压缩投资成本提高利润等问题,本书将为您一一解答。

开本:16 开　　定价:29.80 元

序号 35:《餐馆投资百问百答》

内容简介:

这是一本教您投资餐馆"入门之道"的书。开餐馆必须具备足够的条件,必须科学投资与策划,必须科学预测与分析,而投资成败往往只在一念之差。本书是希望投资餐馆和希望创业成功的朋友不可不读的好书。

开本:16 开　　定价:29.80 元

序号 36:《餐馆厨师实用手册》

内容简介:

开餐馆需要怎样的厨师?如何做一名出色的厨师?《餐馆厨师实用手册》一定能帮您!

开本:16 开　　定价:29.80 元

序号 37:《餐馆服务实用手册》

内容简介:

开餐馆需要怎样的服务人员,服务人员应如何做好餐馆经营中的"客我"交往,怎样做一名"双赢"的服务人员?《餐馆服务实用手册》一定会给您启迪!

开本:16 开　　定价:29.80 元

序号 38:《如何开一家赚钱的餐馆》

内容简介:

开餐馆当然想赚钱,但如何赚?《如何开一家赚钱的餐馆》一定是您理想的创业宝典!

开本:32 开　　定价:28.00 元

序号39:《餐馆管人36招》

内容简介:

餐馆如何管人,《餐馆管人36招》教您把握管人的原则。

开本:16开　　定价:29.80元

序号40:《餐馆用人36计》

内容简介:

餐馆如何用人,《餐馆用人36计》教您掌握用人的原则。

开本:16开　　定价:29.80元

序号41:《餐馆赢在细节》

内容简介:

细节决定成败,细节乃日常生活中的点点滴滴,因此,要开一家成功的餐馆,必须从点点滴滴做起、从细节做起!

开本:16开　　定价:29.80元

序号 42:《餐馆危机处理》

内容简介:

危机处理是餐饮企业的一项必不可少的日常工作。面对危机事件从容面对、化险为夷、变被动为主动是一门学问,也是从业技能。因此本书不可不读。

开本:16 开　　定价:29. 80 元

序号 43:《餐馆赢在决策》

内容简介:

本书介绍了餐馆在策划、选址、选项、菜品、定价、定位、服务、装潢等各个方面作决策时应考虑哪些问题,帮助读者成功创业。

开本:16 开　　定价:29. 80 元

序号 44:《餐馆赢在督导》

内容简介:

餐馆的督导者在经营管理中起关键作用,本书帮助他们提高执行能力和工作绩效,规范餐饮行业管理。

开本:16 开　　定价:29. 80 元

序号 45:《餐馆营销学堂》

内容简介:

本书针对现有餐饮企业管理、营销等多个层面值得注意的问题,总结经验、规律,提出解决之道,既有理论,又有心得。

开本:16 开　　定价:24.80 元

序号 46:《餐馆经营实战讲堂》

内容简介:

本书对餐馆经营过程中涉及的团队管理、激励机制的建立、各个环节的有效监控、营销策略等实际问题给予了深入浅出的讲解。

开本:16 开　　定价:29.80 元

序号 47:《餐馆开业采购指南》

内容简介:

本书详细介绍了餐馆开业所需物品的品种、数量,帮助读者正确选购,控制成本。

开本:16 开　　定价:26.00 元

序号48:《餐馆经理必备》

内容简介:

本书论及的各种问题和提出的解决方法均切合实际,是一本指引餐馆经理跻身于优秀者行列的实用指南。

开本:16开　　定价:26.00元

序号49:《餐馆赢在出品》

内容简介:

好的出品是餐馆的核心产品,是“摇钱树”,本书介绍的各种保障餐馆出品优质、特色的方法适合餐馆经营者和厨师参考。

开本:16开　　定价:28.00元

序号50:《餐馆制胜之道》

内容简介:

餐馆是人员密集型的企业,从服务员、厨师、采购、财务到主管岗位,部门繁多,因此相互间密切配合是餐馆经营成功的关键所在,本书能使餐馆经营者掌握团队建设的利器,从而打造一流的团队。

开本:16开　　定价:29.80元

序号 51:《餐馆风水布局》

内容简介:

本书从风水学的角度,对餐馆的室内外装修布局、招财旺业的摆设进行了全面的讲解。

开本:16 开　　定价:29.80 元

序号 52:《2011 年餐饮业运程预测》

内容简介:

本书介绍了不同生肖的餐饮业主、不同类型的餐馆在 2011 年的运程,对趋吉避凶有很大帮助。

开本:16 开　　定价:29.80 元

序号 53:《餐馆楼面管理实用图表》

内容简介:

表格化管理可以使餐馆管理更加科学、规范。是提高餐馆管理水平的重要工具。

开本:16 开　　定价:38.00 元

序号 54:《如何成为一名出色的点菜员》

内容简介:

点菜员水平的高低直接影响着餐馆的营业额。同时,出色的点菜员也是顾客的好参谋,是餐馆的宣传员。

开本:16 开　　定价:29.80 元

序号 55:《餐馆赢在素质》

内容简介:

素质高低决定餐厅服务水平的高低。这是一本不可多得的服务员培训手册,不可不读。

开本:16 开　　定价:29.80 元

序号 56:《美食本草纲目》

内容简介:

这是一本介绍饮食养生的图书,人的生命是以饮食为基本需求,通过胃功能消化食物,吸收各种人体所需要的营养成分,你要延寿,你要养生,不可不读。

开本:16 开　　定价:29.80 元

序号 57:《餐馆楼面营运流程设计》

内容简介:

本书介绍了餐馆楼面各种岗位及工作程序流程设计,是餐馆提升管理的重要基础保证。餐馆管理,不可不读!

开本:16 开　　定价:29.80 元

序号 58:《餐馆赢在成本控制》

内容简介:

本书介绍了餐馆如何严格控制各方面的成本,使餐馆利润最大化,开餐馆,想赚钱不可不读!

开本:16 开　　定价:29.80 元